KB090200

호모 딜리전트

이해민 전 삼성전자 대표이사의
럭비 같은 인생 이야기

호모 딜리전트

이해민 지음

한국경제신문

추천사

인간의 삶과 가장 밀접한 생활가전 시장은 백여 년의 전통을 가진 서구 업체들이 강자로 군림해 왔으나, 현재는 후발주자였던 우리 기업들이 업계의 혁신을 주도하고 있다. 가전사업은 금형, 기계가공, 소재 등 우리 산업의 기초가 된 '뿌리산업' 발전에 기여했고, 또한 핵심 부품과 기술의 확보로 국가의 산업 발전에도 기여를 해왔다.
최근 Big Data, IoT, AI와 같은 새로운 기술이 생활가전 제품과 접목해, 새로운 도약과 발전의 전기가 마련되었다. 이는 우리 기업들에게 위기이자 기회이다. 새로운 시대를 개척해 나가야 하는 후배들에게, 세상을 바꾸고, 우리의 삶을 바꾸고자 처절히 몸부림친 이해민 선배의 발자취가 담긴 이 책의 일독을 권한다.
- 삼성전자 CE부문 대표이사 사장 윤부근

이해민 회장의 자전 집필을 적극 권했던 한 사람으로서 출간을 진심으로 축하드립니다. 나는 이해민 회장의 파이오니아적인 성격과 역동적인 추진력이 오늘날 세계 TOP기업, 삼성전자 성장의 초석이 되었다고 확신합니다. 그리고 세계화된 사회에서 이회장이 평생 동안 기업 경영을 통해 쌓은 경험과 지식이 우리 기업하는 사람들에게 필요한 자양분이 될 것으로 믿기에 그 값진 경험을 자전으로 꼭 남기시라고 부탁드렸던 것입니다.
나는 이회장과 16년 넘게 친교를 갖고 기업 경영과 사회 이슈들에 대해서 많은 얘기를 나누었습니다. 특히 한국단자가 40년 이상 전자 · 자동차 부품회사로 성장하는 데 있어 이회장의 경영 · 기술 품질 지도가 큰 도움이 되었음을 감사드립니다.
다시 한 번 말씀드리지만, 그가 가진 경영에 대한 철학, 기술에 대한 열정, 혁신에 대한 노하우를 더 많은 사람들이 알아가는 것이 크게는 사회와 국가, 작게는 각 회사와 개인에게 더할 나위 없이 유용하다고 확신합니다. 이 책 페이지마다 녹아 있는 그의 깊은 헤아림과 맥을 짚는 통찰이 나를 포함한 독자 모두의 것이 되길 바라 마지않습니다.
- 한국단자공업(주) 회장 이창원

국내 생활가전의 역사는 우리나라 산업기술의 역사다. 기계와 부품, 소재 기술과 밀접한 생활가전의 발전은 국가 산업과 기술 발전의 근간이었다. 조립생산으로 시작했던 우리의 생활가전이 글로벌시장에서 최고 수준으로 도약할 수 있었던 데는, 가전산업에 대한 선배들의 애착과 사명감이 큰 기여를 했다. 지금도 신제품이 나올 때마다 면밀히 살펴보고 피드백을 주시는 선배의 열정은 같은 길을 걷는 후배에게 큰 교훈을 준다. 이 책에 담긴 이해민 선배의 사명감과 철학이 생활가전을 위해 일하고 있는 후진들에게 전파되길 기원한다.
- 삼성전자 생활가전 사업부장 서병삼

핵심 역량(core competence)은 단순히 잘하는 것이 아니라 경쟁자와 비교할 수 없을 정도로 탁월한 능력을 말한다. 따라서 개인이든 조직이든 자신이 가진 핵심 역량을 정확히 설정하고 강화하는 것이 무엇보다 중요하다. 이런 점에서 핵심 부품 기술을 확보해 제품 경쟁력을 차지해온 이해민 회장의 전략은 핵심 역량에 관한 교과서 같은 정답이자 현장감 높은 해답이다. 무엇을 선택할 것이고, 어떻게 집중할 것인가에 관한 그의 경험들을 통해 자신과 회사의 'center of excellence(탁월함의 중심)' 을 찾고 키워가길 바란다.
- ㈜아모텍 대표이사 회장 김병규

열악한 환경과 여건 속에서도 넘치는 의욕으로 안 가본 길을 가고, 안 해본 일들에 도전해온 삶은 아름답고 자랑스럽다. 저개발국의 작은 가전기업이었던 삼성전자를 선망의 세계 가전기업으로 우뚝 서게 한 이해민 회장의 도전하는 삶의 행적을 통해 미지의 세계를 향한 막연한 두려움을 떨쳐버리고, 도전하는 힘을 되찾기 바란다.
- ICTK 부회장 유승삼

이해민은 천상 럭비선수다. 규칙에서부터 후진이 없는 럭비처럼 그는 뒷걸음질 없는 삶을 살아왔다. 그러나 그는 돈키호테 같은 좌충우돌형 인물은 아니다. 철저한 계산과 치밀한 예측을 통해 후진을 하지 않아도 되도록 해놓은 후 앞으로만 나아갔다. 경기에서는 한 치의 양보도 없지만, 경기가 끝나면 언제 그랬냐는 듯 허물없이 어깨동무를 할 수 있는 친구, 친구들을 챙기고 격려하는 데도 뒤로 꽁무니 빼지 않고 항상 앞장서는 친구의 자서전 발간을 진심으로 축하한다.
- 전前 육군소장 제3사관학교 교장 오형근

이해민을 처음 알게 된 게 벌써 60년 전이다. 강산이 여섯 번이나 바뀐 세월 동안 그와 나는 변함없는 우정을 나눴고 지금도 나누고 있다. 이 친구의 가장 큰 특징은 부지런하다는 점이다. 그보다 더 똑똑한 사람, 그보다 더 강한 친구는 있었지만 이해민보다 더 부지런한 친구는 없었다. 부지런함은 강점을 넘어 이해민의 정체성(Identity)이다. 부지런을 예찬하며 부지런을 실천해온, 아니 지금도 실천하고 있는 그의 이야기를 통해 만고불변의 성공법칙인 성실의 의미를 다시 한 번 성찰할 수 있기를 바란다.
- 전前 한영고등학교 교사 서태원

추천의 글 1

● ● ●

윤계섭(서울대 명예교수)

삼성전자 대표이사를 역임한 이해민 선배가 자서전의 서평을 부탁해왔다. 고교 선배이며 한때 이웃이어서 성품을 잘 알긴 하지만 서평을 쓰기는 어렵다고 생각하면서 원고를 받았다.

언제부터인가 우리 사회에서는 작가가 대필하면서 자신의 잘못은 가리고 자랑만 하는 자서전에 대한 비판이 있어 왔다. 그렇지만 공학도답게 꼼꼼하게 연대기적으로 직접 써내려간 이 자전은 같은 세대를 살아온 사람들에게 공감과 함께 자신을 되돌아볼 좋은 기회가 될 것이다. 그러면서 그때에는 어쩔 수 없이 지긋지긋했던 고생조차도 아름다운 추억으로 되돌려놓을 것이다.

우리 세대는 최후진국에서 선진국의 문턱까지 발전하는 모습을 함께한, 남들은 한강의 기적이라 말하는 조국 발전의 주역이자 조역이었다. 이해민 선배는 학교 수업도 빼먹는 장난꾸러기였지만 전란 통에 공부를 열심히 해서 특차의 어려운 경쟁을 뚫고 중학교에 진학하고, 요즘도 비인기 종목인 럭비선수로 6년을 뛰면서 오로지 목표를 향한 전진만이 있다는 운동 정신으로 일생의 난관을 헤쳐 왔다. 그리고 팀워크로서의 협동 정신과 즐겁게 혼신의 힘을 다해 일하면 어떤 고난도 극복할 수 있다는 정신과 함께 일생을 지켜갈 건강을 얻을 수 있었다. 이는 럭비가 영국 일류 학교의 스포츠인 이유이기도 하다. 또한 선배의 '하늘은 스스로 돕는 자를 돕는다' 는 좌우명은 혹심한 가난 속에서도 공부, 운동, 아르바이트를 놓지 않는 근성을 키우는 초석이 되었다. 어렵게 공부하면서도 학창시절에 맡았던 대대장과 대의원회 의장은 리더십을 키웠다.

선배는 황무지 같은 한국 전자산업 초창기에 어떤 일이든지 혼신의 힘을 다하면 찾고자 하는 해법이 반드시 나온다는 희망을 가지고 삼성전자 가전사업부를 이끌어 세계 최고의 전자회사로 일구었다. 지금은 전자산업이라면 휴대전화나 반도체만 아는 시대이지만, 가전제품은 전자산업의 시작이자 마지막이다. 멕시코 대통령 아들의 혼수품에 한국 가전제품이 필수품이 되는 시대를 만든 게 바로 선배였던 것이다.

그러고 보니 이 자전은 알려지지 않은 우리나라 가전산업의 역사이기도 하다. 세계시장으로 진출하는 과정에서 한국 본사와 외국 현장의 갈등은 삼성뿐만이 아닌 우리나라 기업 전체의 문제이다. 그럼에도 자원, 기술, 자본 등 현대 기업이 필요로 하는 요소를 하나도 갖추지 못한 우리가 이만큼 발전하게 된 원동력은 바로 선배와 같은 훌륭한 인재들이 있었기 때문이다. 선배가 현직에서 은퇴한 후에 인재회사를 차린 이유도 이런 경험의 발로일 것이다.

선배가 사회로부터 얻은 신망은 본인 자신에 대한 신뢰를 통해 얻은 것이며, 이는 긍정적이고 낙관적인 사고에서 시작된 것이었다. 경영학 교과서에서 나오는 원리가 이 자전에서도 그대로 되풀이되는데, 충분히 사례 연구 자료가 될 만하다. 특히 생소했던 서양시장 진출 현장에서 '수신제가치국평천하(修身齊家治國平天下)'라는 동양사상을 실천한 이야기는 동서양을 넘나드는 성공 사례라고 할 수 있을 것이다.

마지막으로 재미없는 이 글은 서평이 아니라 해설로 자리매김할 뿐이다. 한 사람의 일생이 시간이 지나면서 변화 발전이 있었고, 그 사이에 회사가, 그리고 경제가, 또 나라가 발전해 왔다. 우리 모두가 여기에 동참하고 있었기에 자부심을 느끼지 않을 수 없다. 이 자전은 지나온 세대의 이야기로 그치지 않고 미래의 세대에 대한 나침반의 역할을 할 것이다.

추천의 글 2

• • •

최규영(전前 한국경제신문 편집국장 / 주 뉴욕 특파원)

이해민 저자의 일대기 중 참으로 왕성한 삶을 보낸 시기는 그가 미국 삼성전자 현지 제조법인 대표로 일했던 기간이었던 것 같다.

그는 1983년부터 1990년까지 꼬박 7년 동안 미국에 주재원으로 있었다. 우연하게 나도 같은 시기, 같은 기간 동안 뉴욕에서 한국경제신문 제1호 특파원으로 재직했었다. 마침 현지 주재상사, 주재원을 상대로 한 '발로 쓰는 미 주재상사의 실상' 이라는 제목의 장기 연재물을 쓰고 있던 터라 그를 대할 기회가 많았다. 또 우리는 뉴저지 주 중부에 있는 리빙스톤이라는 마을에서 줄곧 이웃으로 살았다. 누구보다 그를 가까이서 지켜보고 체험할 수 있는 기회가 많았던 셈이다.

그가 미국에 있던 7년은 삼성전자가 미국시장에 적극적으로 진출하던 개척기였다. 뉴저지 주에 해외공장으로는 처음 TV공장을 열고 미국시장을 시험하던 시기였다. 그 초석을 다지는 일이 그의 주된 임무였다. 그는 이 일을 뚝심 있고 능수능란하게 잘 처리해 나갔다. 해외에 그것도 미국 같은 선진국에서 아직 빈약한 수준의 기술력으로 현지 공장을 짓고, 운영하고, 시장을 개척한다는 것은 그리 쉬운 일이 아니다. 노사 문제는 끊임없이 불거지고, 문화 갈등으로 직원들 간의 불협화음은 수시로 일어난다. 감내하기 힘든 일이 매일 발생하는 것이다. 그는 그럴 때마다 넘치지도 모자라지도 않는 끈덕진 열정으로 난관을 잘 극복해 나갔다.

특히 Steel Works(노조)가 침투하려 할 때, 그는 동서양의 장점을 딴 새로운 가족주의, 즉 패밀리즘(Familism)을 주장하면서 종업원을 설득해 미국 역사상 유례없는 90퍼센트 이상의 무노조 투표를 성공적으로 이끌었다. 이로 인해 그는 당시 동부지역 일대의 일간지에 대서특필되었을 뿐만 아니라, 주위 많은 업체들의 요청에 의해 패밀리즘(Familism) 전도사 역할을 했다.

그의 열정은 식을 줄을 몰랐다. 그는 기업 경영의 고비 고비마다 성공이라는 단어를 쉽게도 들고 나왔다. 그 성공들이 염주 알처럼 꿰어져 마침내 멕시코 국경지역의 티후아나 대공장을 탄생시키는 대업을 이루게 된다. 적어도 초석을 놓는 임무를 흠결 없이 해냈다. 멕시코 공장 근로자들은 우리들과 달리 준비가 잘되어 있지 않은 편이다. 좋게 말해 낙천적이나 실상은 게으른 편이다. 생산성은 우리의 절반에도 못 미치고, 생활이 넉넉지 못한데도 생업에 적극적이지 않다. 그는 그런 멕시코 근로자들을 한국의 근로자처럼 체질을 개선시키기 위해 열심히 관심을 기울였다. 그들의 생일을 일일이 챙겨주고, 병문안도 직접 다녔다. 그들을 한국의 근로자로 동화시켜 나갔던 것이다. 정신 무장을 시키고, 체질을 바꾸어 나가며, 일의 가치를 알게 해 생산성을 높였다.

그는 앞을 내다보는 눈도 밝았던 것 같다. 그는 뉴저지 TV공장을 임금이 싼 멕시코 국경지대로 옮기는 숙제를 안고 있었다. 원천적으로 공장을 옮겨야 하는 건지, 리스크는 얼마나 큰지, 공장을 옮긴다면 어느 규모로 해야 하는지도 걱정거리였다. 당시는 미국 업체들이 값싼 임금을 찾아 멕시코 국경지대로 생산기지를 옮기는 붐이 일던 때였다. 두 나라 사이에 공산품에 대한 관세를 물리지 않는 협약 때문이었다. 아직 자유무역협정(FTA)을 맺기 전의 일이다. 막 FTA가 입질 단계에 있던 기간이었던 것이다.

그는 두 나라 간 FTA는 언젠가는 반드시 이루어질 것이라는 믿음을 갖고 티후아나 공장 건설을 적극 주장했다. 그리고 그 공장이 전 미주 지역을 커버해야 된다고 보고 공장 부지를 무모하게 생각될 만큼 크게 잡아 이전을 추진했다. 뉴저지 S.I.I. 대표로 부임한 지 2년만의 일이었다. 그 후 그는 4년여 동안 뉴저지 공장과 티후아나 공장을 2주 간격으로 옮겨 다니며 초석을 닦았다. 이후 티후아나 공장은 그 규모나 질적인 면에서 수원 공장을 능가할 만큼 커져 미주 지역의 명물 공장으로 심지어 트럼프 대통령 취임 후 이런 공장을 미국 내로 옮겨 오라고 탐내는 공장으로 자리 잡았다. 티후아나 공장에서는 그를 대부(代父)라고 부르며 지금도 존경심을 나타내고 있다. 공장을 탄생시키는 데 기여한 그의 공을 인정하고 있는 것이다. 그도 그때의 일을 평생의 자부심으로 간직하고 있다.

그는 귀국 후에도 이때의 경험을 발판으로 가전부문 CEO로 성장, 삼성전자의 가전사업 하면 그를 연상할 만큼 상징적인 존재로 남게 되었다. 삼성전자의 가전사업부는 반도체, 휴대전화 등의 사업부문이 너무 화려해 그늘에 가려 있는 느낌을 받는다. 그러나 반도체도 가전사업의 초석 위에서 성장하고 휴대전화도 탄생했다는 것을 인정해야 한다. 가전이 삼성전자의 든든한 디딤돌이었고 초석이었던 것이다. 그의 7년 동안의 미국 생활이 자신을 성장시키고 삼성전자를 더 튼튼하게 뒷받침하는 데 기여했다고 본다. 그는 가전부문을 튼튼하게 키워 온 숨은, 화려하지 않은 공로자다. 기계공학도의 귀범이 될 만하다고 본다.

그는 가정적으로도 성공한 사례로 꼽을 만하다. 그에게는 미 주재원 시절, 그곳 중학교에 다니던 두 아들이 있다. 큰아들 이한주 군은 시카고대학을 나와 IT 벤처를 창업해 성공시켰으며, 지금은 서울에서 앞서가는 IT 사업가로 후학들을 지도하고 있다. 작은아들 이철주 군은 브라운대, 하버드 경영대학원(MBA)를 거쳐 홍콩에 거점을 둔 대규모 펀드의 책임자로 일하고 있다. 하이마트, OB맥주 등의 대규모 M&A를 성사시킨 해당 분야의 영향력 있는 사람으로 알려져 있다. 사업가로서의 DNA가 이어지는 것 같다.

저자가 나에게 이 추천의 글을 쓸 기회를 준 것에 감사한다. 혈기 왕성하던 그때 그 시절의 일들이 흘러간 옛 노래를 듣고 있을 때처럼 추억되어 감회가 새롭다.

프롤로그

기술뿐인 삶, 후진 없는 삶

나는 지금 인생의 끝자락에 펼쳐진 만기(滿期)의 마당에 서 있다. 이 마당에서 늙어서 해야 할 일과 늙어야만 할 수 있는 일을 고민하던 중 자전(自傳)을 쓰기로 결심했다. 끊임없이 고심하며 일했고, 때로는 남모를 성취의 기쁨을 느끼기도 했던 한 인간의 삶을 겸허하게 사실 그대로 이야기하는 것은 관용이 될 수 있으리라 생각하며 글을 시작한다.

누구든 사람의 뿌리가 어떻게 내려왔고 뿌리로부터 무엇을 받아왔으며 그것들을 지금까지 어떻게 활용했는지 살펴보는 일은 매우 흥미롭다. 자신이 걸어온 과정과 뿌리로부터 받은 것들이 선천적이든 후천적이든 어떻게 연결되었는지 살피는 것 역시 재미있는 접근일 것이다. 이에 한 편 한 편 일기를 쓰듯 나의 유래부터 지금까지의 삶을 살펴보고자 한다. 이와 같은 내용들이 나의 가족과 후손들, 후배들과 특히 기업을 경영하시는 모든 분들에게 작은 도움이라도 되길 간절히 바란다.

사실 그동안 여러 지인들로부터 책을 한 권 내라는 종용을 많이 받아왔지만 계속 사양해왔다. 지나온 삶을 생각할 때 자부할 것만 있는 삶이 있을 수 없듯 나 역시 부끄러운 일도 많이 간직하고 있고, 무엇보다 책을 쓰면서 나도 모르게 나 자신을 미화하지 않을까 하는 우려 때문이었다. 그러다 인생이 더욱 종반에 가까이 다다르면서 생각이 바뀌었다. 자랑할 만한 것이든 감추고 싶은 것이든 모든 족적들이 고스란히 나의 인생을 이룬 편린(片鱗)들이기에 가감 없이 정리하며 기록할 용기가 생겼던 것이다.

이와 같은 생각을 바탕으로 자전의 출간을 결심하며, 이를 통해 이루고자 하는 세 가지 목적을 생각했다.

첫째, 지금까지의 내 경험들을 유사한 사업을 하는 모든 사람들에게 나누어주고자 함이다. 둘째, 나의 식구들, 특히 자식과 손주들에게 나의 삶을 보여주어 이들의 삶에 도움을 주고 싶다. 셋째, 우리나라 생활가전 산업사의 정리를 통해 생활가전의 중요성을 알리고 관련 산업에 몸담고 있는 후배들을 뜨겁게 격려하기 위해서이다.

인류사가 시작되면서 의식주가 기본이 되어 발전이 계속되며 문명의 세계로 들어서는데, 생활가전 사업이 기여하는 바는 아직도 진행형이다. 특히 앞으로 바뀌어 가겠지만 아직까지도 가사 일은 주부의 역할이 큰데, 이들의 삶을 편리하게 해주고, 생활의 활력소 역할을 하는 분야가 바로 전자, 전기, 생활가전 제품이라고 할 수 있다. 이 사업은 인류가 존재하는 한 계속 발전 확대해가는 사업이라고 말할 수 있는 것이다. 그래서 이 분야에 근무하고 있는 분들이야말로 인류를 지탱해주고 있는 최후의 보루로 자긍심을 갖고 일했으면 하는 바람이다.

삼성전자의 전자사업과 전기사업이 실제로 사업다운 모습으로 발전한 것은 강진구 대표이사 때부터라고 말할 수 있다. 그런데 그 때부터 계속 전자 계열에서 CEO를 맡아왔기 때문에 전자 쪽은 기록이 잘 정리 및 보관되고 있지만, 생활가전 쪽은 그렇지 않다. 회사 연혁이나 《40년 사》 같은 책이 발간된 적도 있지만 생활가전 이야기가 아니라 전자 쪽 사건들을 중심으로 다루어 놓았을 뿐이다. 이 때문에 후배들도 대부분 생활가전의 유래와 현재가 있기까지의 역사적 과정들을 잘 모르고 있다. 기록이 거의 없기 때문이다. 실제로 오래전 수원 단지에 역사관을 만들기 위해 자료를 수집하면서 많은 어려움을 겪기도 했다. 초기 생산제품을 구하기 위해 전국을 돌아다니며 수집 활동을 하기도 했는데, 이때도 전자제품 위주였지 생활가전 쪽은 큰 성과가 없었다.

이런 상황을 고려할 때, 그렇다면 훗날을 위해 나부터라도 기록을 만들어 놓아야겠다는 사명감이 생겼다. 생활가전에만 몸담으며 네 차례 가전본부장을 역임했고, 초창기부터 최근까지 애착을 갖고 사업을 들여다보고 있는 내가 생활가전의 역사를 글로 남겨 놓아야겠다는 생각을 하게 된 것이다.

더욱이 모든 사업이 마찬가지지만 해당 분야 사람들이 사업을 맡아야 구전(口傳)이라도 기록이 연결된다. 그런데 내가 퇴직을 한 후에는 다른 분야 사람들이 연속해서 여섯 번이나 생활가전을 진두지휘하고 있기 때문에 기록 정리 역시 20년 가까이 중단된 상태다. 후배 CEO들이 조금 더 생활가전의 역사에 관심을 가져주지 않은 점에 대해 서운한 마음도 들지만, 그보다는 나라도 정리를 하는 것이 모두를 위해 바람직한 일이라 생각한다. 모쪼록 이 책을 통해 우리나라 생활가전, 삼성전자 생활가전 사업의 역사가 어느 정도라도 정리되길 바란다.

중국 속담인 '일근천하무난사(一勤天下無難事)'와 예수의 말씀인 '두드려라, 열릴 것이다' 이 두 가지 말씀은 국민학교부터 대학교까지 지내오면서 내 몸과 마음에 자연스럽게 배어든 나의 철학이자 여러 어려움을 뚫고 학교를 마치면서 터득한 생활의 신조다. 실제로 이러한 정신을 바탕으로 부지런히 도전하고 열심히 실천한 결과 지금까지 나름대로 성공적인 삶을 살고 있다고 생각한다. 물론 성공은 사람에 따라 다르게 정의될 것이다. 행복의 지수가 모든 사람들에게 다르듯 성공의 지수도 모두 다를 테니까 말이다. 그러나 적어도 나에게 성공이란 나의 마음에 최소한의 만족감을 충족시켜주는 것을 의미한다. 즉, 나는 어떤 목적을 갖고 일을 해서 그것을 달성하는 것을 성공으로 생각해왔다.

학문에서는 대학을 어렵게 마쳐 이학사 학위증을 획득한 후 보다 폭넓은 이해를 위해 대학원과 각종 최고경영자과정을 이수함으로써 스스로 공부할 수 있는 능력을 갖게 되었다. 따라서 만족감을 갖고 있다. 일에서는 사회에 나와 직업을 갖고, 그것도 내가 원하는 직장에 들어가 밑에서부터 차근차근 경험을 쌓으며 새로운 일에 대한 도전과 실천을 통해 목적 달성을 이루어왔다. 이로써 CEO가 되어 최소한의 부와 명예를 갖게 되었기에 이 역시 만족감을 갖고 있다. 가정에서도 반려자를 만나 합심하여 평화로운 가정을 영위하면서 두 아들을 낳았고, 월세 방부터 시작했지만 아이들이 성장하면서 생활에 불편을 못 느낄 정도로 단계적으로 부를 창출했다. 이를 통해 두 아들이 원하는 공부를 할 환경을 조성할 수 있었다. 이는 만족감은 물론 그보다 더 본능에 가까운 안도감의 충족일 것이다.

또한 두 아들 모두 열심히 공부해 세계적인 명문 학교에서 공부를 마치고, 사회에 진출하면서도 스스로 직장을 구해 지금은 자신들의 사업을 성공리에 영위하고 있다는 점도 부모인 우리 부부에게 더없는 만족감을 주고 있다. 뿐만 아니라 무엇보다 아들들이 성혼하여 자녀들을 각각 세 명씩 낳고 우리가 전혀 신경 쓰지 않도록 잘 돌보고 있다는 점, 형제간에도 우애 있게 지내고 있다는 점, 그래서 우리 부부는 우리들의 건강 관리에 전념할 수 있다는 점도 크나큰 만족감을 주고 있다.

이와 같은 만족감은 결코 내가 똑똑해서 만들어낸 것은 아니다.

단지 일근천하무난사와 두드리면 열린다는 신념을 삶 속에서 실천하기 위해 혼신을 다한 결과일 것이다. 새뮤얼 스마일스(Samuel Smiles)는 《자조론(自助論)》에서 '하늘은 스스로 돕는 자를 돕는다'라고 하였다. 지금까지의 나 역시 스스로를 도왔기에 성공적인 삶을 영위하여 왔다고 생각한다. 그러나 사실은 이 역시 하느님께서 나를 도우셨기에 가능한 일이었다고 고백한다. 따라서 이후의 모든 삶 역시 오직 하느님에게 의탁한 생활로 여기고 있다. 이와 같은 믿음을 갖고 내가 나를 돕기 위해 노력할 때, 앞으로도 하느님께서 나를 도우시리라 확신한다.

나의 삶은 언제나 기술을 향한 도전의 연속이었다. 새로운 기술을 찾아내고, 그 기술을 적용해 제품을 개발하고, 그 제품을 통해 사람들의 삶을 편리하고 윤택하게 만들기 위해 노력해왔다. 그리고 이 도전에는 항상 후진이 없었다. 전진만을 위해 노력했다. 때론 좌절도 했고, 때론 실패도 했다. 하지만 그래도 뒤로 물러서지 않고 앞으로 앞으로 나아갔다. 후진은 없고 전진만 있는 럭비처럼 신기술을 향한 도전 정신으로 앞으로만 전진한 한 사람의 삶의 흔적들이 담긴 이 책이 부디 도전을 꿈꾸는 젊은이에겐 할 수 있다는 신념을, 창의에 목마른 개발자에겐 다시 시작할 용기를, 그리고 기업을 경영하는 경영자들에겐 조직을 이끌고 사업을 운영하는 데 필요한 혜안을 줄 수 있기를 바란다.

자전을 펴내기까지 나를 도와준 사랑하는 아내, 두 아들 한주와 철주네 가족들, 함께 웃고 함께 울었던 수많은 동료들과 친구들, 그리고 무엇보다 지나온 삶을 다른 사람들에게 밝힐 수 있을 정도로 살아올 힘을 주셨고 지금도 천국에서 막내아들을 보며 환히 웃고 계실 나의 어머니께 지면을 빌려서나마 감사의 뜻을 밝힌다.

2017. 7. 8

이해민

이해민 전 삼성전자 대표이사의
럭비 같은 인생 이야기

호모 딜리전트

차례

젊음으로 Break through,
열정으로 정면 돌파

가정을 이루고,
뜻을 일으키다

삼성전자 냉기사업부장,
뜨거운 열정을 뿜어내다

패밀리즘 전도사, 미국 현지에 삼성전자를 안착시키다

나는 영원한 삼성 생활가전맨

솜틀집 막내,
몰입의 책상다리를 틀다

나는 일제 강점기인 신사(辛巳) 1941년 6월 5일, 돈암동(敦岩洞) 458의 11호[현재 동소문동(東小門洞) 2가 2번지]에서 태어났다. 당시 전차 종점인 삼선교 다리에서 돈암동 쪽 큰길가 아담다방 바로 옆에 네 가구짜리 독채가 있었다. 한 지붕으로 되어 있는 이 건물 뒤쪽 맨 끝 집이 내가 태어난 곳이다. 아버지의 고향이며 형님들이 출생하신 곳은 화성군(華城郡) 남양면(南洋面) 신남리(新南里) 바닷가의 사기섬이다. 그런 내가 서울에서 태어난 데는 어머님의 남다른 교육열과 진취적인 사고, 그리고 먼 미래를 향한 강한 실천력(實踐力)이란 이유가 있었다.

우리 가문은 전주(全州) 이(李)씨 덕흥대원군파(德興大院君派)의 진계부정계(晋溪副正系) 집안이다. 나는 덕흥대원군 15대 손이다. 부친께서는 광무(光武) 갑진(甲辰) 1904년 12월 5일에 출생하셔서 정유(丁酉) 1957년 12월 3일에 돌아가신 옥룡(玉鎔)이시고, 모친께서는 광무(光武) 을사(乙巳) 1905년 2월 2일 출생하셔서 을축(乙丑) 1985년 5월 22일 돌아가신 이 간난(마리아) 여사이시다. 나는 두 분 사이에서 5남 2녀 중 막내로 태어났다. 조부(祖父)께서는 고종(高宗)

임오(壬午) 1882년 1월 14일 생으로 무오(戊午) 1958년 8월 22일 돌아가신 재영(載鍈) 훈장님이시다. 오랫동안 한학을 공부하신 할아버지의 제자 중에는 훗날 대학교에서 동철학과 주임을 하신 교수님도 있다.

나는 집안의 역사 기록을 보관함은 물론 자식들이 알 수 있도록 족보를 구입한 다음 우리 집 가승(家承)을 업데이트해 덕흥대원군파의 족보를 관리하는 곳에 보내주곤 한다. 나의 조카이자 같은 학년의 친구로서 서울대학교 농대를 나온 이홍주가 우리 집안의 가승을 잘 관리해주고 있다. 내가 가승을 계속 관리하는 것은 무엇보다 뿔뿔이 흩어지고 있는 후손들이 자신들의 뿌리를 잊지 않도록 해주기 위함이다. 분당구 야탑동 효성공원에 가족 납골당을 만들어 아버님과 어머님의 묘를 모신 목적도 아이들에게 고향을 만들어주기 위해서다.

6.25 동란 당시 우리 가족은 기약도 없이 흩어져야 했지만 나중에 아버지 고향에서 모두 만날 수 있었다. 이처럼 변함없는 고향은 너무나 좋은 것이다. 그런데 요즘 대도시들은 재개발로 인해 마을 자체가 없어지고 있고, 자주 이사를 다니다 보니 고향의 의미가 점차 사라지고 있다. 해외 유학을 하다가 아예 그곳에 눌러앉는 경우도 많다. 따라서 이러다가 나중에는 서로의 거처도 모르게 될 것 같다는 걱정이 앞섰는데, 이런 경우 모일 수 있는 곳이 바로 조상의 묘라고 생각했다. 그런데 단독 묘지를 만들면 또 흩어질 수 있

기 때문에 여러 기가 들어갈 수 있는 납골당을 만들어 부모 형제들이 함께 있도록 한 것이다. 이곳에서 만날 수 있도록 하는 것이 현세에서 제일 좋을 것 같다는 판단 때문이다. 이에 따라 집과 가깝고 교통도 편한 곳에 납골당을 마련했다. 실제로 이곳에 부모님, 형님과 형수들이 모두 함께 계시니 납골당을 찾을 때마다 꽃이 시들 날 없이 여러 집에서 다녀간 흔적을 볼 수 있어 마음이 흡족하다. 결국 이곳이 우리 가족 모두의 고향이리라.

무서운 할아버지를 이겨낸 어머니의 집안 개혁

매우 보수적이었던 할아버지께서는 신문화(新文化)를 강력히 배척하셨다. 아버지 세대야 일제 때라 일본 학교에 보내기 싫어 그러셨던 걸로 이해하지만, 할아버지는 대한민국이 건국된 후에도 손주들까지 학교에 보내지 못하게 하셨다. 언문을 배워 무엇 하냐는 생각에 학교 대신 집에서 한자와 한문을 배우라는 말씀이셨다. 그래도 나는 다행히 서울에서 태어난 후 6.25 동란 때 피난 생활로 시골에서 할아버지와 4년 정도만 같이 살다가 다시 서울로 올라왔다. 시골에서도 처음 2년은 할아버지 밑에서 살다가 어머님의 강한 의지로 분가하면서 학년은 2년 정도 늦어졌지만 학교를 계속 다닐 수 있었다. 클 때나 지금이나 이 정도만도 다행이라는 생각을 많이 해왔다.

나중에 알게 된 사실이지만 어머니께서 시집을 오신 후 집안을 깨우치기 시작함에 따라 수많은 일들이 일어났다고 한다. 그중에서도 가장 큰 사건은 우리 집이 당시 경성(京城)인 서울로 이주한 일이다. 어머니는 새로운 조류에 영향을 많이 받으신 분이셨다. 당시 표현으로 신식(新式) 공부를 많이 하신 어머니 형제들 중에는 군수, 교육감, 학교 교장 등이 여러 명 계셨고, 어머니도 이런 가풍의 영향을 많이 받으셨던 것 같다. 생각해보면 어떻게 아버지와 어머니가 결혼을 하게 되었는지도 불가사의하다. 아무리 당시 양반들이 집안끼리 혼사를 했다고 해도 일찍부터 신식 교육을 받아들인 집안과 한학만을 최고로 알던 집안의 혼사라니…… 이는 나의 친가와 외가 모두 증조할아버지들이나 할아버지 세대의 사고가 너무 강해서 자식들이 거역을 못했던 결과임이 틀림없을 것이다.

그런데 어머니께서 아버지를 설득하시는 데 성공, 가족을 모두 데리고 서울 막내 외삼촌 집을 빌려 이사함으로써 우리 집안의 개혁이 시작되었다. 이에 할아버지께서 노발대발하시며 서울로 올라와 아버지를 끌고 다시 남양으로 내려가셨던 일도 몇 번이나 있었다고 한다. 그때마다 아버지는 6촌 형제이자 단짝 친구였던 흑석동 아저씨와 함께 도망쳐 다시 서울로 돌아오셨다고 한다. 사실 지금으로서는 이해가 되지 않는 이야기인데, 심지어 내가 아주 어렸을 때 할아버지께서 어린 손주들 앞에서 아버지를 회초리로 때리시던 일을 직접 목격한 적도 있다. 그러나 아버지는 할아버지께 한 번도 이의를 제기하거나 반항하는 일이 없었다. 그러니 손자인 나는 당연히 할아버지를 볼 때마다 주눅이 들었고 할아버지가 무섭게만 느껴졌다.

우리 집이 서울로 이사 온 것은 1938년경이었다. 그 직후인 1939년 6월에 바로 손위 누님이 태어났고 2년 뒤 내가 태어났다. 해방 4년 전이었다. 당시는 일본이 지배를 하고 있었기 때문에 우리나라 사람들은 출산 후에도 출생 신고를 제대로 하지 못했는데, 특히 여자아이의 출생 신고는 더욱 소홀히 했다. 그래서 누님과 나는 실제 출생 시기와는 다른 생년월일을 갖고 있다. 해방되기 전 서울에서 양복 기술을 배우신 큰형님은 해방이 된 뒤 삼선교에 양복점을 차려 직접 운영하셨다. 이 무렵 둘째 형님은 서울중학교에 다녔다. 어머니는 사촌과 외사촌 형님과 동생들을 모두 서울에 있는 학교에 다니게 했다. 물론 이 과정에서 할아버지의 방해는 계속되었지만 어머니의 학구열은 할아버지도 결코 이길 수가 없었다.

어머니 당신은 교육을 많이 못 받으셨지만 자신의 동생들이 공부를 많이 한 후 사회 지도층에서 일하는 것을 보시면서 교육이야말로 사람을 일으키는 원동력이라 확신하셨던 것 같다. 훗날 어머니는 어려운 집안 형편에도 불구하고 사촌들까지 모두 서울로 데려와 직접 학교에 입학시켜 공부를 하도록 하셨다. 나의 큰아들인 한주도 기억하리라 생각되는데 돌아가시기 전에 자식들에게 '할

할머니와 큰손자 한주

수 있다면 아이들을 최고 학부까지 공부시키라' 고 유언을 내리셨을 정도였다. 이처럼 어머니는 언제나 우리들에게 공부의 중요성을 못이 박히도록 강조하셨다.

전찻길 옆 솜틀집 골목대장 개똥이

우리 집은 돈암동 쪽으로 삼선교 다리를 건너 바로 오른쪽에 있었다. 삼선교는 전차 종점이었는데 얼마 후에는 미아리 고개 밑까지 선로가 연장되었다. 전찻길 가에 아담다방이 있었고 같은 지붕에 큰형님이 운영하는 양복점, 그 옆으로 상윤이네 형님이 운영하는

상화, 상화 여동생과 찍은 사진으로 오른쪽이 저자다.

구둣방이 있었다. 그리고 모퉁이를 돌면 뒤편에 상화네 집이 있었고, 그 옆이 우리가 사는 집이었다. 네 집은 각각 독립된 형태였지만 지붕은 하나로 붙어 있었다. 상윤이의 큰형님과 상화 아버지는 나의 큰형님과 단짝 친구들이었다고 기억한다. 당시 나는 단짝 친구인 상윤이, 상화와 함께 삼총사였다. 상화와 상화 여동생이 함께 찍은 사진을 지금도 보관하고 있는데, 이것이 동란 전에 찍은 사진 중에서 유일하게 남아 있는 사진이다.

아주 어렸을 적 우리 집은 솜틀집이었다. 아버지께서 기계 위에 나를 앉혀놓고 손으로는 기계에 솜을 집어넣고 발로는 기계를 돌리실 때면 나는 항상 솜먼지를 뒤집어썼다. 당시에는 겨울이 되면 꼭 솜이불을 덮고 잤기에, 가을이 끝나갈 무렵이 되면 집집마다 솜을 틀어 이불과 요를 새로 정비하느라 우리 솜틀집은 항상 정신없이 바쁘게 돌아갔다. 집 근처에서 국밥집을 하시던 이웃사촌 아저씨가 특히 나를 좋아하고 귀여워하셨던 게 기억난다. 국밥집 아저

씨는 이따금 우리 부모님에게 농담 반 진담 반처럼 나를 당신네 집에 양자로 달라고 하셨다. 그러면서 나를 볼 때마다 누룽갱이를 주시고 국밥을 말아주셨다. 동네 아주머니들은 나를 개똥이, 어머니를 개똥 엄마라고 부르곤 했다. 그러면서 너희 엄마가 개천 다리 밑에서 널 주워왔다고 종종 놀려대곤 했다. 그래서 어머니께서 호되게 야단을 치실 때는 정말 나를 주워 와서 그런가 하고 의심하기도 했다. 아이를 낳으면 오래 살라는 의미로 이름을 이상하게 지어 부르곤 했다는 이야기를 들은 건 한참 큰 다음이었다.

나는 또래 아이들 중에서 항상 대장 노릇을 했다. 아이들은 늘 나를 따랐고 어른들은 그런 나를 보고 골목대장이라고 불렀다. 나는 상화와 상윤이를 데리고 앞산에 올라가 자주 놀았다. 가끔은 성북동 깊은 산속까지 갔다가 밤늦게 집에 돌아와 온 동네를 난리 나게 만들어 어머니께 혼쭐이 빠지게 혼나기도 했다. 한번은 장마 때 비가 많이 와서 삼선교 다리 밑 개천에 물이 넘쳐흘렀는데도 아이들을 데리고 물장난을 치다가 거센 물살에 휩쓸려 떠내려가다가 겨우 빠져나온 적도 있었다. 그러고는 신발 두 짝을 물살에 다 잃어버리는 바람에 야단맞을까 두려워 집에도 못 들어가고 맨발로 밤늦게까지 밖에 있었다. 온 동네가 야단이 난 것은 당연했다. 아이들을 찾느라 동네 사람들 모두가 이곳저곳을 찾아다니는 줄도 모르고 우리는 앞산에 숨어 있다가 한밤중에야 집에 들어갔다. 어머니는 처음에는 막내가 나타나자 안심이 되셨는지 크게 야단치지 않으시며 다시는 이러지 말라는 말씀만 하셨다. 그러나 신발을 잃어버린 것을 알게 되자 호되게 꾸지람을 하셨는데, 그때 내 역성을 들어주신 게 아버지셨다. 그러다 아버지와 나 둘 다 어머니에게 쫓겨나 마루에서 잠을 자야 했다.

이때는 어른들 속을 참 많이 썩였던 것 같다. 그래도 아버지께선 막내인 나를 끔찍이 사랑해주셨다. 아버지는 형님들이나 누님들이 말썽꾸러기 막내 동생을 야단치지 못하게 막아주셨다. 그래서 나는 늘 기세가 등등했다. 그렇지만 이런 나도 꼼짝 못하는 아이가 있었다. 나보다 키가 한참 크고 나이도 서너 살 많은 집 앞 교회 형이었다. 우리들은 그 형을 '된장 도둑놈'이라고 불렀다. 된장 도둑놈은 매우 난폭해 싸움만 하면 상대방 얼굴에 상처를 많이 냈다. 싸움 후에는 얻어맞은 아이와 아이 엄마가 된장 도둑놈 집에 찾아가 항의를 하는 게 일이었다. 그러면 된장 도둑놈의 부모들은 몸 둘 바를 몰라 하며 사과를 했는데, 그도 그럴 것이 된장 도둑놈 아버지가 교회의 담임목사였기 때문이다. 훌륭하신 분이라 동네 사람들이 다들 존경하던 분이었는데 아들 녀석 하나가 언제나 말썽을 부렸던 것이다. 사고를 칠 때마다 목사님은 진심으로 사과하셨지만, 그 형은 좀처럼 달라지지 않고 계속 이런저런 문제를 일으켰다. 어린 나이였지만 그런 모습을 보면 나도 이해가 되지 않았다. 그러나 친구들을 데리고 나가 늦게까지 돌아오지 않으며 어른들의 속을 새까맣게 태웠을 때, 친구의 부모님들 역시 나를 마찬가지로 생각하지 않았을까 싶다.

또 한 명의 소꿉친구가 기억난다. 된장 도둑놈네 교회는 3층 건물의 2층에 있었는데 그 건물 1층에 중국 음식점이 있었다. 그 중국집에 나랑 동갑인 예쁜 여자아이가 살았는데 이 아이와 나는 3년지기 소꿉친구였다. 국민학교에 들어가기 전에 우리는 집 근처 외진 곳에 천으로 지붕을 만들어 그 속에서 남편과 아내가 되어 소꿉놀이를 했다. 엄마가 밥 먹으라고 부르기 전까지 두세 시간씩 소꿉장난을 했던 기억도 있다. 당시 어린 마음에도 참 예뻤다고 기억되는데 지금 생각해보면 아마 중국 화교였던 것 같다.

우리 엄마 과일 발로 차지 마!

그 무렵 어머니는 삼선교 위에서 광주리를 놓고 과일 장사를 하셨다. 어머니께서 가끔 나를 데리고 장사를 나가시면 나는 옆에서 장난을 치며 놀았다. 그런데 한번은 옆에서 같이 장사를 하던 아주머니가 별안간 광주리를 들고 냅다 도망을 가시는 것이었다. 어머니는 미처 도망을 가지 못하셨는데, 곧이어 장화 같은 가죽 구두를 신고 옆구리에 왜도(일본식 장검)를 찬 일본 순사가 달려와 어머니의 광주리를 발로 걷어찼다. 과일이 길가에 뿔뿔이 나뒹구는 모습에 나는 울며불며 순사의 다리를 붙잡고 늘어졌다. 잠시 후 순사가 다른 곳으로 떠난 뒤에야 어머니께서 광주리를 정리하고 다시 장사를 하시던 기억이 난다.

당시엔 쌀을 비롯한 먹을 것들이 부족해 시골에서 서울로 짊어지고 옮기는 일이 잦았는데, 그때마다 일본 순사들이 항상 양을 통제했다. 그래서 가끔 남양에 내려갔다 서울로 돌아올 때 아버지와 함께 어린 나도 얼마 되지 않는 식량을 보따리에 담아 어깨에 메고 오기도 했다. 한번은 쌀 보따리를 메고 수원역에서 기차를 타고 서울역에 내려 집으로 오는 길에 순사가 이를 빼앗으려고 한 적이 있었다. 그때 울며불며 보따리를 꽉 잡고 버텨 결국엔 쌀을 한 톨도 뺏기지 않았던 기억이 있다. 여하튼 일본의 통제가 심해지면서 여러 가지 어려운 삶의 모습이 어린 나이에도 감지되었던 것 같다. 그래서 나는 왜도를 찬 일본 순사만 보면 마음이 조마조마했다.

그러던 어느 날인가 갑자기 일본 순사가 호루라기를 불고 "도스깨기(도망쳐라)!" 하고 소리치며 방공호로 사람들을 피신시키는 것이었다. 큰누님은 영문을 몰라 어리둥절해 하는 나를 끌고 담장에 몸을 붙인 채 하늘 높이 떠 있는 비행기를 바라보셨다. 당시는 이승만 박사가 미국 B-29 폭격기를 타고 날아와 폭격을 한다는 소문이 사람들 사이에 돌 때였다. 물론 일본 순사들이 퍼뜨린 잘못된 정보였지만 우리 식구는 비행기만 뜨면 집 앞 돌산에 일본인들이 만들어놓은 방공호로 피신하곤 했다. 지금은 아파트가 들어선 이 산에 당시는 산당(山堂)이 하나 있었는데, 동네 어른들은 정월 대보름이 되면 아이들을 데리고 산당을 찾아 보름달을 향해 절을 하면서 짚으로 만든 인형에 돈을 넣고 건강과 무사안일을 빌었다. 끝나고 나면 지푸라기 인형을 불에 태우거나 산에 두고 내려왔는데, 나는 친구들을 데리고 산으로 되돌아가 돈을 모으러 다니곤 했다.

그러던 어느 여름날, 갑자기 동네 사람들이 왁자지껄 거리로 모두 뛰쳐나와 '대한 독립 만세'를 외쳤다. 나무 케이스로 된 라디오에서 일본 천황의 항복 성명이 흘러나왔고, 온 동네 사람들은 전찻길을 가득 메우고 서로 부둥켜안았다. 마침내 독립이 된 것이다. 당시 나는 너무 어려서 솔직히 큰 감동은 없었다. 하지만 일본 순사들의 풀이 죽은 모습은 정말 깨소금만큼 고소했다.

그러나 해방은 되었으나 어린 눈에도 사회가 정말 혼란스러워 보였다. 거리는 신탁 통치 반대니 찬성이니 하는 플랜카드를 나눠 들고 시위를 하는 인파로 가득했다. 몇 년 후 국회의원 선거 때 돈암국민학교 운동장에서 조병옥 박사 유세가 있었다. 나도 동네 형님들을 따라 유세장에 구경을 갔는데 느닷없이 총성이 들리더니 아수라장이 되었다. 어린 나는 영문을 알 수 없었지만 당시의 무서웠던 기억은 지금도 또렷하다. 훗날에야 당시 선거가 조병옥과 조소앙의 대결이었는데 좌익과 우익으로 나뉘어 선거전을 치르다 경쟁이 과열되면서 총격전이 일어났던 걸 알게 되었다. 이런 흉흉한 일이 일어날 정도로 사회가 매우 불안정한 상태였던 것이다.

그에 비해 사회와 정치에 대해 아무것도 몰랐던 어린 나는 많은 자유를 느꼈다. 당시 내가 살던 성북구 지역에는 극장이 하나도 없었다. 대신 가끔 돈암국민학교 운동장에 광목 스크린을 세워놓고 〈아리랑〉이나 〈김삿갓〉 같은 흑백 무성영화를 틀었다. 영사기가 돌면서 나오는 변사의 구성진 음성을 들으며 영화를 재미있게 감상하던 기억이 지금도 또렷하다. 가끔 어머니는 외할머니를 뵈러 전차를 타고 종로국민학교(외삼촌이 교장이라 사택에서 외할머니를 모시고 살고 계셨다)에 가시곤 했다. 당시의 전차 속도는 많이 느렸다고 기억한다. 나는 막무가내로 아이스케끼 사먹게 돈을 달라고 졸라대다 어머니가 돈을 주시지 않고 전차를 그냥 타시면 전차를 따라 달음박질을 쳤다. 그러면 그제야 어머니께서 1환짜리 동전을 던져주셨고 나는 좋아하면서 아이스케끼를 사먹곤 했다. 코흘리개였던 나에게는 큰 즐거움이 아닐 수 없었다.

혜화동 로터리에서 미아가 될 뻔하다

이런 말썽꾸러기가 여덟 살이 되면서 돈암국민학교에 입학을 했다. 그보다 한두 해 전 아버지는 성동중학교에서 한문 교사로 일하기 시작하셨다. 돈암국민학교는 삼선교에서 어린아이 걸음으로 한 시간 정도 거리에 있었다. 돈암국민학교는 2년 전 혜화국민학교에서 분리되어 생긴 신설 학교였다. 그래서 상급생들은 방과 후만 되면 두 학교 사이에 있는 삼선교 앞 돌산에서 돌팔매를 하며 서로 전투를 벌이곤 했다. 혜화국민학교 아이들이 돈암국민학교를 자기네 학교에서 분리된 똥통 학교라고 놀리니 돈암국민학교 아이들이 화가 나서 싸움이 붙었던 것이다.

당시 나는 너무 어려 싸우는 이유도 모른 채 그냥 재미삼아 구경만 했는데, 그러다가 이 돌산에서 뜻밖에도 우리들만의 아방궁을 발견했다. 그 뒤로 나는 집에는 학교에 간다고 해놓고 삼총사인 상화와 상윤이를 데리고 아방궁에 가서 놀다가 학교가 끝날 무렵 집으로 돌아오곤 했다. 불과 국민학교 1학년 때부터 학교도 가지 않고 몰래 땡땡이를 친 것이다.

광복절로 기억하는 어느 날에는 브라스 밴드를 앞세운 민보단(民保團)이 성북동에서 시작해 삼선교를 거쳐 중앙청까지 행진하는 모습에 정신이 팔려 안국동까지 따라간 적도 있었다. 그제야 이러다가 길을 잃어버리겠다는 생각에 겁이 덜컥 났다. 다행히 어머니를 따라 종로국민학교 사택에 살고 계신 막내 외삼촌 댁에 갔던 기억을 떠올려 안국동 삼거리를 빠져나와 종로국민학교로 갔다. 사택 안으로 들어가지는 못한 채 학교 담장에 올라가 앉아 있는데, 학교 아이들이 나를 보고는 내려오라고 소리치며 때리려고 했다. 그리고 우연히 이 광경을 목격하신 외할머니께서 교장실로 달려가 외삼촌을 불러내셨다. 당장 외손자인 나를 보호하라고 야단을 치신 거였다. 하지만 나는 그새 담벼락에서 내려와 냅다 혜화동 로터리까지 달려 도망을 쳤고, 어느 건물 앞에서 너무 힘들고 배도 고파 잠깐 쉬어가려다가 그만 꾸벅꾸벅 졸고 말았다. 그리고 얼마 뒤 단잠에서 스르르 깨어났는데, 글쎄 어머니께서 나를 내려다보고 계신 게 아닌가! 어머니는 진짜 손오공 같았다. 내가 말없이 사라져도 언제나 신기하게 나를 찾아내셨으니 말이다.

실은 막내가 안 보이자 찾느라 난리가 났는데, 다행히 동네 아이들이 내가 민보단을 따라가더라는 말을 했던 모양이다. 어머니께서는 혹시나 싶어 종로국민학교로 전화를 하셨고, 아니나 다를까 내가 그곳까지 왔다가 도망을 쳤고, 아마도 집으로 돌아가는 중일 거라는 말씀을 들으셨던 것이다. 어머니께서는 막내가 걱정돼 기다리시지 못하고 민보단 행진코스를 거꾸로 되짚고 계시다가 나를 발견한 것이었다. 그러고는 건물 담벼락에 기대 곤히 자고 있는 나를 바로 깨우지 않고 깰 때까지 기다리시면서 내려다보고 계셨던 것이다. 정말 지금처럼 복잡한 시대에는 어림도 없는 상황이 아닐 수 없다. 사실 그때 나는 집으로 돌아오는 길을 몰랐다. 그냥 무턱대고 혜화동까지 왔을 뿐 길을 알고 그랬던 것은 아니었다. 하마터면 영영 가족과 이별할 뻔했던 것이다. 그때 일을 생각할 때마다 왜 그렇게 어머님 속을 썩였을까 후회가 된다.

정확한 연도는 기억나지 않지만 그즈음 눈이 엄청 많이 내렸던 어느 겨울날이었다. 아침에 시끄러운 소리에 눈을 뜨니 밖에 눈이 너무 많이 내려 큰누님은 회사도 못 가고, 아버지와 형님들이 눈을 뚫어 굴을 파고 계셨다. 눈이 지붕 추녀까지 쌓이자 아예 굴을 뚫어 이웃집과 연결하고 있었던 것이다. 어른들은 걱정이 태산이었지만 신이 난 나는 옷을 주섬주섬 걸치고 밖으로 나와 삽을 들고는 이웃 국밥 아저씨 집 쪽으로 굴을 뚫기 시작했다. 아마 대략 10미터는 뚫었던 것 같은데, 눈 터널을 뚫자 국밥집이 나왔다. 그런데 개천가에 있는 국밥집은 진작부터 개천 쪽으로 눈을 밀어내어 길을 내어놓은 상태였다. 즉, 내가 만든 굴 덕분에 고립되었던 우리 집이 외부와 연결된 것이었다. 이 바람에 나는 모처럼 도움이 되는 일을 한 셈이 되어 큰 칭찬을 받았다. 며칠 동안 학교도 가지 않아 좋고 재미있는 눈 장난을 원 없이 할 수 있어서 더욱 좋았던 경험이다.

그러나 사실 어른들은 걱정이 깊어만 가던 때였다. 해방은 되었으나 이념이 다른 사람들이 뒤섞여 함께 살아가고 있었고, 이에 따라 중고등학생조차 양쪽으로 갈려 헤게모니를 잡으려고 싸우고 있었다. 학교에 태극기와 인공기가 번갈아 나부끼기도 했다. 날마다 두 패로 나뉘어 신탁 통치 반대와 찬성 시위가 일어났고, 사람들의 살림살이는 전체적으로 어려웠다. 특히 시골보다 도시 사람들의 형편이 더 어려웠던 시절로 생각된다.

물론 나 같은 어린아이들에게는 마냥 즐겁고 평화로웠던 시절이었다. 한번은 어머니께서 배급받은 설탕을 통에 담아 벽장에 숨겨둔 것을 봐뒀다가 훔쳐 먹으려고 벽장에 올라간 적이 있었다. 그런데 때마침 어머니가 돌아오시는 대문 소리에 벽장에서 뛰어내리다 그만 방바닥에 나뒹굴고 말았다. 자초지종을 아신 어머니는 설탕 때문에 애를 잡겠다며 숨겨두었던 설탕 통을 아예 먹기 편한 곳으로 옮겨놓기도 하셨다.

6.25 동란 발발과 낙산 움막

1950년 6월 25일 일요일, 김일성 정권이 소련과 중국의 협조를 받아 남한을 공격하며 전쟁을 일으켰다. 그날 점심 무렵, 삼선교 다리에서 놀던 나는 경찰과 청년단 단원들이 젊은 청년들을 집결시킨 후 지나가는 아무 차나 잡아 태워 어디론가 보내는 모습을 보았다. 심지어 상여 차까지 활용했는데, 사람들이 우왕좌왕하는 모습에 무슨 일인가 싶어 집으로 달려가자 어머니께서 아무 데도 가지 말고 집에 가만히 있으라고 신신당부를 하셨다. 이북에서 공산당이 전쟁을 일으켜 남쪽을 침공하고 있으니 절대로 밖에 나가지 말라는 것이었다.

저녁이 되자 의정부 쪽에서 대포 소리가 들려오고 하늘이 점점 붉어지면서 길은 피난을 떠나는 사람들로 매우 혼잡해졌다. 우리 가족도 엄마의 인솔에 따라 그날 밤 종로국민학교의 외삼촌 댁으로 피신을 했다. 종로국민학교 교장이셨던 외삼촌은 사택에 살고 계셨다. 그런데 우리가 도착하자 외삼촌께서 여기도 안 되겠다며 일행을 데리고 신촌국민학교로 가셨다. 나중에 안 사실이지만 거기서 한강을 건너려는 생각이었다. 그러나 한강 다리는 이미 끊긴 상태였고, 새벽이 되자 인공기를 매단 트럭 한 대가 동네를 누비며 해방이 되었으니 인민들은 밖으로 나오라고 소리를 질러댔다. 우리 식구들은 할 수 없이 삼선교 집으로 돌아와야 했다.

그때 어머니께서 기지를 발휘하셨다. 지금의 낙산 뒤에 있는 성곽 밑 가시밭 속에 움막을 만들어 아버지와 형님들을 머물게 한 뒤, 어린 나와 손위 누님만 데리고 집을 지켰던 것이다. 다음날 아침이었다. 예전부터 동네에서 무당 노릇을 했던 아줌마가 팔뚝에 빨간 완장을 찬 채 우리 집으로 들어오더니 형님들을 당장 내놓으라고 어머니를 닦달했다. 게다가 집도 내놓으라며 대문에 빨간 딱지까지 붙였다. 당시 큰형님은 청년단 단원이었고 작은형님은 중학교 5학년이었는데, 이를 이유로 우리 집이 반동의 집이므로 장성한 아들들은 전부 인민군으로 보내고 모든 재산은 압수한다는 얘기였다.

그런데 미아리 고개를 넘어온 인민군들은 정말 어리고 순진해 보였다. 당시 나는 국민학교 3학년이었지만 인민군들의 앳된 얼굴들이 지금도 눈에 선하다. 문제는 동네 사람들 중에 있던 기회주의자들이었다. 이들은 약삭빠르게 인민보위부에 들어가 앞잡이 노릇을 하며 사람들을 괴롭혔고, 이들 등쌀에 더 큰 어려움을 겪어야 했다. 그 와중에도 어머니는 수많은 감시의 눈초리를 피해 밤마다 숨어 지내고 있는 아버지와 형님들에게 먹을 것과 밤이슬을 가릴 물건들을 가져다주셨다. 참으로 용케도 그런 살얼음판 같은 생활로 우리 식구는 서울 수복 때까지 3개월을 버틸 수 있었다. 그 사이 아버지와 형님들도 고생이 많았지만 어머니의 고생은 이루 말할 수가 없는 것이었다.

그때 어린 나는 정말 보지 말았어야 할 끔찍한 일들을 많이 목격했다. 혜화동 로터리에 있던 수도의과대학 앞, 서울대학병원, 그리고 지금의 창경궁인 당시 창경원 입구에는 국방군 시체가 즐비하게 널려 있었다. 치열한 전투가 벌어진 흔적들이었다. 나중 생각이지만 시체가 된 군인들은 제대로 싸워보지도 못하고 일방적으로 쫓기다가 죽음을 당한 것 같았다. 인민군이 시내를 장악한 후에는 종종 길가에 군중들이 모여 웅성웅성하는 모습을 보기도 했다. 소위 인민재판을 하는 광경이었다. 대부분 동네에서 부유한 사람이나 공무원들을 잡아다가 따발총을 든 군인들이 죄를 물었고, 청중들의 호응을 받아 심판을 내린 후 그 자리에서 총살을 하는 끔찍한 일이 벌어졌다. 어린 내가 느끼는 공포심은 말로 표현하지 못할 정도였다.

우리 집은 빨간 딱지가 붙어 마음대로 출입하기도 힘들었다. 동네 여성동맹이나 보위부에 가입한 기회주의자들의 감시와 간섭으로 하루하루가 지옥이었다. 국민학교 3학년이었던 내가 그런 마음이었으니 어머니는 어떠했을까? 그러나 그때도 우리 어머니는 손오공이었다. 치마를 입으셔서 여자이지 건장한 남자 이상으로 강한 대장부셨던 어머니는 밤새 아버지와 형님들을 돌보신 후, 새벽녘마다 집으로 돌아와 대문에 붙어 있는 빨간 딱지를 찢어버리고는 우리 남매를 돌보셨다. 이처럼 당당한 어머니의 기세에 공산당도 어쩔 수가 없었던 것 같다.

같은 민족끼리 이념에 차이가 있다는 이유로, 사실 일반 국민은 관계없이 정치하는 사람들의 논쟁과 싸움으로 평화롭던 동네가 이렇게 참혹한 지옥으로 바뀌다니…… 세상사는 정말 모를 일이었다.

그러던 중 여름이 가고 가을이 왔다. 갑자기 바깥에서 큰 함성과 환호가 들려 나가보니 동네 사람들이 만세를 부르고 있었다. 국방군이 서울을 탈환해 인민군들이 모두 북쪽으로 도망가고 있다는 것이었다. 9.28 서울 수복의 장면이었다. 그 사이 인민군 잔류병들이 총질을 하며 도망을 가는 바람에 만세를 부르다 총에 맞는 사람도 목격할 수 있었다. 무섭고 끔찍했지만 우리가 이겼다는 얘기에 기쁨이 밀려왔다.

수복이 된 후 우리 집에도 많은 변화가 찾아왔다. 형님들은 움막에서 나오자마자 군에 입대해서 전쟁터로, 아버지께서는 교육공무원들과 함께 부산으로 떠나셨던 것이다. 어머니는 자식들이 군인이 되어 나라를 위해 싸우는데 당신도 그냥 맥 놓고 있을 수 없다며 당시 성동공업고등학교 교정에 주둔하고 있던 군부대를 찾아가서 환자 돌보는 일을 시작하셨다. 연대장님께서는 따뜻한 온돌방이었던 숙직실에 어린 나와 누님을 머물도록 해주셨는데, 숙직실 안에 취사반이 있었기 때문에 우리는 조금이나마 특혜를 누릴 수 있었다. 연대장님은 내게 군복을 입힌 다음 자신의 마스코트처럼 나를 데리고 다니셨다. 덕분에 나는 당시 군인 아저씨들이 강추위에 고생하는 모습을 두 눈으로 보며 여러 생각을 할 수 있었다. 물론 어린 나이에 군복을 입고 대령 계급장까지 달았으니 으쓱하는 기분이 드는 것은 덤이었다.

지금도 잊히지 않는 게 갓 입대한 신병들이 배가 고파 취사반 근처를 기웃거리다 걸려 눈이 쌓인 연병장에서 기합을 받던 장면이다. 눌은밥을 훔쳐 먹다 걸려 추위에 몸을 바들바들 떨면서도 입에 문 밥을 뱉지 않던 신병들의 얼굴, 엎드려뻗쳐를 하다가 쓰러지면 방망이로 엉덩이를 두들겨 맞던 모습…… 당시 군인들의 고생은 이루 말할 수 없을 정도였다. 어린 시절 이런 모습들을 목격했던 경험은 나중에 내가 군에 입대해 최전방 사단에서 복무할 때 아주 큰 도움이 되기도 했다. 주위 분들은 '고생이 많겠다' 며 걱정을 해주셨지만 정작 나는 별 어려움 없이 무사히 군 생활을 마무리할 수 있었던 것이다. 전쟁 때 군인들이 고생한 것에 비하면 내가 지금 하는 고생은 고생 축에도 못 낀다고 생각했기 때문이다.

피난길의 꿀맛 누룽지와 큰집에서의 피난살이

이듬해 중공군의 개입으로 우리 군은 다시 남쪽으로 후퇴해야만 했다. 바로 1.4 후퇴다. 마침 그때 아버지께서 부산에서 올라오셨고, 성동공고에 있던 부대는 전방으로 자리를 옮긴 상태였다. 우리 식구들은 재빨리 피난을 떠날 채비를 했다. 식구들은 간단한 세간을 손수레에 챙겨 피난길에 올랐다. 할아버지께서 살고 계신 남양의 큰집이 목적지였다. 광나루 부교를 건넌 후 용인을 거쳐 수원을 지나 남양으로 가는 경로였다.

살을 에는 혹독한 날씨에 눈은 또 왜 그리 많이 오는지…… 손수레를 끄시는 아버지 옆에서 어린 나 역시 광목 끈을 수레에 연결해 끌고, 어머니와 누님들은 뒤에서 밀면서 힘을 보탰다. 그런데 광나루 부교를 건널 때였다. 부교 판의 간격이 어린 내게는 너무 넓어 밑으로 흐르는 한강물이 훤히 내려다보여 다리가 부들부들 떨렸다. 그렇게 겨우 한강을 건너서 마루턱에 올라서는 순간이었다. 갑자기 휘익, 하는 소리가 귓전에 들리더니 조금 떨어진 길가에서 쾅, 하는 굉음과 함께 나무가 푹 쓰러졌다. 모두들 깜짝 놀랐는데 알고 보니 어이없게도 국군이 땔감을 만들려고 일부러 수류탄을 던진 것이었다. 아수라장 같은 피난길에서도 나무를 베려고 그랬던 거였다. 그래도 목숨을 잃지 않은 게 천만다행이라 생각하며 다시 길을 걷기 시작했는데, 얼마 뒤에 할머니 한 분이 길가에 솥뚜

껑을 엎어놓고 수수부꾸미를 구워 팔고 계셨다. 너무 배가 고파 침이 꿀꺽 넘어갔지만 차마 사달란 말을 못하고 걸어가는데 어머니께서 "배고프지?" 하시며 아버지에게 조금 쉬었다 가자고 말씀하셨다. 그러고는 싸가지고 오셨던 누룽지 보따리를 펼쳐 내게 한 조각을 건네셨다. 이때 먹었던 누룽지는 지금도 잊을 수 없는 꿀맛 중의 꿀맛이었다.

이 누룽지를 얻게 된 데는 사연이 있다. 앞서 얘기한 대로 서울 수복 후 아버지는 부산으로, 형님들은 군대에 간 후 엄마는 성동공고에 진을 친 군부대에서 환자를 돌보고 취사를 거드는 봉사를 하셨다. 매서운 추위에 눈도 펑펑 쏟아지는 겨울, 주먹밥 하나로 끼니를 때우던 군인 아저씨들의 고생은 어린 내가 볼 때도 말이 아니었다. 그러던 차에 중공군의 개입으로 우리 군이 다시 후퇴하게 되자 부대는 다시 전방으로 이동을 해야 했다. 그런데 부대가 급하게 떠나는 바람에 취사반에는 누룽지와 자반고등어 같은 부식들이 가득 남아 있었다. 어머니는 주인이 사라진 이 음식들을 가마니에 쌓아 손수레에 실은 다음 피난길에 오르셨고, 피난길 우리 가족의 천금 같은 먹을거리가 되었던 것이다.

꼬박 이틀 동안 길가에서 밤을 드새며 눈길을 걸어 용인과 수원을 지나 드디어 남양에 도착했다. 큰집에 도착하고 얼마 뒤 아버지께선 임시 이동한 정부 청사에서 근무하기 위해 부산으로 다시 길을 떠나셨다. 그렇게 큰집에서의 피난 생활이 시작되었다.

큰집은 화성군 남양면 신남리 사기섬에 있었다. 여기서 할아버지와 아버지의 형제 가족들이 모두 생활하기 시작했다. 위로는 할아버지와 할머니가 계셨고, 큰아버지 내외분과 두 형님과 동생, 우리 집 부모님과 누님 두 분과 나까지였다. 수원에 사시던 작은아버지 가족은 그전에 작은아버지가 작은할아버지네 양자로 가셨기 때문에 큰집 바로 옆 작은할아버지 댁으로 피난을 와서 사시게 되었다.

큰집에는 우리 집 다섯 식구를 포함해 모두 열세 명이 살게 되었다. 저녁 식사 때는 마루 제일 윗자리에서 할아버지와 두 집의 막내 손자 두 명이 함께 상을 받았고, 중간 자리에 큰아버지와 아버지, 그리고 사촌 형님 두 분이 상을 받았다. 그리고 마루 끝에 큰어머니와 어머니, 누님들이 상도 없이 그릇도 아닌 바가지에 밥과 반찬을 섞어 식사를 했다. 밥은 늘 꽁보리밥이었고 반찬이라고는 김치와 나물 종류뿐이었는데 보통은 세 가지 많으면 네 가지였다. 할아버지 밥에만 쌀이 조금 섞여 있을 뿐이었다. 나중에 알게 된 사실은 당시 이 정도면 꽤나 부잣집 식탁이었고, 나는 난리 중에도 호강을 한 편이었다는 점이다.

밥을 먹을 때는 말도 못하고 숟가락을 이빨로 물어서도 안 되고 입을 꼭 다물고 조용히 먹어야 했다. 밥그릇을 들고 먹어서도 안 되고 밥알을 흘렸다가는 큰일이 났다. 밥을 다 먹었다고 자리에서 살짝 벗어나기만 해도 불호령이 떨어졌다. 그러니 밥을 먹을 때는 항상 긴장이 되었다. 그래도 배고픔은 무서움을 이기는 법이라, 언제나 설거지를 하지 않아도 될 정도로 깨끗하게 그릇을 비웠는데 양이 너무 적어 항상 뒤끝이 서운했다. 그래서 어머니가 더 먹고 싶어 하는 새끼들이 안쓰러워 당신 것을 덜어주시려고 하면 할아버지께서 눈을 허옇게 흘기셨다. 그러면 우리들은 어깨를 움츠리며 숟가락을 놓아야만 했다.

아무리 나이가 어려도 일을 하지 않으면 그날 식사는 없다고 보아야 했다. 그래서 어린 나도 소를 끌고 다니며 풀을 뜯기고 망태를 메고 나무를 하러 산을 헤매야 했다. 남는 시간에는 사랑방에 나가 한문책을 배웠다. 《천자문》으로 시작해 《동몽선습》, 《명심보감》, 《통감》, 《소학》, 《대학》, 《논어》, 《맹자》의 단계로 올라가는데 한 단계를 끝내려면 할아버지 앞에서 책을 덮어놓고 처음부터 끝까지 다 외워야 했다. 이 덕분에 나도 《명심보감》까지 공부를 할 수 있었다.

당시에는 한문책들이 꼭 네모 모양 귀신처럼 느껴졌다. 공부가 너무 어려웠던 탓이다. 게다가 무서운 할아버지 앞에서 담뱃대로 맞으면서 배워야 했으니 더 싫을 수밖에 없었다. 오죽했으면 '요때만 피하면 되겠지' 하고 개울 건너 마을까지 가서 하루 종일 놀다가 밤늦게 돌아와 할아버지에게 회초리로 종아리를 맞기도 했다. 가끔은 지겨운 공부 대신 차라리 몸으로 때우기도 했다. 이런 와중에도 먹는 입을 하나라도 줄여야 한다는 할아버지의 고집으로 큰누님은 피난 온 지 몇 개월이 되지 않아 시집을 갔다. 부모님의 반대에도 불구하고 결국 큰누님을 건너편 댕겻마을 한씨집으로 시집을 보냈는데, 그 뒤 큰누님은 평생 시집살이로 고생을 하다가 병을 얻어 젊은 나이에 생을 마감하시고 말았다.

설상가상 난리통에 극심한 가뭄까지 겹쳤다. 온 동네 주민들이 우물 하나로 먹을 물을 해결해야 했는데 가뭄이 닥치니 물이 모자랐다. 하는 수 없이 어머니는 추운 겨울에도 사람이 드문 새벽 두세 시쯤 우물로 나가 바가지로 긁어 물을 길어 오셨다. 어머니는 그렇게 어렵게 마련해 온 물로 정성을 다해 정안수를 만드신 뒤 뒤뜰 장독대 위에 정안수를 올려놓고 매일 새벽마다 아버지와 형님들의 무사 건강을 눈물로 비셨다.

가난한 형편에 난리가 나서 외지로 나갔던 두 동생 가족들이 찾아와 식솔들이 몇 배나 늘었으니 당시 큰아버지의 어깨는 참으로 무거웠을 것이다. 세상은 흉흉하고 먹을 것은 부족한데 집안에 먹여 살려야 할 사람들은 넘쳐나고…… 당시엔 너무 어려 큰아버지가 야속한 적도 있었지만 나중에 커서 생각해보니 큰아버지는 참 좋은 분이셨다. 고집 센 할아버지 역시 이해는 되는데, 한편으로 왜 그리 모지셨는지 섭섭한 마음은 지금도 어쩔 수가 없다.

1953년 7월 27일 휴전협정이 체결되었다. 정부가 피난민들에게 식량 배급을 실시했다. 우리가 가야 할 배급소는 지금 수원에서 남양으로 오다 발안으로 빠져나가는 오목리 사거리에 있었다. 사기섬에서 남양읍을 거쳐 걸어서 다녀오려면 새벽녘에 출발해야 밤늦게 겨우 집에 도착할 수 있는 거리였다. 어머니께서는 일주일에 한 번씩 금요일마다 배급소에 다녀오셨다. 새벽 일찍 나가신 어머니가 늦은 밤 돌아오실 무렵이 되면 우리 남매는 잔말랭이라는 언덕에 올라가 아래편 동네 은짱백이를 내려다보며 머리에 보리쌀을 이고 기진맥진해 돌아오시는 어머니를 기다리곤 했다.

배급량은 우리 세 식구가 수수로 바꿔 하루 두 끼씩 수수풀떼기를 쑤어 먹을 정도였다. 턱없이 양이 모자랐는데 다행히 어머니께서 친척집 일을 돌보며 먹을 것을 얻어오셨다. 누님도 남의 집 일을 돕고 할머니 똥오줌을 받으며 병간호를 했고, 나도 큰집 소 풀 뜯기고 나무를 하면서 가끔 끼니를 얻어먹었다.

그러던 중, 어머님께서 죽이 되든 밥이 되든 식구는 함께 살아야 된다며 젖먹이였던 장조카 원주를 데리고 서정리 친정에 가서 지내던 큰형수를 남양으로 데려오셨다. 떨어져 있는 동안 형수는 제대로 먹지도 못하고 군대 간 신랑 걱정에 허약해져 젖이 바짝 말라 있었다. 어머니는 산에서 주워 온 밤을 쪄서 입으로 여러 번 씹은 뒤 입에 넣어주며 조카 원주를 키우셨다. 핏덩이 같은 원주는 제대로 먹지를 못해 연약하기 이를 데 없어 자주 토하고 경기를 했다. 형수님은 항상 아픈 원주를 안고 있었다.

한번은 형수가 울음 섞인 신음을 토하며 원주가 이상하다고, 죽으려고 한다는 것이었다. 옆방에 있던 누님과 내가 황급히 달려가

보니 아기가 눈을 허옇게 뒤집은 채 경기를 하고 있었다. 누님이 옆에서 형수를 진정시키는 사이 나는 일하러 가신 어머니를 찾아 2킬로미터쯤 떨어진 찬우물골로 정신없이 달려갔다. 부리나케 돌아오신 어머니는 상황을 판단하시더니 아버지께 빨리 뽕나무를 베어 굼벵이를 잡아오라고 하셨다. 마침 할아버지 사랑방 앞에 오래된 뽕나무가 한 그루 서 있었다. 그런데 아버지가 나무를 벨 엄두를 내지 못하고 뜸을 들이자 어머니가 뛰어나오셔서 도끼로 뽕나무 중간을 힘껏 내리치셨다. 몇 번의 도끼질에 나무가 부러져 넘어졌고 거기서 굼벵이 대여섯 마리가 기어 나왔다. 어머니는 굼벵이들을 으깨 곧바로 원주의 입에 넣어 먹이셨다. 그랬더니 얼마 안 있어 죽다시피 했던 원주가 기적처럼 깨어났다. 당시엔 몰랐지만 굼벵이는 고단백질 영양 덩어리였다. 참으로 대단하신 어머니가 아닐 수 없었다. 그런데 죽다 살아난 아기를 보며 모두가 기쁨에 겨워하고 있을 때, 사랑방에 계시던 할아버지가 역정을 내셨다.

"아새끼를 어떻게 낳았기에 그렇게 약하냐?"

할아버지는 베어낸 뽕나무가 아까워 어머니와 형수를 호되게 나무라셨던 것이다. 그러나 어머니는 대꾸도 없이 뽕나무가 사람 목숨보다 귀하냐며 아버지에게 뽕나무를 더 구해오라고 하실 뿐이었다. 아버지 역시 할아버지에게 항의를 하셨는데, 그때 처음으로 나는 할아버지에게 맞서는 아버지의 모습을 볼 수 있었다. 그 후 근처에 있는 뽕나무 몇 그루가 아버지 도끼질에 베어졌고, 잔뜩 잡아온 굼벵이들은 모두 원주의 약으로 쓰였다. 그 뒤에도 할아버지는 뽕나무에 손도 대지 말라며 역정을 내셨는데, 다행히 동네 이웃들의 협조로 뽕나무를 베어 벌레를 구할 수 있었다.

그 후로 누님과 나는 어린 조카를 위해 밤을 주우러 산을 헤맸고 이웃들에게도 손을 벌렸다. 또한 치통을 앓고 계시던 어머니를 위해 버들강아지를 구하러 이곳저곳을 돌아다녔다. 버들강아지는 치통 치료제였다. 잇몸 통증이 있을 때 삶은 버들강아지를 물고 있으면 고통이 완화되기 때문이었다. 이런 일을 하면서 나는 조금도 부끄럽다고 생각하거나 불평한 적이 없었다. 어떻게 하면 더 많이 구할 수 있을까만 생각하며 이리 뛰고 저리 뛰었다. 멀리 안성리까지 돌아다니기도 했다. 어린 조카 원주를 살리는 길이며, 어머니의 고통을 덜어드리는 일이라고 생각했기 때문이다. 눈이 많이 오든 찬바람이 매섭게 불든 당연히 해야 할 일이었을 뿐이었다. 누님과 함께 둘이서 손을 꼭 잡고 밤늦게 한봉산을 넘을 때면 밤 12시에 종이 울리면서 귀신이 나온다는 전설이 생각나 벌벌 떨었지만, 누님과 나는 그때마다 찬송가를 부르면서 무서움을 이겨냈다.

그러나 결국 할아버지의 극성을 이기지 못해 형수는 원주를 데리고 다시 친정집으로 돌아가야 했다. 다른 것들은 모르겠지만 할아버지는 어쩌면 그렇게 우리 가족에게 냉혹하셨을까? 그때 어머니 가슴은 얼마나 아렸을까?

포탄 속에 피어오른 학업의 불꽃

나는 무엇보다 할아버지가 우리 남매를 학교에 보내지 않는 것을 이해할 수가 없었다. 그러나 어머니는 같은 집안 할아버지의 도움을 받아 방 한 칸을 빌리는 데 성공했고 마침내 우리 식구는 큰집에서 나오게 되었다. 할아버지에게 주장이 너무 강하다는 질책을 받으면서도 어머니는 당당하게 맞서 싸워 이기셨다. 우리는 도움을 주신 집안 할아버지를 동네 이름을 따라 존일 할아버지라고 불렀다.

큰집에서 나오자마자 어머니는 큰형수와 원주를 다시 데리고 오셨다. 또한 우리 남매를 다시 학교에 보내셨다. 집에서 6킬로미터쯤 떨어진 활초국민학교였다. 어머니는 학교 교장 선생님을 만나 사정을 설명하고는 학년을 낮춰 나는 2학년, 누님은 3학년으로 편입을 시키셨다. 이때 어머니와 우리 두 남매가 얼싸안고 얼마나 많이 울었는지 두고두고 잊을 수 없는 기억이다.

이러니 우리 남매는 공부를 열심히 하지 않을 수가 없었다. 그렇게 가고 싶던 학교를 다시 다니게 되니 시간이 아까울 정도로 공부를 했다. 그날 배운 것은 반드시 그날 다 외우고 이해할 때까지 공부를 마친 뒤에야 잠에 들곤 했다. 누님과 나는 외우는 것을 서로 돕고 확인했다. 나는 당연히 2학년에서 제일 성적이 좋았고 반장까지 하게 되었다. 하루에 잘해야 두 끼, 그것도 수수풀떼기로 배를 채웠지만 마음만은 가장 편하고 행복했다.

그러던 어느 날 밤, 우리 식구 모두가 수수풀떼기를 먹고 급체를 했다. 어머니, 형수님, 누님, 나까지 네 명 모두 배가 몹시 아파 방바닥을 굴렀다. 얼마나 아픈지 허리를 펼 수도 없을 정도였다. 깜짝 놀란 안채 존일 할아버지께서 개울 건너로 가셔서 친척 어른 한 분을 모시고 왔는데 침을 잘 놓는 분이라 하셨다. 이 분이 내 팔을 쓸어내리더니 엄지와 검지 사이에 침을 찔렀다. 그러자 검은 피가 나오면서 통증이 금세 가셨다. 병원은커녕 약도 없이 살아가는 방법이 참으로 묘했다.

그러나 어머니는 침을 맞으셔도 쉬이 통증이 가라앉지 않았다. 그래서 칡 줄기를 벗겨 입을 통해 위까지 줄기를 넣었다 빼는 치료를 받으셨다. 그런 후에 소금을 한 손 가득 먹기까지 했다. 그렇게 몇 시간 동안 소동을 벌인 후에야 아픔이 가신 후 평화가 찾아왔다. 그 일이 있은 후에는 수수풀떼기가 꼴도 보기 싫었다. 그러나 살기 위해서는 먹어야만 했기에 먹는 양을 줄이고 오래오래 씹어 먹는 방법으로 체하는 일을 예방하며 식사를 해결했다.

당시 사촌들은 모두 학교에 다니고 있었는데, 할아버지가 왜 유독 우리만 학교를 못 다니게 하셨는지 지금도 이해가 되지 않는다. 그러나 활초국민학교에 편입한 후 공부도 잘하고 어른들도 잘 도와드린다는 소문에 우리 남매는 어느새 신남리, 사기섬, 활초리, 장덕리, 안성리까지 인근의 유명인사가 되었다. 이에 할아버지의 태도도 점점 좋게 변했던 것 같다. 무엇보다 할아버지의 태도 변화에는 작은할아버지의 영향이 컸다. 작은할아버지는 고리타분한 관습이 짙게 남아 있던 지역에 어울리지 않게 일찍 깨우친 분이셨다. 상투도 일찍 자르셨고 학교의 이사로도 활동하셨으며 면사무소 소식 같은 정보에도 아주 빠르셨다. 소위 정보통이셨던 작은할아버지는 자주 학교에 들러 교장 선생님으로부터 우리 남매에 대한 칭찬을 많이 들으셨다. 그러면 친손주는 아니어도 어깨가 으쓱해 우리를 격려해주셨고, 다른 사람들에게도 자랑을 많이 하셨다. 학교에서 들은 칭찬들을 집에 오셔서 어머니께도 말씀하시고, 형님이신 할아버지에게도 전달하시니 할아버지도 차차 달라지기 시작하신 것이다.

사기섬 마을은 육지 끝에 자리한 작은 마을로 근처 동네 중에서 활초국민학교와 가장 거리가 멀었다. 우리 남매를 포함해 같은 집안 아이들 여섯이 함께 이 학교에 다녔다. 아침에 등교할 때 여섯 명이 사기섬을 출발하면 잠시 뒤 찬우물골 아이들이 합류했고, 다음에는 암말 아이들, 그리고 마지막에 돌문이 아이들이 합류해 다 함께 학교를 향해 갔다. 이처럼 우르르 한꺼번에 등교한 데는 이유가 있었는데, 동네마다 있는 시비를 거는 말썽꾸러기들 때문이었다. 삼선교 된장 도둑놈 같은 아이들이 남양에도 있었던 것이다.

나는 대장 격으로 무리를 보호하는 역할을 했다. 특히 장덕리와 안성리 아이들이 심한 편이었는데, 내가 있는 동안엔 절대로 함께 등교하는 아이들을 건드리지 못했다. 나중에 내가 서울로 돌아온 후 방학을 맞아 시골에 내려가면 동네 아이들이 누가 귀찮게 굴었다, 누구한테 얻어맞았다 하며 나에게 고자질을 했다. 그때마다 나는 나쁜 짓을 한 아이들을 찾아가 혼내주곤 했다. 그래서 당시엔 내가 진짜 힘도 세고 싸움도 잘하는 줄 알았다. 그러나 크고 난 다음에야 아이들 때는 공부를 잘하고 반장을 하면 다른 아이들이 일단 고개를 숙이고 들어오는 습성이 있다는 것을 알게 되었다.

앞서 말했다시피 활초국민학교에 다니기 전, 나는 서울 돈암국민학교에 입학해 2학년에 다닐 때까지 부모님 속을 무던히도 썩이던 아이였다. 학교에 가다가 중간에 뒷산 아지트로 새는 일도 잦았다. 어느 날에는 삼선교 삼총사가 등교 대신 아지트에서 놀다가 산에서 내려와 개천에 오줌을 싸면서 장난을 쳤는데, 그만 길가에 나란히 벗어놨던 책가방 세 개를 모두 잃어버린 적도 있었다. 우리가 장난을 치는 사이 어떤 아이가 가방을 모두 들고 가버린 것이다. 뒤늦게 범인을 발견해 쫓아갔지만 자전거를 타고 달아나는 아이를 잡을 방법은 없었다.

큰일이 난 것이다. 가방을 잃어버렸으니 무단결석한 것까지 꼼짝없이 걸릴 수밖에 없었다. 우리 삼총사는 머리를 맞대고 진지하게 논의를 했지만 뾰족한 수를 찾지 못한 채 저녁 늦게야 집에 들어가 식구들에게 사실을 털어놓았다. 예상처럼 그동안 학교에 가지 않았던 것도 모두 탄로가 났다. 당시 내 학교 성적은 당연히 꼴

찌에 가까웠고, 시험을 보면 빵점을 맞는 일도 종종 있었다. 그러나 빵점을 맞아도 창피함을 느끼지 못했다. 물론 큰형님에게 빵점 시험지를 들키면 크게 혼이 났다. 자상한 아버지도 큰형님이 야단을 치면 별말씀 없이 내버려두셨기 때문에 나는 큰형님이 가장 무서웠다. 그런데 가방을 잃어버린 일은 이보다도 대형 사고였으니 큰형님과 어머니에게 호되게 꾸지람을 듣는 것은 당연한 일이었다. 큰형님에겐 회초리까지 맞았다. 그렇게 다시는 그러지 않겠다고 용서를 빌어 가까스로 일단락되었는데, 어머니께선 학교까지 찾아가 막내 외삼촌을 야단치셨다. 당시 외삼촌은 돈암국민학교 교장으로 계셨다(종로국민학교로 전근을 가신 것은 내가 3학년 때였다). 부모도 책임이 있지만 선생님 역시 어린이를 제대로 지도하지 못했기 때문이라고 따지신 것이다.

그랬던 내가 시골로 피난을 내려와 다른 친구들은 모두 학교에 가는데 나만 못 가는 상황이 되자 마음이 180도 달라진 것이다. 거의 2년을 학교에 못 가고 집에서 할아버지에게 한문만 배웠으니 사촌 형제들이 학교에 갔다 오는 모습을 보면 그렇게 부러울 수 없었다. 그러다가 다시 학교에 갈 수 있게 되자 공부하는 태도가 변할 수밖에 없었던 것이다. 나는 책만 있다면 모두 독파할 기세로 촌음을 아껴가며 열심히 공부하기 시작했다.

어머니는 학교에 자주 들르시는 편이었다. 담임선생님과 교장 선생님을 찾아뵙고 많은 이야기를 나누시던 모습이 또렷이 기억난다. 담임선생님은 주기적으로 편지를 써서 내게 어머니께 전달하라고 하셨다. 절대로 봉투를 뜯지 못하게 하셔서 무슨 내용인지 늘 궁금했는데, 전달받은 편지를 어머니가 읽으며 만족해하시는 것을 가끔 보았다. 아마도 이것이 우리들을 위한 어머니의 교육 방법이었던 것 같다. 어머니와 선생님은 집과 학교에서의 우리 생활에 대해 서로 서신을 나누며 협력해서 우리를 지도하셨던 것이다.

물론 이때는 이런 사실을 알지 못했고 나중에 어른이 된 후에야 짐작했다. 왜냐하면 조카 원주를 초등학교에 입학시킨 후에 어머니께서는 매일 학교에 조카를 데리고 가셨는데 선생님에게 회초리를 건네시면서 "말을 듣지 않으면 회초리를 들어서라도 지도해 달라"고 말씀하시는 것을 보았기 때문이다. 어머니는 아이를 올바로 교육하기 위해서는 집과 학교 양쪽 모두가 잘 지도해야 하며 어느 한쪽만으로는 부족하다는 생각을 하셨던 것 같다.

서울 복귀 1년 만에 따낸 중학교 합격통지서

드디어 남양에서의 피난 생활을 끝내고 우리 식구는 삼선교 집으로 돌아왔다. 나는 곧바로 돈암국민학교 5학년 2학기로 편입을 했다. 첫 시험 성적은 반에서 중간 정도였다. 아무래도 시골과 서울의 차이였던 것 같다. 그러나 매달 성적이 올라 6학년 들어서는 상위권에 진입했다. 이렇게 빨리 성적을 올릴 수 있었던 이유는 무엇보다 공부의 필요성을 실감했기 때문이었다. 무슨 일이든 본인이 필요성을 느껴 해야겠다는 강한 결심을 세운 후 실천을 강행할 때 좋은 결과를 기대할 수 있다는 것을 깨닫게 되었던 것이다.

실제로 어떤 효과적인 학습 방법을 터득해서가 아니었다. 나는 단순히 그날 배운 것은 반드시 그날 복습을 통해 내 것으로 만들려고 노력했다. 그래서 수업이 끝나면 학교 뒤편 바위산에 올라 배운 내용을 모두 달달 외운 뒤에 담임선생님께 확인을 받고 나서야 집으로 돌아왔다. 선생님께서는 고맙게도 시골에서 전학 온 나를 위해 특별히 지도를 해주셨다. 정말 고마운 일이었다. 사실 바로 집에 들어가 공부할 만한 분위기도 아니었다. 피난 생활에서 서울로 돌아온 초기에는 방 한 칸에서 큰형님 내외와 장조카, 그리고 나까지 함께 살았기 때문에 가능하면 학교에서 시간을 거의 다 보낸 후 저녁 늦게 귀가하곤 했던 것이다.

열심히 노력한 결과는 분명했다. 나는 당시 유일한 국립학교였던 서울대학교 사범대학 부속중학교에 좋은 성적으로 합격할 수 있었다. 우리 집은 형님과 외사촌 형님들 모두 서울중고등학교를 나왔다. 그중 한 명인 서울사범대 화학과 주임교수였던 이근무 교수가 이종사촌 형님이신데 당시 우리들은 형님이 집필한 화학책을 갖고 공부했다. 그래서 나 역시 처음에는 서울중학교에 진학할 생각을 하고 있었다. 그러던 중 서울 사대부중이 국립이라 다른 학교보다 먼저 시험을 봤기 때문에 시험 삼아 응시했다가 합격을 했던 것이다.

입학시험 날은 모질도록 추웠다. 당시 아버지께서는 지금은 광희중학교로 이름을 바꾼 성동중학교에서 교편을 잡고 계셨는데, 돈암동에서 학교까지 항상 자전거로 출퇴근을 하셨다. 시험 당일에도 아버지는 자전거 뒤에 나를 태워 성동역에 있는 사대부중 시험장까지 데려다주신 후 출근을 하셨다. 그런데 시험을 다 치른 나는 시험을 망친 것 같아 풀이 죽고 말았다. 그런 내 옆에선 함께 시험을 본 친구들이 서로 잘 보았다며 기뻐했는데, 그 모습 때문에 나는 마음이 더 안 좋았다.

얼마 후 합격자 발표 날은 눈이 엄청 많이 내렸다. 떨어지면 다른 친구들 눈에 띄기 전에 집으로 돌아오려고 나는 남들보다 한참이나 일찍 학교에 도착했다. 그런데 벌써 많은 학생들이 부모님과 함께 와서 붉은 벽돌 벽에 붙어 있는 합격자 명단을 보고 있었다. 환성을 지르는 학생, 부모님과 부둥켜안으며 기뻐하는 학생, 슬그머니 돌아서는 학생 등등 희비가 교차하는 다양한 모습들을 보며 인파를 비집고 들어가 떨리는 마음으로 명단을 살폈다. 순간 '이해민' 내 이름 석 자가 맨 위에서 세 번째로 적혀 있었다. 나도 모르게 크게 환호성을 지르고 말았다. 그런데 때마침 시험을 잘 치렀다고 자랑하던 친구가 자신의 불합격을 확인하고 내 옆에 시무룩하게 서 있었다. 환호성을 질렀던 내가 멋쩍어 하자 친구 형님께서

다가오셔서 "해민이는 성적이 참 잘 나왔나 보다. 그래서 이름이 세 번째로 붙어 있네" 하며 축하해주셨다.

떨어질 걱정을 하던 나는 도리어 좋은 성적으로 합격해서 기쁘기도 하고 어리둥절하기도 했다. 생각해보니 학생마다 시험을 잘 봤는지 못 봤는지 하는 예상을 서로 다른 기준으로 했기 때문이었다. 나는 한두 문제만 못 풀어도 시험을 망쳤다고 생각했는데 다른 학생들은 60퍼센트 정도만 잘 풀어도 시험을 잘 보았다고 여겼던 모양이었다. 나는 이 일을 통해 무슨 일을 하든 분명한 목표를 세워야 하며, 목표도 어떤 수준으로 세우느냐에 따라 결과가 상이해진다는 사실을 깨달았다.

어쨌든 앞으로 살아가면서 수많은 테스트를 겪어야 할 텐데 인생의 첫 테스트를 통과해 첫 단추는 잘 꿰었다는 생각에 만족감을 느끼며 나는 합격의 기쁜 소식을 빨리 알리려고 곧장 집으로 돌아와 대문을 열었다. 그러자 몸이 많이 안 좋아 방에 누워 계시던 큰형수님이 방문을 열고 내다보시면서 말씀하셨다.

"막내 도련님 표정을 보니 붙으셨군요! 신문로 파출소로 가서 큰형님한테 짜장면 사달라고 하세요."

아픈 몸 때문에 목소리엔 힘이 없고 얼굴은 창백했지만 큰형수님은 나보다 더 기뻐하는 눈치셨다. 병명도 모른 채 동란 때부터 병을 얻어 고생을 하면서도 큰형수님은 어린 아기를 키우면서 철없는 시동생까지 돌보느라 고생을 참 많이 하셨다. 어린 내가 보기에도 얼굴엔 핏기가 하나도 없었고 시퍼렇고 수척한 몸에 병환이 역력했다. 이 무렵 큰형수에게 나는 시동생이라기보다는 자식과 같은 존재였다. 어렸을 때부터 당신 자식과 함께 나를 키워주셨고 더군다나 피난 생활을 함께하며 갖은 고생에 맞서 함께 버텨왔기 때문이다.

형수님 말씀대로 곧바로 큰형님에게 달려가 합격 소식을 말씀드렸다. 형님은 크게 반기시며 나를 파출소 옆 중국집에 데리고 가 짜장면을 시켜주셨다. 이때 먹었던 짜장면이 내가 세상에 태어나서 처음 먹어봤던 청요리다. 살림살이가 어렵다보니 외식이란 남의 일이었고 더욱이 청요리는 너무 비싸 부자들만 먹는 음식으로 여겼기 때문이다. 그래서 큰형님께 달려가면서도 청요리를 먹어보리라고는 꿈에도 생각하지 못했는데, 중학교 합격 덕분에 형님으로부터 청요리 선물, 그것도 내가 그토록 먹어보고 싶던 짜장면을 먹게 된 것이다. 어찌나 맛있던지 지금도 그 고소한 감칠맛을 잊을 수가 없다. 그 추억 때문인지 짜장면은 지금도 내가 가장 즐겨먹는 음식이다.

국민학교 졸업 후 중학교에 입학할 무렵 우리 집은 이사를 했다. 당시 아버지, 어머니, 누님 세 식구만 지금 성신여대 옆 산중턱에 지은 판잣집에 따로 살고 계셨다. 그런데 방을 한 칸 더 얻어 큰형님 내외와 살던 나를 데려와 같이 살게 된 것이다. 큰형님이 세 들어 살던 곳은 돈암동 조병옥 박사 집 건너편 골목에 위치한 집이었다. 이 집은 작은아버지 소유의 단독 주택이었는데 문간채에 있는 방 하나에 큰형님이 세 들어 있었던 것이다. 안채에는 당시 유명한 시인이셨던 김광주 선생님이 안방과 건넌방을 세를 내어 살고 계셨다.

이 동네에 살 때는 정상윤이라는 동네 친구와 돈암국민학교를 같이 다녔다. 그러면서 형뻘 되는 고등학교 형들과 길거리 야구를 즐겼는데 나는 주로 포수를 맡았다. 우리 팀은 실력이 제법 좋았다. 가끔은 학교 운동장을 빌려 다른 동네 팀과 시합을 벌이기도 했다. 한번은 시합을 하다 상대편 타자가 볼 카운트 투 스트라이크 쓰리 볼에서 헛스윙으로 아웃이 되는 순간, 3루에 있던 주자가 홈으로 뛰어들었다. 포수였던 나는 슬라이딩하는 주자의 무릎에 오른쪽 어깨를 부딪쳤고 어깨뼈가 탈골돼 병원에 실려 갔다. 그날 사고로 내 오른쪽 어깨뼈는 지금도 쑥 들어가 있다.

이처럼 다른 또래 친구들은 중학교 입학시험 준비한다며 밖으로 잘 나오지 않았지만, 나는 학교 수업이 끝나고 뒷산에서 그날 배운 내용을 달달 암기하고 집에 돌아온 후에는 저녁때까지 야구를 했다. 야구가 좋기도 했지만 앞서 이야기했듯 집에 들어가서 공부할 형편이 못되었기 때문이었다. 조그만 방 하나에 형님 내외와 어린 조카가 함께 살고 있으니 잠을 잘 때도 나는 머리를 거꾸로 두고 자야 했다. 그러니 초저녁에 방에서 공부를 할 수 있는 상황이 아니었다. 그러던 중에 비록 산동네 조그만 방이라도 누님과 둘만 사용하는 방이 생기니 더없이 기쁠 수밖에 없었다. 공간도 한결 넓어 생활하기도 편했다. 그런데 집에는 부엌이 없어 아침이면 산에서 불어오는 강한 바람을 맞으며 밖에서 세수를 해야 했다. 겨울철에는 몹시 힘들 수밖에 없었는데, 그래도 높은 곳에서 온 동네를 내려다보면 가슴이 뻥 뚫리는 기분이었다.

이곳 산동네 집들은 대부분 방이 두 개 나란히 있는 일자집이었다. 미아리 고개 쪽으로 한참 떨어진 곳에도 방 두 개짜리 일자집이 있었는데, 아버지와 함께 살고 있는 그 집 삼형제 중에서 막내가 나랑 같은 돈암국민학교 6학년이었다. 친구 가족은 모두 유도(柔道)를 하는 스포츠 가족으로 신체가 건장해 매일 아침 일찍 일어나 한겨울에도 웃통을 다 벗고 아버지의 우렁찬 훈령을 따라 체조를 했다. 내 눈엔 그 모습이 참 보기 좋았다. 뿐만 아니라 마음씨도 아주 건강해 동네에서 선행하는 모습을 종종 목격할 수 있었다. 그때 나는 친구 가족들을 보며 역시 운동을 열심히 하는 사람이 건전하게 살 수 있다는 생각을 하곤 했다. 어쨌든 나도 전보다는 훨씬 좋은 환경에서 생활을 할 수 있게 된 것이다. 추운 겨울 밖에서 세수를 하는 막내아들을 위해 물을 따뜻하게 데우시던 어머니의 모습을 나는 지금도 잊지 못한다.

큰형수의 죽음과 아버지의 위암 발견

아버지께서 다니셨던 중학교는 선생님들이 돌아가면서 숙직을 서셨던 것 같다. 나는 아버지가 숙직을 서는 날이면 학교를 찾아가 교실 바닥에 이부자리를 깔고 주무시는 아버지 옆에서 함께 잠을 자곤 했다. 이때 아버지께서는 재미있고 유익한 이야기들을 많이 들려주셨다. 그때 해주신 말씀들은 60년도 더 지난 지금까지도 많이 기억하고 있다. 특히 한학을 많이 공부하셔서 그런지 아버지께서는 공자나 맹자 같은 중국 선각자들의 훌륭한 삶에 대해 자주 이야기를 해주셨다.

그러던 중 큰형수님이 병환이 크게 나빠져 평택 친정집으로 가셨는데, 그곳에 가신 후 얼마 안 되어 꽃다운 나이에 어린 아들 원주와 딸 영주를 놔두고 천국으로 돌아가시고 말았다. 그때 내가 중학교 2학년이었다.

그래서 우리 가족은 다시 이사를 해야 했다. 돈암동 전차 종점 근처에 세를 얻어 혼자가 된 큰형님과 조카 원주, 영주와 합가를 한 것이다. 어머니와 우리 식구들이 어린 조카들을 돌보아야 했기 때문이다. 그곳에서 사대부중이 있던 종암동까지는 대략 한 시간이 걸렸다. 나는 성신여대를 지나 지금의 고려대 농대를 거쳐 등교를 했다. 그런데 등하교길에 나쁜 학생들이 지나가는 학생들을 괴롭히며 돈을 뺏는 일이 빈번했다. 그래서 남양에서처럼 여러 명이 함께 모여 학교를 오갔는데, 그래도 불량 학생들이 가끔 우리들을 건드렸다. 그때마다 럭비와 태권도로 몸을 단련한 내가 이들을 물리쳤다. 얻어터지면서도 고개를 숙이는 대신 끝까지 대들었더니 그 뒤로 녀석들이 내게는 함부로 해코지를 하지 못했다.

이즈음 아버지의 병환이 점점 깊어지고 있었다. 나는 그 사실을 까맣게 몰랐다. 어머니 혼자 자식들이 걱정할까봐 말씀도 하지 않으신 채 불안감과 슬픔을 이겨내며 대책을 강구하고 계셨던 것이다. 그러나 어머니의 안색이 항상 좋지 않고 그늘이 져 있는 것을 보고 이상하다 싶어 끈질기게 여쭤보자 그제야 숨겨왔던 사실을 말씀하셨다. 그 뒤 큰형님의 노력과 서대문 적십자병원에 계신 이종사촌 형님의 도움으로 병원에 입원한 아버지는 정밀검사를 받았다. 검사 결과 위암 말기였다. 당시는 초기나 중기 암 수술도 성공률이 무척 낮았으니 집안 식구들은 수술을 모두 망설일 수밖에 없었다. 그러나 어머니의 결단으로 아버지는 두 번이나 수술을 받으셨는데, 안타깝게도 때는 이미 늦은 뒤였다. 당시의 의술로 아버지의 병세를 잡는 일은 역부족이었다. 결국 마지막 준비를 위해 아버지를 집으로 모시고 와야만 했다. 큰형님은 세 든 집에서 아버지를 돌아가시게 할 수는 없다며 길음동의 대지 25평짜리 낡은 집을 싸게 구입해 이사한 후 아버지를 모셨다. 미아리 고개 너머에 있는 집 근처에는 공동묘지와 개천이 있었다. 대문이 기울어져 쓰러지는 것을 방지하려고 버팀목을 받쳐 놓았을 정도로 허름한 집이었다.

아버지의 고통은 나날이 심해졌다. 고통을 도저히 견디지 못하시면 구하기 힘든 모르핀 주사약을 어렵게 구해와 어머니와 누님이 주사를 놓아드렸다. 그러나 나중에는 주사마저 듣질 않았고 우리 식구들은 고통스러워하는 아버지를 붙잡고 함께 고통스러워할 수밖에 없었다. 참으로 위암은 천하에 몹쓸 병이었다. 끝내는 굶어 죽을 때까지 고통을 견디며 살다 죽어야 하는 병이기 때문이다. 이때의 끔찍했던 경험을 교훈 삼아 현재까지 나는 식구들에게 최소한 1년에 한 번씩 위내시경 검사를 받게 하고 있다.

양복점 큰형님을 스파이크 킥으로 구해내다

돈암동에서 양복점을 운영하다가 전쟁이 나자 군대에 입대했던 큰형님은 제대한 뒤에는 경찰로 근무를 하셨다. 그러다가 미아리로 이사를 올 무렵에는 경찰을 그만두고 제일모직이 운영했던 장미라사에서 공장장으로 일하셨다. 이후 회사를 나와 옛 동료들과 함께 을지로 입구에서 양복점을 운영하셨다.

당시 우리 동네 이웃들은 대부분 막노동을 하거나 서울역에서 지게 일을 했다. 그야말로 서민 동네였다. 그러나 서로 사이가 좋고 정이 넘쳐서 한여름 저녁엔 모두 골목에 나와 의자를 펴놓고 둘러앉아 수박에 얼음을 넣어 만든 화채를 나눠먹으며 도란도란 이야기꽃을 피우곤 했다. 한 집에 어려움이 생기면 함께 진심으로 걱정하며 행동도 같이 했다. 지금은 보기 힘든 이웃사촌들의 화기애애한 삶이었다. 지금도 가끔 살림은 가난했지만 마음은 풍요로웠던 그때를 떠올리곤 한다.

그러던 어느 날 큰 문제가 발생했다. 동네에는 큰길로 연결되는 좁은 골목길이 딱 하나 있었는데, 길이 병원을 하는 집 땅이긴 해도 오래전부터 동네 주민들이 이용하고 병원에서도 별다른 말을 하지 않아 으레 그냥 사용하고 있었다. 그런데 갑자기 병원에서 통행을 못하게 길을 막아버린 것이다. 이웃들이 모여 항의를 했지만 병원 측에서는 콧방귀도 뀌지 않고 오히려 깡패를 동원해 통행을 물리적으로 막아버렸다. 그 길이 아니면 길음시장 쪽으로 한참을 돌아서 다녀야 할 형편인 동네 주민들은 당연히 아우성을 치기 시작했다.

그때 나는 고등학교 2학년이었다. 당시엔 큰형님 집에서 잠시 나와 남의 집에서 가정교사를 하며 숙식을 하고 있었기 때문에 동네 형편은 잘 모르고 있었다. 그러던 어느 날, 수업을 마치고 현재 마로니에 광장인 서울대 문리대 운동장에서 럭비 연습을 하던 나에게 동네 이웃들이 헐레벌떡 뛰어왔다. 그러고는 숨을 몰아쉬며 우리 큰형님이 깡패들한테 매를 맞아 피를 흘리고 있다는 것이었다. 나는 연습을 하다 말고 운동복 차림으로 집을 향해 전력 질주를 했다. 가서 보니 큰형님과 동네 주민들이 깡패들과 몸싸움을 벌이고 있었는데, 큰형님 입술에 피가 시뻘겋게 흐르고 있었다. 순간 나는 생각할 겨를도 없이 형님을 잡고 있는 놈의 얼굴을 발차기로 날려버렸다. 내 발에 면상을 맞은 깡패가 비명을 지르며 나자빠졌다. 마침 럭비 스파이크를 신고 있던 터라 깡패가 느꼈을 고통은 이루 말할 수 없었을 것이다.

내 발차기 한 방으로 상황이 역전되자 동네 사람들이 힘을 합쳐 깡패들을 몰아내면서 상황은 끝나는 듯했다. 그런데 조금 있자 큰형님과 나를 연행하러 길음파출소에서 경찰들이 몰려왔다. 그중에는 큰형님이 과거 자신들처럼 경찰 생활을 했다는 사실을 아는 경찰들도 있었다. 주민들은 싸움의 단초가 된 골목길에 대한 설명과 함께 목소리를 높여 우리 형제들을 변호했지만, 경찰들은 무조건 부자이자 강자인 병원 편만 들었다. 병원에서 로비를 한 게 틀림없다고 이구동성으로 성토해도 달리 방법이 없었다. 파출소로 잡혀간 우리 형제 중 큰형님은 몇 시간 후 풀려났지만, 나는 일종의 현행범이 되어 유치장에 감금되고 말았다.

밤새도록 동네 주민들이 파출소를 에워싸고 시위를 했다. 그러면서 그동안 일어났던 병원의 횡포와 깡패들의 악랄한 폭행들, 그리고 큰형님의 부상 등을 근거로 나를 풀어줄 것을 요구했다. 그렇게 중구난방으로 항의하는 이웃들 중에서도 파출소와 병원의 잘못을 논리 정연하게 성토하는 이들이 몇 있었는데 그 주역이 바로 앞집 처녀였다. 이 처녀는 나보다 세 살 정도 많은 누님뻘 되는 분으로 직장에 다니고 있었다. 이름도 몰랐지만 그녀는 차분하면서도 단호했고, 대학을 다닌 분도 아니었지만 참 똑똑했다. 나는 꼬박 하룻밤을 파출소에서 보냈는데, 밖에 모인 동네 주민들의 고함 소리에 잠도 오지 않고 나 역시 흥분이 가시지 않은 상태라 시간이 가는 줄도 몰랐다. 무엇보다 돈 있는 사람만 편드는 공권력이 오히려 서민들을 힘들게 한다는 생각에 의분이 그치지 않았다.

다음날 이른 아침 경찰들은 나를 풀어주었다. 병원 측에서 손을 든 모양이었다. 실상 법적으로는 병원 소유의 땅이지만 몇 십 년 동안 주민들이 이용하던 길이라는 논리에도 밀리고, 이런 식으로 동네 사람들과 각을 세우면 병원 운영에도 좋을 리 없다는 판단을 했던 것 같다. 게다가 쌍방의 부상 정도도 비슷하니 연행한 나를 풀어줘도 된다고 생각했을 것이다. 파출소에서 나오며 어려운 싸움을 이겼다는 기쁨이 밀려왔다. 이후 동네에서 나는 정의의 사도가 되어버렸고, 형님을 뵈러 가면 이웃들이 언제나 반갑게 맞아주셨다. 아무튼 아버지 같은 큰형님을 그렇게라도 도울 수 있는 것만으로도 기쁘고 흐뭇했던 순간이었다.

형님들과 누님들 이야기

앞서 말했다시피 나는 고등학교에 다니면서부터 과외를 했다. 아이들을 그룹 지도하기도 했고, 중학교에 다니는 외사촌 여동생 공부를 봐주기도 했다. 스파이크 사건이 일어났을 때는 초등학교 6학년 학생 집에 기거하며 중학교 시험 준비를 지도했다. 나도 아직 더 자라야 할 나이였지만, 어렸을 때와 달리 철이 빨리 들었던 것 같다.

양복 일을 하시는 큰형님 덕분에 나는 어려운 형편에도 대학교 들어가서는 신사복을 입을 수 있었다. 내 치수를 아는 형님께서는 막냇동생에게 필요하겠다고 생각되면 미리 양복을 정성껏 만들어 놓은 후 가게로 나오라고 하셨다. 을지로 가게로 나가면 형님은 가봉을 한 뒤 양복을 완성해 집으로 갖고 오셔서 나에게 입히곤 하셨다.

큰형수님이 돌아가신 후 엄마를 잃은 두 조카들은 어머니께서 키우셨다. 원주가 국민학교에 들어가자 어머니는 학교까지 가셔서 복도에서 공부하는 것을 들여다보며 아이가 혹시 한눈을 못 팔도록 선생님에게 특별히 당부하시곤 했다. 그 모습을 볼 때마다 어렸을 때 학교에 가지 않고 산에서 야외선생을 하면서 어머님 속을 썩였던 기억에 반성을 하곤 했다.

내가 대학생이 되었을 때 원주는 우리 집에서 중앙중학교를 다녔는데 사춘기에 접어들면서 방황을 시작했다. 그러나 방황은 금세 끝이 났고 다시 견실하게 생활했다. 나는 어머니를 잃고도 꿋꿋하게 자라주는 조카가 너무너무 고마웠다. 원주 동생 영주는 어릴 때부터 마음이 착했고 주변 사람들이 빠삭이라고 부를 정도로 항상 밝게 웃는 미소 천사였다. 두 아이 모두 좋은 가정을 꾸려 잘 지내고 있어 항상 고맙게 생각한다. 큰형님은 나중에 재혼을 하셨다. 두 번째 형수를 만나신 후 슬하에 아들인 승주와 딸인 현주와 명주를 낳으셨는데, 둘째 형수도 병환으로 그만 일찍 돌아가시고 말았다. 돌아가시기 전까지 나는 둘째 형수와도 사이가 좋았다. 어려서 일찍 엄마를 여읜 원주와 영주에 대해 나와 형수님은 늘 깊은 관심을 기울였다.

원주가 대학에 들어갈 무렵 나는 금성사에서 삼성전자로 회사를 옮겼다. 결혼한 후였지만 조카의 대학 등록금은 반드시 내가 댄다고 진작부터 마음먹고 있었는데, 당시 삼성전자는 1년에 한 번 월차 수당을 주었고 또 연·개근을 하면 이를 돈으로 환산해 수당을 지급하고 있었다. 한 달 봉급 정도의 적지 않은 금액이었다. 전에 다니던 금성사에는 이런 제도가 없었기 때문에 나는 집사람에게 얘기하지 않고 이 돈을 전부 원주의 등록금으로 썼다. 원주가 대학을 마칠 때까지 4년 동안이나 집사람에게 이를 숨겼다.

그런데 원주가 졸업한 후에도 집사람에게 수당 얘기를 하지 못하고 차일피일 미루고 있다가 우연한 일로 내가 얘기하기도 전에 집사람이 먼저 알아버리고 말았다. 당시 대한전선에 다니던 충모 처남을 삼성전자로 데려와 내 산하에서 근무시키고 있었는데, 어느 노동절에 처남 가족이 우리 집에 놀러왔다가 집사람에게 돈을 좀 빌려달라고 했다. 집사람이 돈이 없다고 하자 "이번 노동절에 매형도 보너스를 탔을 텐데 그 돈 좀 빌려달라"고 졸랐던 모양이다. 그 바람에 그동안 집사람을 속였던 사실들이 모두 탄로가 나버렸던 것이다. 집사람은 고맙게도 조카에게 도움을 준 일은 너그럽게 이해해주었다. 그러나 조카가 졸업을 한 후엔 사실대로 밝히고 수당을 내놓아야 하는데 계속 속이고 있었던 점에 대해서는 많이 섭섭해 했다. 그럼에도 불구하고 결국 집사람은 큰형님이 나에게 아버지 같은 존재임을 알기 때문에 나를 용서해주었다. 그때의 고마움은 이루 말하기 힘들다.

연세가 드신 큰형님께서 다른 사람이 운영하는 양복점 근무를 그만두신 후 나는 미아 삼거리에 양복점을 차려드렸다. 그런데 몇 년 후 도로 확장구역에 포함되어 가게가 헐리는 바람에 할 수 없이 단골손님을 상대로 소일이라도 하시라고 살고 계신 집 문간방을 수리해 다시 가게를 내어드렸다. 양복 일을 계속하시고 싶어 하셨기 때문이다. 그러나 1년 정도 그 자리에서 양복점을 하시던 큰형님은 건축업자들 꾐에 빠져 집을 헐고 25평밖에 안 되는 대지에 5층짜리 집을 지었다. 형님은 맨 꼭대기 층에 사시면서 층마다 한 가구씩 네 가구로부터 세를 받아 사셨는데, 네 집의 전세 보증금이 고스란히 빚이 돼 몇 년 후 집을 파셨지만 남는 돈이 거의 없었다. 결국 큰형님은 막내딸과 집을 합쳐 말년을 보내시다가 89세에 병환으로 돌아가셨다.

어려서부터 성인이 되어 출가를 한 후에도 큰집 조카들은 모두 어려운 환경에서도 어른들 속을 안 썩이고 잘 살아주었다.

큰형님은 나를 만날 때마다 "제수씨한테 미안하고 미안하다. 내가 박복하여 모든 일을 제수씨에게 떠맡기고 살고 있구나" 하고 말씀하셨다. 그때마다 오히려 내가 형님을 제대로 모시지 못함이 못내 아쉽고 죄송할 뿐이었다. 용돈을 드릴 때마다 큰형님은 "제수씨도 아느냐, 서로 상의해서 하는 것이 좋다"고 말씀하시곤 했다. 그래서 큰형님 말씀대로 집사람에게 이야기하며 형님 계좌번호를 알려주었더니 이후부터 집사람은 자동이체로 매달 적잖은 용돈을 형님에게 보내드렸다. 아버지 같은 큰형님에 관해서는 무슨 이야기를 하더라도 이의 없이 따라준 집사람이 참으로 고마울 뿐이다. 어머니는 살아 계실 동안 "해인이(큰형님 존함)를 동생들만큼 교육시켰더라면 너희들보다 훨씬 잘되었을 텐데……" 하시며 형편 때문에 큰형님을 충분히 가르치시지 못한 것을 몹시 아쉬워하고 큰형님을 잘 모셔야 한다는 말씀을 자주 하시곤 했다. 부족하지만 나는 어머니의 말씀을 따르려 노력했고, 무엇보다 이를 도와준 집사람에게 고마운 마음이 크다.

작은형님은 서울고등학교를 거쳐 서울대학교 농경제학과를 나오시느라 고생이 많으셨다. 대학 졸업 후에는 충주비료에 입사해 직장에서 작은형수를 만나 결혼을 하신 후 슬하에 6녀 2남을 두셨다. 셋째 딸은 현재 일본에서, 넷째 딸과 다섯째 딸은 미국에서 살고 있다. 형수님은 오랫동안 당뇨로 고생하시다가 몇 년 전에 돌아가셨고 형님은 지금 둘째 딸, 막내딸과 함께 일산에 살고 계시다. 큰형수 두 분과 작은형수 모두 오랜 기간 동안 병환으로 고생을 하셨는데, 그동안 형님들이 형수님들을 간호하시는 것을 보면 말 그대로 지극정성이었다. 손수 밥을 차려드림은 물론 목욕을 시켜드리거나 용변을 거들어주실 때도 그렇게 깨끗하게 하실 수 없을 정도였다.

아무리 환자라고 해도 형수가 살아계신 것과 돌아가셔서 자리를 비운 것과는 차이가 컸다. 큰형님은 형수가 돌아가시니 바로 당신도 몸져누우셨다가 얼마 안 돼 당신도 형수를 따라가셨는데, 작은형님은 다행히 당신의 처지를 생각해서인지 건강에 많은 신경을 쓰고 계신다. 지금은 노인정에 다니시면서 합창도 하고 운동도 하고 고등학교 동창회장 일도 보시며 80대 후반을 건강하게 지내고 있다. 나는 작은형님으로부터 건강관리의 모범을 배우고 있다.

두 분의 큰형수님들과 달리 작은형수님은 성격이 활달하여 사회활동도 활발히 하셨고 주위에 어려운 사람들을 돕는 일에도 앞장서셨다. 직장에서도 남자들이 꺼리는 사고가 나면 과감히 나서 수습하는 용기와 기지를 발휘하셨다는 이야기도 들은 적이 있다. 특히 큰조카에겐 특별한 사연이 있다. 이 아이가 태어난 지 얼마 되지 않았을 때 친부모가 모두 불의의 사고로 돌아가시자 작은형님과 형수님은 이들 형제들을 모두 집으로 데려다 보살폈다. 그 후 작은형님 부부는 큰조카의 언니 오빠들을 미국으로 입양 보냈다. 그러나 큰조카는 너무 어려 직접 입양하여 큰딸로 키우셨다. 큰조카는 출가해서 아들딸을 낳고 아버지 곁에서 잘살고 있다. 내가 미국에 있을 때 그동안 서로 연락이 끊겼던 큰조카의 언니와 오빠들을 찾아준 적이 있는데 지금은 서로 연락을 하며 지내고 있는 것으로 알고 있다. 큰조카는 다른 형제들보다 마음씨도 착하고 부모에 대한 효성도 지극한 조카이다.

내 바로 위에는 누님이 있었다. 누님이 태어났을 때 아버지가 출생 신고를 바로 하지 못해 해방이 된 후 초등학교 입학을 위해 뒤늦게 출생 신고를 하려고 했다고 한다. 그런데 당시 법규에 따라 벌과금을 내야 하는 상황을 피하기 위해 누님의 출생일은 실제보다 한참이나 뒤로 밀려 연도도 다르고 월도 전혀 다르게 신고가 되었다. 그래서 나까지 자동으로 출생 신고가 밀려 연도는 1년 늦게, 월과 일은 실제와 아예 다르게 신고가 되었다. 그래서 학교 동기들보다는 실제 나이가 두 살 정도 많았다. 또한 부모님은 아쉽게 내 생일도 정확히 기억하지 못하셨다.

어렸을 때는 누님을 많이 귀찮게 했는데, 그래도 누님은 항상 나를 따뜻하게 돌봐주셨다. 특히 중학교에 들어간 다음부터는 집이 어려워 용돈이라고는 전혀 생각도 못했는데 누님은 사내가 친구들과 어울릴 때 너무 궁핍하게 굴어도 안 된다며 갖고 있던 얼마간이라도 항상 내 호주머니에 넣어주곤 하셨다. 누님은 어려운 여건에서도 틈틈이 공부를 열심히 해서 서울 중앙여중과 중앙여고를 졸업하셨다. 대학 입시에서도 좋은 성적을 받았지만 4년제 대학 진학을 포기하고 2년제 전문학교에 들어가셨다.

졸업 후에는 공무원 시험에 합격하여 농촌지도소에서 정년으로 퇴직할 때까지 공무원 생활을 하셨다. 그곳에서 지금의 매형을 만나 슬하에 큰딸 영미와 아들 정효를 두셨다. 영미는 출가해서 잘살고 있고 정효는 아직 가정을 꾸리지 못하고 있다. 누님도 오랜 직장 근무와 힘든 생활에 병을 얻어 오랫동안 고생하시다 역시 아들을 장가 못 보내 걱정하시면서 눈을 감으시고 말았다. 우리 집안의 두 노총각 승주와 정효 이 녀석들은 아마 미혼으로 여생을 보내려고 작정한 것 같다. 다행히 혼자가 되신 매형은 공무원으로 정년퇴직해 요새는 나보다 더 바쁜 생활을 보내고 있어 보기 좋다.

나에게는 누님이 한 분 더 계셨다. 큰형님 바로 밑의 큰누님이다. 바로 위의 누님보다 열 살 위였던 큰누님이야말로 '여자의 일생' 이라는 소설을 쓸 수 있을 만큼 힘겨운 삶을 사신 분이다. 큰누님은 한평생을 젊은 시부모님을 모시고 철없는 남편을 뒷바라지하며 사셨다. 두 아들과 당신 아들과 비슷한 또래의 시동생을 함께 키우면서 개인 생활은 단 한 주도 못 사시다가 식구들을 뒤로한 채 먼저 세상을 떠나셨다. 피난 시절, 건넛마을 '댕겻' 한씨 집에서 누님을 며느리로 삼고 싶다고 하자 할아버지는 한 입이라도 빨리 줄여야 한다며 큰누님의 혼인을 밀어붙였다. 아버지는 강하게 거

큰형님 팔순 잔치 때 찍은 형제들 사진. 왼쪽부터 매형, 누님, 작은형님, 큰형님, 저자, 집사람이다.

절하지 못하셨고 어머니와 다른 분들이 반대를 했지만 혼사를 물릴 수는 없었다. 매형은 서울에서 중동고등학교를 졸업한 후 시골로 내려와 있었는데, 우리 식구가 서울에서 왔다는 사실에 관심을 두다가 큰누님을 보더니 한눈에 반해 여러 공을 들여 할아버지의 승낙을 받아냈던 것이다.

그런데 결혼을 하자마자 매형은 바로 군대에 가더니 비정상적으로 제대한 후 집으로 돌아왔다. 그러고는 그때부터 집안을 잘 돌보지 않고 밖으로만 돌면서 돌아가실 때까지 누님 속을 많이 썩였다. 큰누님은 고된 시집살이 속에서 자식들을 키웠고 거기에 시동생까지 뒷바라지하면서 온갖 고생을 하셔야 했다. 이 바람에 큰누님은 40대 초반에 위암을 얻으셨다. 병으로 고생하시다 수술 후에는 불광동 셋방에 살던 우리 집에서 지내셨는데, 돌아가시기 직전에야 남양의 시댁으로 거처를 옮겨 일주일 만에 두 아들 창희와 영희를 남겨둔 채 45세라는 이른 나이로 돌아가셨다. 지금 큰누님네 두 조카들은 모두 결혼을 해서 아이들을 낳아 잘살고 있다. 늦었지만 매형도 충실한 삶을 추구하며 남양에서 혼자 여생을 보내고 있다.

돌이켜보면 아버지와 어머니, 형님들과 형수님들, 누님들 모두가 6. 25 동란의 희생자로 여겨지는 까닭은 내가 이분들이 고생하신 이야기들을 너무나 잘 알고, 바로 옆에서 지켜봤으며, 무엇보다 함께 뼈저리게 느꼈기 때문일 것이다. 자식을 위해, 동생을 위해, 당신을 희생하시면서 온 힘을 다하시던 분들께선 그래서 얻은 갖가지 병을 치료할 마음의 여유와 경제적 형편을 갖지 못하셨던 것 같다. 이러한 모든 상황의 뒤편에는 전쟁의 상처가 그늘처럼 드리워져 있다. 전쟁의 참혹함은 전쟁이 일어날 때뿐만이 아니라 반세기를 훌쩍 뛰어넘은 지금 이 시간까지 계속되는 것 같다.

젊음으로 Break through,
열정으로 정면 돌파

나는 국민학교를 졸업하며 서울대학교 사범대학 부속중학교에 입학했다. 우리 학교는 국립학교였고 남녀 공학이었다. 당시 우리나라에서 유일하게 남자와 여자가 함께 공부하는 학교였다. 반 편성은 따로 분리되어 있었지만 특별활동은 남학생과 여학생이 같이했다. 그래서 다른 학교 아이들은 우리들을 '중성'이라고 놀려댔다. 그러나 나는 '남녀 공학(coeducation)'의 장점이 많다고 생각한다. 우선 일반적으로 여자들이 남자에 비해서 공부를 더 열심히 하기 때문에 남자들도 따라서 공부를 열심히 하게 되고, 다른 학교에 비해 여자들도 졸업 후 사회생활을 활발하게 하는 것 같다.

우리 학교 졸업식 때는 보통 서울대학교 총장과 사범대학 학장이 오셔서 축사를 하셨는데 그때도 비슷한 말씀을 들은 적이 있다. 총장님께서 말씀하시길 서울대학교에 들어온 학생 중에 우리 사대부중 출신 여학생들이 다른 여학교 출신보다 공부도 열심히 하고 서클 활동도 활발히 한다고 말이다. 아마 청소년기에 남학생들과 같이 생활한 경험을 통해 이성에 대해 잘 알게 되고, 이것이 서로 어색함 없이 지낼 수 있도록 하기 때문일 것이다. 물론 남녀가 함께 지내면 부작용도 있겠지만, 그것보다는 한창 예민한 시절을 슬기롭게 넘길 수 있는 장점이 크리라 생각하는 것이다.

럭비를 통해 익힌 무조건 전진

중학교에 입학하고 며칠이 지난 어느 날, 선배들이 찾아와 나에게 럭비반 가입을 권유했다. 우리 학교 럭비반은 경성사범 때부터 내려온 오랜 전통의 특별반이며 보름 뒤에 학생연맹전에 출전해야 하는데 선수가 부족하다는 것이었다. 그러면서 선배들은 곧바로 같이 뛰어보자는 말과 함께 검정색 유니폼을 건네주었다. 나중에 알게 된 사실이지만 당시 럭비반은 상급학교에 진학하는 데 지장이 있을까봐 중도에 운동을 그만두는 학생들 때문에 선수 확보에 어려움을 겪고 있었다. 그래서 성적이 우수하고 운동 경험도 있는 신입생들을 반강제적으로 운동부에 가입시키고 있었던 것이다. 나는 국민학교 때부터 야구를 즐겼기 때문에 야구반이 있으면 야구를 할 생각이었다. 그러나 학교엔 야구반이 없었고, 운동이라면 종목을 가리지 않고 좋아하던 나는 결국 선배들을 따라 바로 럭비를 하기 시작했다.

가입 직후부터 수업이 끝나면 곧바로 럭비실로 달려가 유니폼으로 갈아입은 후 운동을 시작했다. 나는 처음부터 스크럼 센터 포지션을 받아 후보를 해보지도 않은 채 2년 선배들과 함께 주전 선수로 뛰기 시작했다. 푹푹 찌는 더위와 매서운 추위도, 장대비가 쏟아지는 날씨와 눈보라도 아랑곳하지 않고 거의 매일 운동을 했다. 팀 전원이 함께 모여 운동장을 30분 정도 뛴 다음 한 시간가량 100미터 달리기를 반복하고 나면 속칭 '똥물'이 다 넘어오는 상태가 되었다. 100미터 달리기는 가능한 한 전속력으로 달리는데 이렇게 20분만 뛰면 하늘은 노랗게 변하고 그야말로 몸속에 있는 똥물까지 목을 타고 넘어오는 느낌이 들었기 때문이다. 그러나 이 순간을 넘기고 나면 후에는 몇 시간이고 문제없이 뛸 수 있었다. 반대로 이 순간을 이기지 못하는 선수는 중도 탈락이었고 절대로 선수 생활을 할 수 없었다. 나를 포함한 럭비반 선수들은 모두 이 순간을 넘긴 사람들이었다. 이후에는 백스(Backs)와 포워즈(Forwards)로 나뉘어 총 세 시간가량의 전술 훈련을 반복해서 연습했다.

나는 중학교 3년 내내 럭비반의 우승을 위해 정말 열심히 뛰었다. 그중 가장 기억에 남는 일은 3학년 초가을 대구에서 열렸던 선수권 대회다. 당시 학교에서는 대회 출전을 하지 못하게 막았다. 직전 대회인 부산 전국체전에서 서울 대표로 출전해 우리 팀이 우승을 하고 왔으니 이번 대회는 쉬는 것이 좋겠다는 의견이었다. 황정순 교장 선생님께서 선수권 대회 불참 결정을 내려 럭비반에 통보를 했는데 졸업한 선배들 사이에서는 난리가 났다. 올해는 우리가 우승을 완전히 휩쓸고 있으니까 마지막 선수권 대회도 가져와야 한다는 논리였다. 그래서 결국 학교도 모르게 출전을 신청했다. 협회와 협의해 경기를 일요일에 치를 수 있도록 조정했기 때문에 가능한 얘기였다. 서울협회 역시 소속팀의 우승을 기대했기에 내심 우리의 출전을 반겼고 이에 따라 출전 준비가 비밀리에 이뤄졌다.

선배들은 십시일반 용돈을 모아 대회 경비를 마련했고, 우리들은 토요일 밤 기차를 타고 대구로 내려갔다. 다음날인 일요일 오전에 경기가 있었는데 결승전 상대는 대구 능인중학교였다. 그날 마침 폭우가 쏟아져 운동장은 발목까지 물에 잠길 정도였다. 그런데도 경기는 속개되어 럭비가 아니라 수구에 가까운 수중전이 시작되었다. 경기는 줄곧 막상막하로 전개되었다. 능인중의 오버 태클과 부정 선수 문제도 있었지만 우리 팀은 단 한 번의 트라이로 결국에는 3 대 0 승리를 따냈다.

경기가 끝나자마자 우리들은 목욕탕에 가서 몸을 씻은 후 그날 밤 기차를 타고 월요일 이른 새벽 서울에 도착할 수 있었다. 두세 시간 여유는 있었지만 여관에 갈 수는 없었기에 정운화네 집에서 운영하고 있던 안암동 곰보 추어탕 집에 가서 추어탕을 한 그릇씩 먹은 후 곧바로 학교에 등교했다. 학교 몰래 갔기 때문에 우승기와 우승컵 역시 숨겨야 했다. 그래서 교장 선생님에게 전하는 대신 당분간 선배들에게 보관을 부탁했는데, 문제가 발생하고 말았다. 수업 시작과 함께 럭비반 선수들이 단 한 사람도 빠짐없이 꾸벅꾸벅 졸기 시작한 것이다. 연이틀을 제대로 잠도 못 자고 폭우 속에 큰 경기까지 치르다보니 모두 기진맥진할 수밖에 없었다. 교실마다 벌어지는 이상한 현상에 선생님들은 진상조사를 실시했고 사건의 전말은 금세 드러났다. 진노하신 교장 선생님은 럭비반 전원을 교장실로 불러 야단을 치시며 일주일 동안 교장실에서 무릎을 꿇은 채 반성문을 쓰도록 지시하셨다. 게다가 지시 위반에 대한 처벌의 일환으로 선수들에게는 우등상도 수여하지 않기로 하셨다. 그러나 선생님들이나 학생들 대부분은 이 사건에 대해 우리를 대견하다고 생각해주었다. 이후 졸업한 선배들까지 교장 선생님을 찾아뵙고 용서를 구하자 다행히 큰 문제없이 지나갈 수 있었다.

당시 우리 럭비반은 운영 예산이 너무 적어 다른 학교와 달리 전문 코치를 활용할 수 없었다. 따라서 선배들이 자진해서 코치로 봉사하며 선수들을 지도하고 팀을 꾸려가고 있었다. 방과 후 연습 때는 항상 여러 선배들이 오셔서 우리와 함께 운동을 하곤 했다. 서울에는 우리 팀과 상대할 만한 중학교 팀이 없었다. 대신 우리 팀 출신 선수들이 많은 3군사관학교 럭비팀이나 연세대나 고려대, 또는 서울대 사범대학 체육학과 럭비팀의 선배들이 튼튼이 팀을 이뤄 상대해줬다. 가끔 고등학교 선배 선수들과 같이 뛰기도 했다.

이렇게 전국을 돌며 함께 합숙하고 뒹굴며 다치면 들러업고 병원으로 뛰면서 뭉치니 사나이의 의리와 팀워크가 저절로 생겨날 수밖에 없었다. 당시 현재 삼성그룹 이건희 회장도 나와 함께 사대부중을 다녔는데 내 권유로 럭비반에 들어와 함께 연습하기도 했다. 몇 개월 후 이 회장은 럭비를 그만두고 고등학교에 들어가서는 꾸준하게 레슬링을 했다. 그 외 몇몇 친구들도 함께 럭비공을 들고 후보 생활을 했는데, 지금까지도 같은 러거(Rugger)로서 우의를 나누고 있다.

사실 처음에는 별다른 정보 없이 럭비를 시작했다. 하지만 지금 생각해봐도 럭비를 통해서 참 많은 것을 얻은 것 같다. 그러나 함께 운동을 시작했다가 힘이 들어서 그만두는 친구들도 많고 부모님들이 반대하여 할 수 없이 포기하는 반원들도 있었기 때문에 15명 팀원을 유지하기가 참 어려웠다. 위험한 운동이란 이유도 있었지만, 무엇보다 큰 이유는 럭비를 하면 상급학교에 진학하기 힘들기 때문이었는데 사실이 그랬다. 사대부중에서 사대부고로 올라가는 동교 입학시험에서도 럭비반 단원 중 절반 이상이 낙방을 했으니 말이다. 당연히 학부모들 사이에서 난리가 났는데, 다행히 때마침 사대부고가 을지로 교정에 교실을 증축하며 정원을 늘려 사대부중 본교생들을 상당수 구제해주면서 럭비반원들은 모두 고등학교도 같이 다닐 수 있었다.

나는 운동을 하면서도 좋은 성적을 유지했다. 운동도 열심히 했지만 공부도 열심히 해서 항상 좋은 성적을 얻을 수 있었고 졸업할 때는 우등상도 받았다. 나 말고도 럭비반 단원 중에는 우등생이 여럿 있었다. 이처럼 우리는 열심히 공부하면서 열심히 운동했다. 고등학교 입학시험을 치른 후에는 발표가 나기 전부터 고등학교 선배들에게 끌려가서 함께 연습을 시작했다. 나는 아직도 그 이유를 모르고 있는데, 같은 학년에 나 말고도 여러 명의 동료가 있었지만 유독 나만 고교 선배들이 데려다 정규 선수로 연습을 시켰으니 말이다.

건희와의 세 차례 주먹다짐

중학교 3학년 때 큰 사건이 하나 있었다. 친구 김형철이 부추겨 이건희와 학교 뒤 선농단에서 세 차례나 싸움을 했던 것이다. 이유는 간단했다. 당시 나는 운동을 해서 날씬했지만 건희는 몸이 좀 부했고 덩치도 나보다 컸다. 그런데 형철이가 "너희 둘이 붙어보면 누가 이길까?" 하면서 며칠씩이나 깐죽거렸던 것이다. 처음에는 둘다 웃어넘겼지만 계속 바람을 넣자 결국은 한번 붙어보기로 했다.

나와 건희는 선농단에서 맞붙었고 형철이는 심판을 봤다. 처음 싸움에선 내가 이겼다. 그러자 건희는 다시 싸워보자고 했고, 이튿날 또 싸워 이번에도 내가 이겼다. 그런데 그게 끝이 아니었다. 건희는 그 후에도 매일같이 수업이 끝나면 다시 싸워보자며 선농단으로 나올 것을 요구했다. 나는 또 싸우기도 싫고, 두 번이나 지고도 계속해서 싸움을 요구하는 건희의 집요함에 기가 눌려 내가 항복할 테니 이제 그만 싸우자고 제안을 했다. 그런데도 건희는 그런게 어디 있냐며 계속 도전했고 결국 나의 응전으로 3차전이 벌어졌다.

이번엔 호각지세였다. 그리고 두 차례의 패전을 통해 자신의 약점을 보완하고 내 약점을 파고드는 건희에게 난 정말로 지고 말았다. 이 일이 있은 후 우리는 더욱 친해져 장충동에 있던 건희네 집에 가끔 놀러 가곤 했다. 그러면서 나는 건희에게 럭비반에 들어오라고 권유를 했다. 그 집념과 근성이 럭비반에 꼭 필요하다고 생각했기 때문이다. 내 권유를 받아들여 건희는 럭비반에 가입했다. 당시 럭비반은 혹독한 신고식을 거친 후에야 중도 가입 단원을 받았다. 신고식이 열렸고, 럭비반 선수들은 건희를 세워놓고 열다섯 명 전부 심하게 태클을 걸었다. 건희는 태클을 받아 쓰러지면서도 가입을 포기하겠다는 말은 절대 하지 않았다. 그렇게 건희는 신고식을 통과했다.

그 후 건희와 함께 럭비 연습을 하면서 지냈다. 그때가 3학년 중간쯤이었기 때문에 함께 럭비를 한 건 몇 달 되지 않았다. 아쉽게도 고등학교에 진학하면서부터 건희는 럭비 대신 레슬링반에 들어갔다. 건희는 무슨 일이든 집요하고 확실하게 파고드는 치밀한 친구였다. 책을 많이 읽었고 무엇을 골똘히 생각하는 일도 많았다. 무슨 일을 해도 끝까지 뿌리를 뽑아야 직성이 풀리는 성격이었다고 기억된다. 가끔 집에 놀러 가면 자전거나 전자제품을 분해하곤 했는데, 그만큼 어려서부터 부품부터 파악한 후 조립하여 물건이 제대로 성능을 발휘하도록 하는 일에 능했다.

특히 건희는 등교할 때면 장충동 집에서 자가용을 타고 오다가도 일부러 학교에서 멀리 떨어진 곳에서 내려 걸어서 교문에 들어서곤 했다. 나중에 삼성그룹 회장 때 보니 어렸을 때 성품이 그대로 발휘되는 모습을 볼 수 있었다. 지금까지 계속 럭비팀과 레슬링팀에 후원을 아끼지 않는 것 역시 우연이 아니라고 생각한다.

사대부고에 입학하다

발표도 나기 전에 고교 선배들과 함께 럭비 연습을 하던 중 고교 입학시험 합격자 발표가 났다. 다행히 나는 합격을 했고, 동기들 중에 유일하게 1학년 주전이 되어 2년 선배들과 함께 선수 생활을 하게 되었다. 앞서 소개한 대로 다행히 얼마 안 있어 2개 반을 더 증설해 시험에 떨어졌던 본교생들을 다시 뽑았기에 하마터면 헤어질 뻔했던 동료들도 모두 학교에 입학해 함께 생활할 수 있었다.

나는 서울사대부고 개교 이래 전에도 없었고 아마 앞으로도 깰 수 없는 기록을 갖고 있다. 사대부중과 사대부고 생활 6년을 럭비 선수, 그것도 스크럼 센터로 후보 생활 없이 베스트 멤버로만 계속해서 뛴 유일한 선수란 사실이다. 이랬기 때문에 나는 2년 터울 선배와 후배들을 모두 잘 알 수 있게 되었다. 운동한 6년을 따져보면, 중학교 3년 동안은 전국을 휩쓸었다. 고등학교에 와서는 내가 1학년 때는 우승팀이었고, 2학년과 3학년 때는 모두 준결승까지는 올랐다. 그러나 우승을 하긴 쉽지 않았다. 대입 시험 준비로 다른 학교에 비해 연습량이 현저히 부족했고 부모님들의 만류로 선수들이 중도에 여러 명 이탈했기 때문에 어쩔 수 없는 일이었다.

일례로 중학교 럭비반 동료 중에 당시 안병찬 교감 선생님 아들이 있었다. 교감 선생님께선 늘 럭비팀에 대해 깊은 관심과 격려를 아끼지 않으셨다. 그런데도 당신 아들이 고등학생이 되자 럭비반에서 빼버리셨다. 대학교 입학시험을 생각해서 내린 결정이었다. 당시 우리 학교 학생들은 스스로를 '천하부고'라고 자부했는데 뭐니 뭐니 해도 좋은 대학교에 많이 들어가는 공부 실력 때문이었다. 이런 전통은 오랫동안 이어지고 있었다. 특히 서울대학교에 얼마나 많은 학생이 들어가느냐가 관건이었기 때문에 이를 위해 럭비 같은 심한 운동을 기피하게 된 것이다.

당시 럭비대회는 크게 봄철 학생연맹전, 여름 서울지역 학교대항시합, 가을 전국체전과 선수권대회가 있었다. 대회가 열리기 전에는 보통 1주일 동안 합숙훈련을 했는데 이때는 정말로 고된 맹연습이 이뤄졌다. 우리 학교엔 운동장이 없었기 때문에 운동화를 신고 서울대학교 문리대 운동장까지 달려갔다. 을지로 5가 교정에서 로드 러닝(Road Running)을 시작해 문리대 운동장에 도착하면 즉

시 스파이크로 갈아 신은 후 다시 20분 정도 100미터 달리기를 연습했다. 이 20분을 참아내고 계속 뛰면 몸이 가벼워져 두세 시간 연속해서 각종 훈련을 할 수 있지만, 못 참고 포기하면 더 이상 뛸 수 없었다. 이러한 사점(Death Point)을 참고 넘기는 인내심은 모든 운동선수에게 반드시 필요한 힘이라고 생각한다.

또한 각 포지션의 선수들이 일사분란하게 작전을 수행할 수 있도록 팀워크 훈련에 집중했다. 이러다 보니 선수 간에는 의리를 넘어 그야말로 형제애 같은 공감대가 형성되었다. 이런 공감대는 동료 선수들, 특히 선배들의 협조와 독려가 있었기에 가능했다. 경우에 따라서는 선배들의 기합도 팀워크를 위한 방법이 되었다고 생각한다. 가끔 다른 학교에서는 선배들의 기합이 지나쳐 사고가 났다는 얘기도 들렸는데, 나는 기합 역시 훌륭한 실력을 위해 필요한 과정이라고 인정하고 싶다.

연습이 끝나고 합숙소로 돌아와 샤워를 한 후에는 교실에 마련된 매트리스 위에서 딴딴히 뭉친 다리를 풀어주기 위해 서로의 다리를 밟아주었다. 그러면 여기저기서 신음과 한숨 소리가 요란하게 들려왔다. 이런 일이 매일 반복되며 우리의 다리는 운동을 하지 않는 친구들은 물론 다른 운동을 하는 선수들에 비해 단단해지고 두꺼워졌다. 당시에는 나도 운동 팬티의 옆선을 터야 할 정도로 넓적다리가 굵어졌다.

대회를 준비하며 합숙훈련을 할 때도 우리는 시간을 정해놓고 감독 선생님이 지켜보는 가운데 공부를 해야만 했다. 지금도 정기적으로 찾아뵙고 대포를 나누는 한우택 선생님은 우리들의 영원한 선생님이자 형님, 그리고 탁월한 지도자이셨다. 한 선생님께선 배재고등학교를 거쳐 서울사대를 졸업하고 우리 학교에서 사회 과목을 가르치면서 럭비 감독도 하셨다. 합숙을 할 때면 선생님 사모님이 시루떡을 머리에 이고 합숙소를 방문하시곤 했다. 이처럼 선생께서는 대부분의 학생들이 사대부고 선배로 착각할 정도로 우리를 살갑게 대해주시며 헌신하셨다.

또한 영어를 가르치고 럭비반 선배이기도 하셨던 최식근 선생님, 국어를 가르치셨던 박붕배 선생님, 그 외에 많은 선생님들이 럭비반의 선배이자 인생의 참 스승이셨다. 이 글을 쓰다 보니 함께 운동장을 누볐던 선배님들에 대한 그리움에 한 분 한 분이 한없이 보고 싶어진다. 당시 최식근 선생님께서 하셨던 말씀이 기억난다.

"나는 이 가슴에 럭비반 배지를 계속 다시 달고 싶은데 안타깝게도 선생이어서 달 수가 없다. 다른 사람들은 럭비반을 보면 깡패라고 한다. 너희들이 올바로 행동해서 이런 선입견이 사라지길 간절히 바란다."

럭비란 운동이 워낙 험하니 럭비를 한다고 하면 가까이하기 싫을 정도로 겁이 나서 그랬을까? 내 생각엔 당시 대부분의 운동선수들이 운동에만 전념하고 공부는 게을리했기 때문에 많은 사람들이 럭비만이 아니라 모든 종목 운동선수들을 무식하고 힘만 센 깡패라고 잘못 생각했던 것 같다. 그중에서도 특히 럭비는 다른 운동보다 많이 다치고 격렬하기 때문에 더 그랬던 것 같다.

그러나 나는 시작할 때부터 지금까지 변함없이 럭비를 좋아하며 누구에게나 장려할 만한 훌륭한 스포츠라고 생각한다. 실제로 모든 영연방 국가들은 럭비를 사랑하며 럭비를 통해 심신을 단련한다. 사회는 럭비 선수들을 신사(Gentleman)로 깍듯이 대우해준다. 국민들이 럭비를 통해 여러 가지 좋은 점들을 몸에 익히며, 실제로 럭비 선수 출신들이 사회 각 분야에서 그만큼 기여를 하기 때문일 것이다. 나도 럭비라는 운동을 통해 인내와 협조를 몸에 배도록 훈련받았고 어떠한 어려움을 만나도 돌파(Break Through)하는 실천력을 키워왔다. 이런 실력들의 원천은 체력을 바탕으로 하는 탄탄한 정신력일 것이다.

내가 고학을 하다시피 하며 사당오락 정신으로 매일 네 시간만 자면서 역경을 헤쳐 나올 수 있었던 것도 럭비의 힘이었다고 자부한다. 럭비를 통해 몸으로 익힌 것들을 생활에서도 그대로 발휘하려고 노력했던 것이다. 중학교 3학년 때 아버지께서 돌아가신 이후부터 고등학교를 거쳐 대학을 졸업할 때까지 학업을 성공적으로 마칠 수 있었던 것도 럭비를 통해 얻은 강인한 정신력 덕분이다. 고등학생 때는 버스비도 아끼고 체력도 단련하기 위해 돈암동부터 을지로 5가까지 매일 아침 달려서 등교를 했다. 학교에 도착한 후에는 수돗가에서 땀으로 범벅이 된 몸을 씻은 다음 수업에 임했다. 중학생 때도 돈암동에서 성동역에 있는 학교까지 성신여대 앞을 지나 지금의 고려대 농대 뒷산을 넘어 등교를 했다. 수업을 마친 후에는 매일 운동장에서 럭비 연습을 했고 저녁 7시쯤 하교해 국민학교 아이들을 그룹 지도했다. 친구의 집에서 기거하며 친구들과 함께 공부하기도 했다.

학비를 벌며 학교를 다니려면 남들과 똑같이 잠을 잘 수는 없었다. 그러면서도 성적은 늘 상위권에 머물렀다. 또한 피난 시절 활초국민학교 3학년으로 들어간 이후부터 나는 고등학교를 졸업할 때까지 개근상을 받았다. 중고등학교 시절 럭비를 하다 수많은 부상을 당하기도 했지만 단 한 번의 지각도 없이 개근상을 받을 정도로 정말 열심히 생활했다고 자부한다. 이런 결과가 있기까지, 아니 그 이후의 모든 삶 속에서 럭비는 나를 움직이는 강력한 힘이 되어주었다.

15대 7로 싸우다 패배한 경기 아닌 쌈박질

지금도 나는 용산고 운동장에서 배재고와 붙었던 결승전 경기를 생생하게 기억한다. 그때도 포지션이 스크럼 센터였기 때문에 내 오른쪽 다리는 우리 팀에 무척이나 중요했다. 스크럼에서 오른발을 써서 볼을 빼주어야 했기 때문에 상대 팀은 경기마다 내 오른쪽 발을 태클로 저지할 기회를 호시탐탐 노렸다. 그러다가 결승 경기에서 결국 나는 배재고 선수들에게 오버 태클을 당해 오른쪽 다리 정강이와 오른쪽 어깨뼈가 동시에 탈골되고 말았다. 게다가 내가 상대편 공격을 막기 위해 몸을 날리는 순간, 로켓이란 별명을 가진 배재의 한 선수가 내 입에 집게손가락을 넣고 잡아당기는 바람에 입이 여덟 바늘을 꿰맬 정도로 크게 찢어졌다.

이런 큰 부상을 당해 병원에 실려가 깁스를 해 몸을 빳빳하게 고정시켜 놓았는데도 나는 큰 매형의 도움을 받아가며 하루도 빠지지 않고 등교를 했다. 확실히 럭비는 과격한 운동임에는 틀림없다. 준결승이나 결승 같은 큰 경기는 보통 지금은 없어진 동대문의 서울종합운동장에서 열렸는데, 경기를 할 때면 항상 운동장 앞에 구급차를 대기시켜 놓을 정도였다.

대구상고와 준결승전이 열린 날도 똑똑히 기억하고 있다. 우리들은 승리를 자신했다. 왜냐하면 대구상고가 바로 전날 있었던 경기에서 양정고에 패했고 우리 팀은 그전에 이미 양정고를 이겼기 때문이었다. 그런데 비가 내리는 당일, 막상 경기가 시작되자 나를 비롯한 우리 팀 선수들 몸이 모두 축축 늘어질 정도로 무겁게 느껴졌다. 반면 상대 팀 선수들은 왜 그렇게 빨리 뛰는 것처럼 느껴지는지 도무지 이해가 되지 않았다.

결국 전반전을 3 대 0으로 뒤진 채 마쳤는데, 하프 타임이 되자

신사복 차림의 선배들이 비가 와서 잔뜩 젖은 운동장까지 뛰어들어와 우리들에게 태클을 하면서 정신을 차리라고 야단을 치셨다. 이처럼 뒤지고 있다는 조바심에 선배들의 과도한 응원이 더해지면서 후반전에 들어서자 우리 팀 멤버들은 모두 무리한 플레이를 하기 시작했다. 경기는 점점 싸움판으로 변했다. 그 결과 팀원 열다섯 명 중에 무려 여덟 명이나 퇴장이나 부상을 당해 경기장 밖으로 나와야 했다. 경기가 끝났을 때 최종적으로 경기장에 남은 선수는 절반도 되지 않는 일곱 명뿐이었다. 이날 관중석에 계셨던 이종림 교장 선생님도 민망해 슬그머니 자리를 뜨실 정도로 경기가 아니라 쌈박질이 되어 버렸던 것이다.

경기 결과는 당연히 우리 팀의 참패였다. 너무 허무했다. 상대를 우습게 본 방심으로 상대 팀 선수들을 모두 놓쳐버린 이유가 컸다. 이에 당황하게 되자 경기를 순리대로 풀지 않고 선수마다 개인플레이를 하기에 급급했던 것이다. 결국 점점 무리수를 두게 되었고 그럴수록 우리의 허점이 노출되면서 계속 궁지로 몰릴 수밖에 없었다. 부상자가 속출하고 퇴장 선수까지 발생하면서 수까지 열세가 되자 손발이 맞을 리 없어진 팀은 자연스럽게 와르르 무너져 내리고 말았던 것이다. 당시 나는 나라도 반드시 경기를 끝마치겠다고 다짐했지만 역부족이었다. 몸을 가누기 힘들 정도가 된 나는 선수들 중 마지막으로 실려 나와 이대부속병원으로 이송되었다.

이날의 쓰라린 패배를 통해 나는 정신적인 자세가 얼마나 중요한지 다시 한 번 깨달을 수 있었다. 이렇게 한 경기 한 경기를 통해 아무리 실력이 좋아도 정신이 풀려 있으면 육체는 따라오질 못한다는 진리를 배워갔다. 빛나는 승리와 뼈저린 실패라는 과정을 통해 우리 팀은 육체적으로나 정신적으로 조금씩 실력을 향상하며 우승 팀으로 발전했던 것이다. 나의 모교인 사대부고 럭비팀은 현재도 서울의 우승 팀이다. 수많은 선후배들의 지도가 이어지면서 지금까지도 최강의 팀워크와 강인한 정신력을 자랑하는 멋진 팀으로 인정받고 있다는 점이 뿌듯하고 자랑스럽다.

당시 럭비반 선수 중에 '썩어' 라는 별명을 가진 1년 선배가 있었다. 이 형은 나보다 훨씬 가냘프고 마른 체구였지만 인내심 내지 깡다구 하나만큼은 가히 장안 최강이었다. 싸움이 붙으면 상대편이 누구든 결국엔 썩어 선배를 당해내지 못하고 항복을 부르고 말았다. 아무리 얻어터져도 지치거나 포기하지 않고 상대편이 지고 들어올 때까지 계속 덤비는 썩어 형을 누구도 당해낼 재간이 없었다.

한번은 이 선배가 다른 학교 깡패들과 함께 우리 학교 학생들을 두들겨 팬 적이 있었다. 그래서 한 기수 위 선배들이 럭비반 단원들을 모두 럭비실로 불러 기합을 줬다. 사실 기합 수준이 아니라 열다섯 명 모두에게 태클을 넣고 야구 방망이로 매찜질을 하면서 잘못을 실토하도록 했던 살벌한 상황이었다. 이때 선배들은 썩어 선배에게 깡패들과 함께 어울렸으니 당장 럭비를 때려치우라고 소리쳤다.

서울운동장에서 열린 대구상고와의 고교준결승전 사진. 첫 번째 태클하는 사람이 저자다.

그러나 썩어 형은 럭비는 절대로 포기할 수 없다며 더 때려도 좋다면서 매달렸다. 형은 온몸을 얻어맞아 까무러쳤고, 선배들이 찬물을 부어 깨운 다음 다시 기합을 주는 데도 제발 쫓아내지는 말아달라며 애원했다. 선배들은 결국 썩어 형의 반성을 인정했고 잔류를 허락했다. 아마 다른 사람이 그렇게 반항했으면 선배들은 결코 가만두지 않았을 것이다. 치열한 승부 근성과 럭비에 대한 끈질긴 열정이 잘못에 대한 진정한 반성과 어우러져 선배들의 마음을 감동시켰던 것이다. 확실히 럭비에는 무엇인지 정확히 모를 강한 매력이 있다.

나는 삼성전자 경영진이 된 후 회사 내 각 사업부에 럭비팀을 만들어 정규전을 열었다. 이를 통해 팀워크를 키우려는 의도였다. 물론 이건희 회장님도 럭비에 관심을 보여줬기 때문에 가능한 일이었는데 이것이 삼성이 실업 럭비팀을 만들게 된 계기였다. 당시 회장님께서 삼성의 3대 스포츠를 선정해 발표토록 했는데, 당연히 그중 하나로 럭비를 넣었다. 3대 스포츠는 야구, 골프, 럭비였다. 야구를 통해서는 기술(Technic)을, 럭비를 통해서는 팀워크(Team Work)를, 골프를 통해서는 양심(良心)을 배우라는 의미였다. 골프는 심판 없이 본인이 심판이 되어 양심적으로 운동하는 정신을 배울 수 있기 때문이다. 이처럼 3대 스포츠를 통해 모든 사원에게 윤리와 도덕과 에티켓을 가르치고, 강하고 부지런하며 인내하는 인성을 키우도록 노력한 바 있다.

럭비는 다른 운동과 달리 어떤 악천후에도 경기가 강행된다. 비가 억수로 쏟아져도, 태풍이 불어도 럭비 경기는 반드시 진행된다. 눈 위에서도 진흙탕 속에서도 경기가 펼쳐진다. 럭비에는 후퇴가 없다. 오직 전진뿐이다. 볼을 떨어뜨리면 바로 그 자리에서 스크럼을 통해 경기가 재개된다. 럭비 전술 중에 우리 팀이 불리할 때 내 몸을 던져 팀을 구해내는 세이빙(Saving)이란 게 있다. 세이빙은 자기 몸을 던져 희생함으로써 팀을 구하는 전술이다.

상대편 공격은 반드시 막아야 하는 것이다. 위험한 순간이 많이 찾아오더라도 공격을 막기 위해 공은 절대로 앞으로 던질 수도 없고 앞으로 떨어뜨려도 안 된다. 공을 앞으로 떨어뜨리면 그 자리에서 페널티(Penalty)를 준다.

따라서 럭비는 다른 경기와 달리 자기희생의 정신이 없으면 안 되는 스포츠다. 스크럼에서 보듯 함께 통합된 힘을 발휘해야 상대편을 막고 공을 자기편으로 유도할 수 있다. 우리 편이 세이빙해서 누워 있으면 스크럼을 형성해 세이빙한 사람을 보호함과 동시에 공을 우리 편으로 유도한 후 단계적으로 앞으로 밀치면서 전진하는 모양을 볼 수 있다. 그런데 상대편도 오직 전진하려고만 하기 때문에 이들을 강한 태클로 막는 수밖에 없다. 이처럼 태클도 감수하면서 앞으로 뚫고 가는 것, 즉 어떠한 역경도 참아내면서 전진하는 정신이 바로 럭비의 정신이다.

따라서 오직 전진뿐이라는 럭비 정신을 나누며 함께 뒹굴고 같이 뛰었던 우정과 의리는 결코 변할 수 없는 것이다. 실제로 우리는 졸업 후에도 정기적으로 만나 옛 의리를 계속 지켜가고 있다. 비록 팀은 다르더라도 사회에서 처음 만난 사람이 럭비를 했다는 걸 알게 되면 금방 친해진다. 예를 들어 학창시절 경쟁 학교였던 배재나 양정에서 럭비를 했던 친구들을 길거리에서 우연히 만나면 누가 먼저라고 할 것 없이 즉석에서 소줏집으로 가 술잔을 나누곤 한다. 같은 나라의 다른 팀이 아니라 국적까지 다르다고 해도 럭비를 했다고만 하면 이야기의 깊이와 공감대는 확연히 달라진다. 이것이 럭비가 갖고 있는 매력이다. 나는 이런 럭비를 통해 강인한 정신과 도전의식을 기를 수 있었고, 무엇보다 '오직 전진'의 정신을 갖게 되었다.

중학교 시절 전국체전 우승 후 태종대에서 찍은 사진

나와 함께 뛰었던 친구들의 그리운 이름을 불러본다.

강종웅, 강대준, 김은환(작고), 박양일, 안형균(작고), 안기훈(작고), 송경희, 정길치, 정운화, 최경화, 진신일(작고), 홍태철, 오방근. 이상 친구들이 중학교 때 함께 뛰었던 친구들이다.

강종웅, 강대준, 김은환(작고), 박양일, 안형균(작고), 송경희, 정길치, 진신일(작고), 홍태철, 오방근. 이상 친구들이 중학교에 이어 고등학교 때까지 4년 이상 함께 뛰었던 친구들이고, 오형근, 전수신 두 친구는 고교 시절 함께 뛰었다. 이상 친구들과는 지금도 정기적으로 만나 소주잔을 기울이고 있다.

영화 관람을 허용하라고 외친 규율반장

사실 중고등학교 시절에는 럭비 이야기 말고 특별한 추억이 별로 없다. 그만큼 럭비에 몰입했기 때문이었다. 그럼에도 불구하고 지금까지 기억에 남는 일이 하나 있다.

내가 중학교를 졸업할 당시엔 친구들과 서로 자신의 사인(Sign)을 종이에 적어 주고받는 게 유행이었다. 우리끼리는 이걸 '사인지'라고 불렀다. 나도 별다른 생각 없이 남자 친구 여자 친구 가리지 않고 사인지를 주고받았다. 졸업 직전이라 친하지 않더라도 서로를 기억하기 위해 친구들과 사인지를 주고받았던 것이다. 그런데 한 여자애가 나에게 사인지를 주지 않고 대신 자신에게 직접 들고 와 사인을 받으라고 하는 것이었다. 하지만 나는 그 친구의 요청을 일부러 피했다.

지금 그 친구의 이름은 기억이 나지 않는다. 남자뿐만 아니라 여자애들에게도 사인지를 돌렸기 때문에 단순히 여자라서 또는 그 친구가 싫어서 피했던 것은 아니었다. 사실 당시 나는 쑥스러움을 너무 많이 타서 어떤 여자에게든 접근을 아예 하지 못했다.

그 사건을 좀 더 자세히 이야기하면, 졸업을 며칠 앞둔 어느 날 담임선생님과 교실 난로 곁에서 불을 쬐고 있을 때였다. 한 친구가 내게 오더니 "교실 밖에서 어떤 여자애가 너를 찾는다. 얼른 나가서 사인지 받아"라고 말하는 것이었다. 얘기를 들은 선생님께서는 내 얼굴을 보시더니 아무 말씀 없이 빙그레 웃으셨는데, 나도 모르게 얼굴이 화끈 달아올랐다. 그래서 나는 친구에게 대신해서 사인지를 받아다 줄 것을 부탁했다. 그러나 친구는 여자애가 내게 직접 전하겠다고 한다며 부탁을 거절했다. 어떻게 해야 하나 한참을 망설이다 나는 끝내 교실 밖으로 나가지 못하고 쭈뼛쭈뼛 내 자리로 돌아가 앉아 버렸다. 그리고 그날 수업이 모두 끝난 후였다. 정문을 빠져나가던 나는 사인지를 받으러 나오라는 말을 전했던 여자애가 정문 앞에 서 있는 모습을 발견했다. 그녀를 본 나는 그만 뒷문을 통해 도망치듯 집으로 돌아와 버렸다.

그런데 그 일이 있고 1년 반 정도가 지나 고등학교 2학년 2학기 때였다. 당시는 외국에서 귀빈들이 방한하면 학생들을 동원해 길가에서 태극기를 흔들며 환영을 해야 했는데, 베트남의 고딘디엠 대통령이 우리나라에 왔을 때였다. 우리 학교는 시청 앞 광장 대로를 책임지게 되었다. 나는 그때 학교마다 있던 학도호국단의 대대장을 맡고 있었다. 그래서 학생들을 인솔해 지정된 위치에 배치하는 임무를 수행했는데, 인파들로 복잡한 거리에서 반장들에게 "태극기를 받아간 후 반별로 분배하라"고 목청껏 외치고 있을 때였다. 옆에서 느닷없이 "뭐?"라고 하며 쏘아붙이는 목소리가 들렸다. 깜짝 놀라 돌아보니 중학교 졸업 때 있었던 사인지 사건의 그 여자친구였다. 순간 나는 예전에 있었던 일도 기억나고 많은 사람들 앞에서 무안을 당한 게 창피하기도 해서 얼떨결에 "네가 반장이야?"

하는 말만 던지고는 태극기 뭉치를 들고 다른 곳으로 또 도망을 가 버리고 말았다.

지금 생각해도 왜 그렇게 여자 앞에만 서면 쩔쩔맸는지 모르겠다. 그 친구는 여자였지만 키도 크고 아주 대담했던 걸로 기억한다. 이 일이 있고 난 후에도 이 여학생이 우리 팀이 다른 학교와 럭비 경기를 할 때 가끔 응원하러 운동장에도 오곤 했던 기억이 있다. 이처럼 여학생들에게 수줍음을 많이 탔기 때문에 남녀공학 학교에 다녔는데도 나는 여자 동문들을 잘 모른다.

한편 대대장 역할을 통해 자연스럽게 학생회 일을 하게 되면서 리더십을 키울 수 있었다. 그러면서도 학교 밖에서는 아이들 공부 지도를 하며 학비를 조달했다. 고교 시절 나는 이처럼 다른 곳에 눈 돌릴 여유를 전혀 갖지 못한 채 학교생활에만 몰두했다. 2학년 때 대대장을 맡은 데 이어 3학년 때는 규율부장 일을 했다. 지금 생각해도 당시 나는 정말 엄격한 규율부장이었다. 매일 아침 등교 30분 전 규율부원들을 모두 교문에 배치한 다음, 지각은 물론 복장과 두발 검사를 통해 규정을 어긴 학생들을 교문 옆에 대기시켰다. 등교 시간이 지난 후엔 전체 학생들이 규율부에 걸린 학생들을 창문 너머로 내다보곤 했는데 이렇게 해서 규정을 준수하도록 했다.

내가 규율부장을 하도 엄격하게 하니까 어떤 선생님은 서울사범대 체육과를 나와 훈육주임을 하면 좋겠다는 말씀도 하셨고, 또 다른 선생님은 육군사관학교에 가는 것이 어떻겠냐고도 하셨다.

그런데 한번은 조회 때 교단에 올라가 전교생들에게 규율부장으로서 하고 싶은 당부의 말을 하게 되었다. 당시엔 학생들의 극장 출입을 막기 위해 지금의 교육청에 해당되는 기관에서 선생님들을 동원해 감시하는 제도가 한창 진행 중이었다. 그런데 나 자신도 잘 몰랐는데, 평소 이 제도에 대해 부정적인 생각을 갖고 있었는지 교단에 올라 당부 사항을 이야기하던 중에 나는 엉뚱하게도 이렇게 이야기해 버렸다.

"우리 천하부고 학생들은 옳고 그름을 잘 판단하기 때문에 어떤 영화를 보더라도 스스로 잘 판단하여 받아들일 것이라고 믿습니다. 따라서 학생들은 누구든 극장에 가도 괜찮을 것입니다."

미리 계획했던 것은 아니었지만 어쨌든 나도 모르게 진심을 이야기했던 것 같다. 하지만 조회가 끝난 후 나는 교장 선생님에게 불려가 크게 야단을 맞았고 다시는 그런 말을 하지 않겠다는 내용의 반성문을 써야 했다.

당시 나는 영화 보는 것을 좋아했다. 친구들은 미성년자 관람불가 영화를 보기 위해 사복을 입고 몰래 극장에 가곤 했다. 사실 나도 19금 영화를 보기 위해 중앙극장에 간 적이 딱 한 번 있다. 그런데 때마침 교육청 직원들이 단속을 나오는 바람에 적발을 피하기 위해 극장 화장실로 겨우 빠져나왔다. 아마 이때 나는 나라는 자아에 심취해 있었던 것 같다. 내가 옳다고 생각하는 일은 반드시 그대로 실천에 옮겼으니 말이다. 물론 나중에는 잘못을 깨닫고 고

치기도 했지만, 이런 과정을 통해 나쁜 길을 벗어나 바른길을 걸었던 것이라 생각한다.

고등학교 3학년 1학기 때는 경주로 수학여행을 갔다. 처음에는 여행 경비를 형님께 부탁드리기 싫어 담임이셨던 이풍기 선생님에게 수학여행을 가지 않겠다고 말씀드렸었다. 그런데 출발 하루 전날 아무 말씀 없던 선생님께서 나를 교무실로 부르시더니 "규율부장이 수학여행을 안 가면 어떻게 하느냐? 경비는 선생님이 이미 납부했으니까 그리 알고 여행 갈 준비를 하라"고 하시는 것이었다. 고맙기도 하고 죄송하기도 해서 처음에는 못 가는 다른 이유를 둘러댔다. 하지만 결국 선생님께서 다 아시고 하신 일인 것을 알았기에 고맙다고 말씀을 드릴 수밖에 없었다.

다음날 친구들과 함께 서울역을 출발했다. 남녀공학이었기 때문에 수학여행 중 규율부의 역할은 더욱 막중했다. 규율부원들은 기차에서부터 안전사고 예방과 여자 동문 보호 등의 임무를 맡았다. 나는 각 객차의 출입문에 남자 규율부원을 배치해 출입을 단속했다. 그런데 당시 기관차는 석탄을 때서 운행했기 때문에 객차 사이 통로에 서 있을 때 기차가 굴을 통과하면 먼지와 연기로 콧구멍은 새까맣게, 머리카락은 새하얗게 변해버렸다. 그때마다 규율부원들끼리 서로 얼굴을 쳐다보며 키득키득 웃던 생각이 난다. 경주에 도착 후에도 규율부원들은 교대로 여자 숙소 앞에서 졸음을 이겨가며 불침번을 서야 했다. 새벽 일출을 보기 위해 석굴암에 올라가는 낭떠러지 길에서 남학생들이 신사도를 발휘해 양쪽 끝으로 줄을 지어 여학생들이 안전하게 가운데서 걸어가도록 호위했던 추억도 떠오른다.

이 시절 특별활동에 얽힌 이야기도 기억난다. 정규수업과 달리 특별활동은 남녀가 한 교실에서 함께했기 때문에 특별활동 종류에 따라 남학생이 여자 교실에, 여학생이 남자 교실에 들어가게 되는 경우가 생겼다. 그런데 어느 망나니 같은 남학생이 특별활동 시간에 여학생 교실에 들어가 선생님 몰래 한 여학생 가방 속 도시락에 쪽지를 넣었다. 쪽지에는 부모님이 읽으시면 야단날 내용이 적혀 있었다. 다음날 여학생이 이 사실을 콩팔칠팔 선생님에게 일렀고, 화가 난 선생님이 범인을 찾기 위해 한바탕 수색을 벌이는 해프닝이 일어나기도 했다.

당시는 학교마다 학도호국단이 있었는데, 2학년 때 목총을 들고 실시하는 제식훈련에서 내가 두각을 나타내자 이를 눈여겨보신 주길준 훈련주임 선생님에 의해 종국에는 대대장이 된 것으로 기억한다. 대대장은 아침 조회 때마다 전교생을 지휘하며 훈령을 통해 참가자들을 통제했다. 또한 정부에서 기념일 행진을 할 때 학생들을 많이 동원했는데 이때마다 학생들을 지휘하는 일도 대대장 몫이었다. 맨 앞에서 브라스 밴드가 행진곡을 연주하며 앞장서면 바로 그 뒤로 대대장이 학생들을 통솔하면서 걸어갔다. 가끔 태극기를 흔들며 환호하는 군중들 틈에서 나를 아는 사람들이 내 이름을 크게 부르면 나도 모르게 어깨가 으쓱해졌다. 여학생들이 꽃다발을 목에 걸어주기도 했는데 정말 기분이 좋았다. 이런 이유 때문에 국군의 날 장병들이 행진할 때나 국위를 선양하고 돌아온 운동선수가 가두행진을 할 때 꽃다발 세례를 받는구나 싶었다.

그런데 이즈음 사회는 이승만 대통령의 장기 집권에 맞서는 시위가 한창이었다. 당시 나는 솔직히 정치에 큰 관심도 없었고 무엇보다 시간이 없어 세상 돌아가는 것을 전혀 눈치 채지도 못하고 있었다. 학교에선 럭비반 운동과 규율부장 활동하랴, 밖에선 아르바이트하면서 학비 조달하랴, 그러면서 다른 친구들과 마찬가지로 대입 준비하랴 하루 24시간도 모자랄 지경이었다. 그래서 밖에서는 매일 시위가 일어나 시끄럽다고 하는데도 나는 학교와 아르바이트 장소 외에는 곁눈질할 형편이 못 되었다.

그러던 어느 날이었다. 아마 4월 19일이었을 것이다. 도상이라고 부르던 서울상고 학생들이 몰려와 탈취한 소방차와 트럭으로 우리 교문을 들이받았으면서 "너희들도 빨리 나오라!"고 아우성을 쳤다. 그때서야 비로소 나는 사회의 현주소를 알게 되었다. 사실 우리 학교는 선생님들이나 학생회 간부조차도 독재에 저항하는 일에 힘을 보태지 못했다. 대입 준비에 여념이 없던 다른 일류 고등학교들도 대부분 마찬가지였던 걸로 생각한다. 나중에 개별적으로 시위대에 합류하여 부상당한 학생들을 도왔던 친구들도 있었는데 그중에서도 안형균이란 친구가 가장 열심히 활동했다. 형균이는 나와도 친했고 럭비 선수 생활도 함께했던 친구였다. 이 친구는 이때 시위대 구호활동을 하면서 만난 수도의대 간호사와 나중에 결혼까지 해서 미국으로 이민을 떠났다.

대학 입학과 입대 후 실감한 미숫가루의 위력

1961년 3월, 인하공과대학 기계과에 입학한 나는 인천에 있는 학교까지 서울에서 기차를 타고 통학했다. 1~2학년 때는 서울 중에서도 동쪽 끝 동네인 천호동에서 학교를 다녔다. 이곳에 있는 가정집에서 덕수국민학교에 다니는 학생을 과외 지도했기 때문이다.

이 집은 수건 공장을 하는 집이었는데, 6.25 동란 때 평양에서 피난을 와 천호동에서 공장을 운영하며 동대문 시장에 수건을 납품하고 있었다. 부잣집까진 아니었지만 열다섯 명 정도 되는 직원들을 두고 공장을 운영하는 중류 정도의 집이었다. 집에는 아들 한 명과 딸 두 명이 있었는데 나는 남자아이를 지도했다. 부모들은 외동아들을 서울중학교에 보낼 목표를 세우고 나를 가정교사로 초치(招致)했던 것이다.

이곳에서 숙식하며 학교를 다닐 때, 처음에는 주안역에서 내려 인천공고 앞을 지나 무려 한 시간을 걸어 학교에 도착했다. 얼마 안 있어 제물포에 간이역이 생긴 덕분에 거기서 내려 독쟁이라는 동네를 거쳐 뒷문으로 학교를 다녔는데, 다행히 통학시간을 조금이나마 줄일 수 있었다. 나는 기차를 타기만 하면 주위가 아무리 시끄러워도 곤하게 잠을 잤다. 수면 시간이 절대적으로 부족했기 때문이다. 그래서 기차에서도 이렇다 할 재미없이 고단한 삶을 이어갔다.

학생 집이 운영하는 수건 공장은 꽤 잘 돌아갔다. 매출이 연간 몇 억 정도는 되는 것 같았다. 이 집 사람들은 수건을 축순이라고 불렀는데, 나는 시간 여유가 있을 때는 축순에 새길 글씨나 그림을 디자인해주기도 했다. 그러나 당시 가정교사 사례비로 대학 등록금을 마련하기는 힘들었다. 나는 어쩔 수 없이 1학년을 마친 후 휴학을 한 다음 곧바로 군에 입대하기로 결심했다.

1962년 3월 이른 새벽, 나는 지금의 한양대학교 교정으로 향했다. 이곳에서 다른 입영자들과 함께 저녁에 서울역으로 가서 논산으로 가는 기차에 몸을 실었다. 늦은 밤 훈련소에 도착한 후 입소대대에 들어갔고 그곳에서 머리를 깎은 뒤 훈련병 생활이 시작되었다. 첫날 저녁이었다. 서울 출신 입영자들을 내무반 막사 침상 한쪽으로 정렬시켰는데 맞은편에는 하루 전 충청도에서 입영한 사람들이 있었다. 조교들은 양쪽으로 훈련병들을 세워놓고 상호 인사를 시켰다.

저녁 식사 시간이 되자 몇 사람을 차출하여 밥과 국을 타오도록 지시했다. 이들이 가져온 밥과 국을 배식 받아 식기를 침상에 가지런히 배열한 후 식사를 시작했다. 꽁보리밥에 국은 완전히 국물만 있지 건더기는 하나도 없는 멀태국이었다. 집에서도 잘 먹지는 못했지만 아무리 그래도 이런 식사를 하려니 목이 깔깔해서 넘어가질 않았다. 그때였다. 입영 전 어머니가 손수 만들어 짐 꾸러미에 넣어주신 미숫가루가 생각났다. 나는 들키지 않게 몰래 미숫가루를 꺼내 몇 숟가락 국에 말았다. 그러자 그런대로 맛이 있었다. 어머니는 동란 시절 형님들을 군에 보내셨을 때도 미숫가루 자루를 허리에 채워주셨었다. 동란 때 군대에서 환자들 밥을 해주시면서 얻은 병영 체험의 지혜를 발휘했던 것이다. 나는 미숫가루를 먹으며 병영 생활의 고충을 잘 이해하셨던 어머니가 그리워졌다.

사실 입영열차를 타고 한강철교를 건널 때 거추장스럽기도 하고 적발을 당하면 혼이 날 것 같기도 해서 미숫가루 자루를 강물에 던져버리려고 했었다. 그러나 행여 압수를 당할망정 고생하시는 어머니가 막내아들을 위해 정성껏 장만한 음식을 버릴 수는 없어 갖고 왔던 것이다. 나는 내무반에 들어가자마자 곧바로 침상 밑에 나 있는 구멍 속에 미숫가루 자루를 숨겨놓았다. 그렇게 처음 사나흘 동안 옆 훈련병 동기들과 미숫가루를 국에 섞어 먹으며 위기를 넘길 수 있었다. 덕분에 동기들과도 금방 사이가 좋아졌다. 역시 어머니의 배려는 참 현명했다.

첫날 저녁을 먹은 후 내무반장이 들어왔다. 잔뜩 긴장했지만 내무반장은 의외로 아주 점잖게 우리를 대했고 점호까지도 부드럽게 끝내주었다. 그런데 내무반장이 나가자마자 난리가 났다. 딱 하루 먼저 들어와 맞은편 침상에 있던 충청도 훈련병들이 우리 서울 훈련병들에게 얼차려를 시킨 것이다. 처음에는 멋모르고 당했다. 하루 차이라고 해도 고참은 고참이라 그래야 하는 걸로 알았기 때문이다. 충청도 훈련병들은 거의 세 시간 동안 원산폭격과 침상 밑으로 들어갔다 나오기를 반복해 시키면서 쥐 잡듯 우리들 정신을 쏙 빼놓았다. 그런데 하루 고참들이 시키는 얼차려가 계속돼 한숨도 못 자게 되자 한 친구가 반발을 하기 시작했다. 나를 포함한 서울 훈련병들도 일제히 대들었고 결국 심야의 내무반에서 큰 싸움판이 벌어졌다. 그런데 확실히 충청도 사람들이 양반은 양반이었다. 그들은 모질게 싸우지를 않았다. 전세는 어느새 서울 쪽으로 역전이 되었고 충청도 친구들은 휴전을 요청했다. 그제야 내무반에 평화가 찾아왔다.

그 후 입소대대에 있던 며칠 동안은 어렵지 않게 지낼 수 있었다. 그런데 앞 충청도 훈련병들이 수용연대로 떠나자 강원도에서 다음 기수 훈련병들이 입소했다. 그러자 이번에는 서울 훈련병들이 강원도 훈련병들을 호되게 괴롭혔다. 입소대대는 이런 관행이 반복적으로 이루어지고 있었는데 가만히 생각해보면 부대에서 이를 조장했던 것 같다. 입소 직후 새로운 환경에 적응하기 힘든 훈련병들에게 이런 식으로라도 시간이 정신없이 지나가도록 했던 거였다.

빛 좋은 개살구 같은 통역요원

얼마 후 입소대대에서 훈련소로 넘어온 나는 65연대에 배속되어 훈련을 받기 시작했다. 제식훈련으로 시작된 여러 가지 군사 훈련들은 모두 배울 만했다. 다른 훈련병들은 훈련이 힘들고 괴롭다고 했지만 나는 재미도 있었고 규칙적인 생활을 하다 보니 몸도 점점 좋아졌다. 당시에는 몹시 괴롭기도 했지만 나중에는 이런 모든 일들이 추억으로 생각되었다. 청년이라면 한번쯤은 겪어볼 만한 일임이 분명하다.

사격 훈련을 하던 중이었다. 감적호(監的壕, Pit)에 들어갈 차례가 되자 조교가 훈련병 한 사람 한 사람에게 사회에서 무슨 일을 했는지 물었다. 경우에 따라서는 아버지에 대해서도 물었는데 내게도 그 질문이 돌아왔다. 내가 아버지께서 작고하시기 전 성동중학교에서 선생을 하셨다고 대답했더니 조교가 자신도 그 학교를 졸업했다고 하며 나를 훈련에서 열외해주기도 했다.

정상적인 훈련은 별로 힘들지 않았지만 내무생활은 무척 힘들었다. 내무반장이나 고참들에게 이유도 없는 얼차려를 계속 받아야 했기 때문이다. 추위도 힘들었다. 근무지가 어디냐에 따라 차이는 있겠지만 당시는 지금보다 날씨가 훨씬 추웠고 난방이나 옷도 변변찮았기 때문에 추위는 가장 무서운 공포의 대상이었다. 게다가 나는 최전방 강원도 양구에서도 더 북쪽으로 올라가는 한전리에서 군

생활을 했기 때문에 특히 추위를 이겨내는 일이 참 힘들었다.

동란에 참전했던 형님들과는 비교할 수 없겠지만 내가 군복무를 할 당시에도 지금과 달리 모든 보급품이 턱없이 부족했다. 휴가를 나갈 때는 부대에 다섯 벌밖에 없는 휴가용 군복 중 하나를 빌려 입고 나갔다가 반드시 반납을 해야 했다. 자대에서는 누더기 같은 군복을 입고 지낼 정도로 피복 지원이 원활하지 못했다. 먹는 것 역시 사병들이 자대에서 스스로 농사를 지어 모자란 부식을 충당할 정도였다.

우리 부대는 호박을 많이 재배했다. 한 사람당 다섯 구덩이씩 할당받아 각자 길러야 했는데, 내가 관리하던 네 구덩이에서는 호박이 잘 자랐는데 유독 한 구덩이만 부실했다. 이를 살리기 위해 부대 근처 마을로 외출을 나가 호박을 기르는 농부에게 통사정을 했는데, 인심 좋게 튼실한 호박가지를 하나 얻어서 새로 옮겨 심었던 일이 기억난다.

당시엔 한글도 모르는 까막눈 군인들이 많았다. 따라서 부대 내에 한글교실을 개설해 사병들에게 한글을 가르치기도 했다. 이런 지경이니 중학교 정도만 나와도 중대본부나 대대본부에서 행정 사무를 볼 정도였다. 훈련소 훈련을 마치고 사단에 배치된 후 사단 보충대 교육까지 끝내면, 배치를 받은 부대에서 각각 자기네 신병들을 데리러 왔다. 그러면 고참들은 글씨를 써봐라, 중학교는 나왔냐고 하면서 야단법석을 떨었다.

그러니 대학을 다니다 입대한 나 같은 사병은 자동적으로 사단 참모부로 끌려갔다. 나는 그중에서도 최전방 포병 사령부로 발령이 났다가 병기 참모본부로 재배치가 됐는데 여기에도 사연이 있다. 21사단 보충대 작전처에 있던 고정오 소위가 인원 차출을 위해 보충대에 왔다가 우연히 나를 본 것이다. 별명이 고등어였던 고 소위는 사대부고 1년 선배로 나와는 말을 놓고 지낼 정도로 친한 사이였다. 나는 고 소위에게 병과를 탄약 보급 서기병으로 받았기 때문에 포병 사령부보다 병기 사령부가 좋을 것 같다고 말했고, 고 소위가 보충대 교육관에게 요청한 덕분에 발령이 바뀌어 최종적으로 병기 참모본부에 배속이 되었던 것이다.

그런데 세상이 참 좁다는 생각을 하게 만든 일이 바로 또 벌어졌다. 병기 참모본부로 가자 마찬가지로 사대부고 선배인 라 중위가 나의 직속상관인 탄약과장으로 있었던 것이다. 라 중위는 성격이 매우 급한 호랑이로 사병들에게 하루도 빠짐없이 심하게 호통을 쳤는데 후배인 내게는 그와는 정반대로 순한 모습을 보였다. 그러니 나로서는 가시방석에 앉은 듯 마음이 불편할 수밖에 없었다. 그래서 외출을 나가게 된 날, 라 중위를 찾아갔다. 선배 역시 나처럼 마음이 불편하리라 생각했기 때문에 나를 중대로 보내달라고 부탁을 드렸던 것이다. 라 중위는 흔쾌히 승낙했고, 다음날 중대장과 이야기를 끝낸 후 곧바로 나를 중대본부 교육계로 전보 발령했다.

나를 받은 중대본부는 아마 곶감보다도 단 녀석을 한 명 받았다고 생각했던 것 같다. 똘똘한 사람이 꼭 필요하던 차에 어찌어찌해서 대학을 다니던 흔치 않은 사병을 받게 되었기 때문이었다. 교육계로서의 병영 생활은 참 편했다. 고참들도 모두 나를 선불리 대하지 않았고 기동훈련 중에는 항상 중대장과 함께 움직였다. 암호병으로 중대장 차인 2호차 뒷자리에 앉아 '3보 이상 승차' 라는 구호처럼 편하게 생활을 했다.

군대 말년에 사격 훈련 중인 저자

조금은 편한 군 생활이 이어질 무렵이었다. 이건희와 나를 싸움붙였던 김형철이 카투사로 복무하고 있던 관대리 미 8군 병영을 찾아가게 되었는데, 이곳은 내가 복무하는 부대와 거리가 멀지 않았다. 오랜만에 만난 형철이와 구내식당에서 모처럼 토스트를 먹으며 즐겁게 이야기를 나누고 있을 때였다. 옆에 앉아 있던 미군 장교가 자연스럽게 합석하게 되었고, 미군 장교와 카투사인 형철이와 나까지 셋이서 영어로 이야기를 나누게 되었다. 30분 정도밖에 되지 않는 짧은 시간이었지만 지금도 또렷하게 기억하는 즐거운 한때였다.

그런데 그 일이 있고 두 달 정도 지났을 때였다. 갑자기 사단 인사과에서 나를 불렀다. 나를 호출한 사람은 IO(Interpreter Officer) 장교로 입대한 인사과 소위로 고정오 소위와 함께 21사단에 배속되었던 친구였다. 나와는 고 소위를 통해 이미 서로 인사도 나눴고, 후방으로 전출 가는 고 소위가 일부러 셋이 만나는 자리를 만들어 "해민이를 잘 부탁한다"는 말에 그러겠노라 대답까지 했던 친구였다. 그런데 이런 친구가 '나를 언제 보았냐?'는 식으로 다짜고짜 엎드려뻗쳐를 시키더니 한마디 말도 없이 계속 얼차려를 시켰던 것이다.

한참 동안 기합을 주고 난 후에야 인사과 소위가 이유를 말하기 시작했는데, 글쎄 내가 인사 청탁을 했다는 얘기였다. 어이가 없었다. 내가 청탁을 하는 성격도 아니고, 운 좋게도 계속 선배들을 만나 군 생활에도 어려움이 없고, 교육계로 편하면서도 보람되게 복무하고 있는데 인사 청탁이라니…… 그러나 차근차근 설명을 듣다 보니 오해가 일어난 연유를 알 수 있었다.

얼마 전 미 8군이 사령관 명의로 우리 사단장에게 사단 병력 중 영어 해독자를 차출하여 보고하라는 명령을 내려 보냈는데, 사단 인사과에서는 귀찮기도 하고 없을 게 빤하다는 생각에 제대로 조사도 하지 않고 '해당사항 없음'이라는 답변서를 간략히 보냈다. 그러자 미 8군 측에서 21사단에 분명히 영어 해독자가 있는 걸 아는데 왜 없다고 하느냐면서 시말서를 보내라고 지시하며, '이해민'

이름을 정확히 대며 지명 차출까지 했던 것이다. 짐작했겠지만 두 어 달 전 미군 병영에 형철이를 만나러 갔을 때 함께 영어로 얘기를 나눴던 미군이 나를 기억해서 생긴 일이었다.

기합은 호되게 받았지만 미 8군 각서로 명령이 내려왔으니 사단에서는 거부할 수가 없었다. 그래서 나는 미국 병기고문관 통역요원으로 발령받아 관대리의 미군 KMAG(Korea Military Advisory Group)으로 자리를 옮겼다. 이처럼 우여곡절 끝에 파견을 가게 되었는데 편할 줄 알았던 이곳에서 더 어려운 생활이 시작되었다. 나는 낮에는 미 고문관들을 정신없이 쫓아다니다가 저녁이 되면 한국군 막사로 돌아와 우리 군인들과 내무반 생활을 해야 했다. 그런데 고참들이 "너는 빠다(Butter)를 많이 먹어 배가 두둑할 테니까" 하면서 모든 잡일을 내 몫으로 정해놓고 내무 생활을 호되게 시켰던 것이다. 중대본부 교육계 때가 훨씬 편했다는 생각에 돌아가고 싶었지만 방법은 없었다. 나는 그냥 묵묵히 낮에는 미군으로, 밤에는 한국군으로 최선을 다할 수밖에 없었다.

당시 내가 모셨던 병기고문은 소령이었다. 나는 낮밤으로 신분이 바뀌는 상황을 병기고문에게 하소연하면서 KMAG에서 근무하는 한국 병사들이 사용할 수 있는 콘세트(간이막사)를 하나 만들어줄 것을 건의했다. 카투사 막사 바로 옆에 머물면서 일하면 업무 효율성이 한층 높아질 것이라는 설명도 덧붙였다. 얼마 후 나의 건의는 받아들여졌다. 덕분에 새로 지어진 콘세트에서 한 달 정도 병영생활을 할 수 있었다. 그 후 제대를 3개월 앞두고 다시 병기 중대본부로 복귀해 고참으로 생활을 했다.

드디어 전역 일이 되었다. 제대복을 입고 전역신고를 마친 후 중대본부 정문을 막 빠져나왔을 때였다. 갑자기 비상 사이렌이 시끄럽게 울렸다. 인근 부대의 연대장 한 명이 북한에서 내려온 간첩에 의해 살해되는 사건이 일어났던 것이다. 당시 후방은 관제 통제가 되었지만 전방에서는 대치하고 있는 북한군과 확성기를 통해 서로 선전방송을 보내고 듣는 일이 다반사였다. 또한 북한군의 기습 공격도 종종 일어났다. 이럴 때마다 비상이 걸려 야산에 나가 며칠 밤씩 경계를 서는 일이 드물지 않았다.

만약 내가 정문을 통과하기 전이었다면 상황이 종료될 때까지 제대가 연기되었을 것이다. 그러나 사이렌이 울렸을 때 나는 이미 부대 밖으로 발을 디딘 후였기 때문에 정들었던 전우들과 작별할 수 있었다. 몇 초의 차이로 무사히 제대를 하게 된 나는 지난 군생활을 회상하며 양구까지 걸어 나온 후 버스를 타고 그리운 서울로 향했다.

돌이켜보면 군 생활을 할 때 힘든 상황이 참 많았다. 그러나 당시에는 정말 힘들어도 나중에 생각하니 이런 어려움들이 인내심을 키우고 어려운 장애물을 돌파(Break Through)하는 힘을 키워주었던 것 같다. 일등병 시절에는 보초를 많이 섰다. 특히 부대 뒤 산기슭에 움막 같이 지어놓은 탄약고 앞에서 보초를 자주 섰다. 보통 탄약고 보초는 두 시간씩 서게 되어 있었지만, 교대해줘야 할 고참이 자기 차례를 제쳐버리면 혼자서 네 시간이나 여섯 시간, 심지어 밤 10시부터 새벽 6시까지 꼬박 새워야 할 때도 있었다.

졸리고 힘든 것은 언제나 똑같으니 상관없었다. 여름도 그나마 괜찮았다. 주위를 살짝 뛰어다닌다거나 운동을 하면서 버틸 수 있기 때문이었다. 그러나 영하 20도 밑까지 기온이 떨어지고 눈이 많이 내려 무릎까지 쌓이는 한겨울에 혼자서 여덟 시간을 견딘다는 것은 말 그대로 생지옥이었다. 매서운 칼바람을 맞으며, 거기에 쌓인 눈 때문에 옴짝달싹도 못하는 상황에서 깜빡 졸다 잠이 들어버리면 곧바로 얼어 죽기 십상이었다.

그 밖에 기동훈련을 할 때 며칠 밤 동안 눈을 붙이지 못해 꾸벅꾸벅 졸면서 행군을 했던 일, 비가 몹시 내리는 겨울 간첩이 내려와 야산에서 밤새도록 경계를 섰던 일 등등의 힘든 시련들은 나를 강한 사람으로 키워주었다. 또한 무장 경기에 사단 대표선수로 차출되어 한 달 내내 극기 훈련을 받은 일도 기억난다. 이때 받았던 훈련은 중고등학교 시절 럭비선수로서 했던 훈련은 아무것도 아닐 정도로 극단적인 끈기 훈련이었다. 살인적인 훈련 때문에 경기를 시작하기 한참 전부터 등허리 피부가 이미 다 까져버릴 정도였다.

무장 경기는 1개 소대원 전원이 모두 결승선에 도착해야 했기 때문에 동료 중 한 명이라도 쓰러지면 나머지 대원들이 군장은 물론 쓰러진 동료를 둘러업고서라도 결승선까지 와야 했다. 그런데 경기 당일 우리 소대 동료 한 명이 진짜로 쓰러지는 일이 일어났다. 그 바람에 내 군장 하나만 해도 무거운데 나는 동료의 M1 소총까지 들고 뛰어야 했다. 생각해보면 그때 어디서 그런 힘이 나왔는지 모르겠다. 인내와 동료애 없이는 할 수 없는 일이었던 것 같다.

이와 같은 모든 어려움은 진정 군대 생활에 꼭 필요한 것들이다. 이런 훈련들을 통해 누구나 강인한 사람으로 다시 태어날 수 있기 때문이다. 물론 예나 지금이나 못된 고참이나 상사는 어디에나 있다. 이들로 인해 생기는 불미스러운 상황은 근절되어야 마땅하지만, 많은 사람들이 모이면 완전한 통제는 힘든 것이 현실이다. 어쨌든 요즘의 신세대는 너무 연약한 것 같아 걱정이다. 인내가 강함을 만들고, 어려움이 팀워크를 만든다는 사실을 결코 잊어서는 안 된다.

가난한 나날의 풍요로운 낭만

제대 후에도 사당오락의 삶은 계속되었다. 복학 후 3~4학년 때는 쌍문동에서 중학교 3학년 학생 가정교사를 하면서 학교를 다녔다. 학교에서 쌍문동으로 돌아가는 길엔 저녁 6시부터 8시까지 고등학교 3학년 여학생 세 명을 그룹 지도하기도 했다. 그렇게 노력했지만 비싼 대학 등록금을 전부 마련할 수는 없었기 때문에 중간에 다시 1년을 휴학한 후 오류동 광산에서 일을 했다. 이런 노력 끝에 대학 4년, 휴학 1년, 군 생활 2년 반 등 도합 9년 만에 졸업을 할 수 있었다.

이처럼 여유 없이 지냈던 20대 시절이었지만 캠퍼스와 기차 안에서 여러 친구들과 함께 아름다운 추억을 만들기도 했다. 군대를 갔다 온 동문들과 가끔씩 하숙집에서 함께 뭉쳤는데 박홍재, 김계흥, 김광성, 조영, 이건식, 박용식 등과 함께 큰 소리로 노래를 부르며 막걸리 파티를 벌이기도 했다. 그러다 밖으로 나와 모든 세상이 내 것이라도 된 듯 거리를 활보하다가 기차를 타고 객차 안에서도 노래를 부르고, 서울역에 내려서는 광장에 빙 둘러앉아 또 노래를 했다. 광성이와 귀가하던 중, 버스 안에서 광성이의 교복에 내가 막걸리를 게우는 실수를 저질러 나중에 빨았는데도 계속 냄새가 지워지지 않아 끝내는 교복을 버려야 했던 일은 지금 생각해도 웃음이 나오는 얘깃거리다.

건식이는 숙명여대 근처에서 하숙을 했다. 이 친구가 항상 자기 방에 있는 널찍한 창을 통해 지나가는 숙대생들을 훔쳐보았기 때문에 우리들은 이 창을 '건식이 거울'이라고 불렀다. 나와 건식이 둘이서 용식이가 마음을 두고 있는 여자를 쫓아갔던 적도 있었다. 몰래 여자 뒤를 따라가 집을 알아낸 후 적당한 기회에 용식이와 연결해줄 요량이었다. 그러나 우리는 얼마 쫓아가지도 못한 채 용식이 마음을 훔친 여자에게 들키고 말았다. 그래서 “이거 왜 이래?” 하고 소리치는 여자를 피해 줄행랑을 쳐야 했다. 그 후부터 우리들은 그 아가씨를 ‘이거 왜 이래’ 라고 불렀다.

이런 와중에도 나는 대학교 대의원 의장에 당선돼 학생회 활동을 하면서 리더십을 키워나갔다. 이때 있었던 몇 가지 일들이 기억에 남아 있다. 나는 학생회 활동을 하면서 무엇보다 예산 심의와 집행 감사를 철저히 했다. 일례로 당시 공작반에서 로켓을 제작해 발사했는데 그 과정에서 발생한 비리를 적발한 후 바로잡았다. 학생회가 스스로 예산을 똑바로 집행하도록 철저히 감시하고 적절히 지도했던 것은 지금 생각해도 참 잘한 일인 것 같다. 또한 당시 한진그룹이 우리 인하공대를 인수해 종합대학교로 만들고자 했는데, 나는 이에 대한 반대운동을 주도했다. 그러면서 재단 측과 협의를 통해 여러 조건들을 학교 운영에 유리한 방향으로 유도하기도 했다.

지금 생각해도 공대 기계과에서 역학을 공부하며 수학의 복잡한 미분 방정식을 푸는 일은 참 어렵고 힘들었다. 특히 짧은 공부시간에 어려운 과제들을 수행해야 하니 힘든 점이 한둘이 아니었다. 시험기간이 되면 다른 동기나 선후배들은 학교 근처에 숙소를 마련해서 시험을 준비했지만 그럴 형편이 못 되는 나는 몇 시간씩 통학을 하면서 중고등학생들을 가르치며 시험을 치러야 했다.

그뿐만이 아니었다. 매일 마지막 수업 땐 일부러 맨 뒷자리에 앉아 있다가 수업이 다 끝나기도 전에 교수님 몰래 강의실을 빠져 나왔다. 그러고는 열차 출발 시각에 맞춰 제물포역까지 부리나케 뛰어가곤 했다. 못 들은 수업은 나중에 친구들 노트를 빌려 보충해야 했다. 이렇게 애를 먹다보면 도대체 학교 공부가 먼저인지, 아이들을 가르치는 일이 먼저인지 헷갈릴 때도 많았다. 뒤돌아보면 그때 무엇인가 우선순위를 잘못 생각한 건 아니었을까 하는 생각이 들 때도 있다. 그러나 당시의 나에게는 내 공부와 똑같이 아이들을 가르치는 일도 충실히 수행해야 할 의무사항이었다.

이런 조촐한 대학 생활에도 추억은 남아 있다. 40여 명의 같은 기계과 친구들 중에는 군에 갔다 온 노장 친구들이 많이 있었다. 흑산도에서 온 조영, 우리 집 근처에 살던 김광성, 이북에서 내려와 큰아버지 밑에서 자란 박홍재, 강원도산 이건식, 김계흥, 한 살 위인 김용태, 박용식, 그리고 조선과의 경기고등학교 수재 장영석 등은 참 가깝게 지냈던 친구들이다. 불행하게도 이들 중 조영, 김계흥, 박용식은 벌써 유명을 달리했다.

이 무렵의 내 친구들은 대부분 집안 형편이 그리 좋지 않았던 것 같다. 그렇다고 찢어질 정도로 궁핍하지도 않아서 그런지 모이면 늘 막걸리 타령이 이뤄졌다. 우리들은 자주 홍재네 하숙집에서 막걸리를 짝으로 사와 김치를 안주로 마시곤 했다. 그때마다 하숙집 아주머니가 김치 외에 별도의 안주를 주시기도 했다. 그때 나는 한 번도 해보지 못한 하숙 생활에도 뭔가 새로운 재미가 있겠구나 하

대학 동기들과의 사진. 뒷줄 가운데가 저자

고 생각했다. 당시 하숙집 딸들과 하숙생과의 연분홍 스캔들을 종종 볼 수 있었는데, 대부분은 결과도 좋았던 것 같다.

대학 친구들 중에서 조영은 공부를 열심히 해서 혼자 힘으로 미국 유학을 떠났다. 미국 브리검영대학교(Bringham Young University)에 장학생으로 갔는데, 내가 훗날 삼성전자 미국 제조법인장이 되었을 때 뉴저지에서 다시 만나게 되었다. 조영이는 컴퓨터 엔지니어가 되어 직장 생활을 하고 있었다. 결혼도 했고 한국에서 어머니를 모셔 와 우리 집 근처에서 함께 살고 있었다.

나는 머나먼 이국에서 재회한 친구와 자주 만났다. 집사람들과 식구들끼리도 교류를 나눴다. 그런데 이 친구는 하도 고생을 해서 그런지 당시 40대 후반의 나이였음에도 벌써 심장병을 앓고 있었다. 그래서 항상 심장 체크장치를 몸에 단 채 생활하고 있었다. 그러던 어느 날 조영이 아내로부터 연락이 왔다. 병원으로 달려가 보니 정말 착실하고 열심히 살던 친구는 벌써 심장마비로 유명을 달리한 채 싸늘한 주검이 되어 있었다. 유족이라곤 연로하신 어머님과 젊은 아내, 그리고 어린 두 아들뿐이었다.

참으로 슬프고 안타깝기 그지없었다. 그래서 조영의 아내를 도와 장례를 치른 후 영이 집사람에게 살 대책을 물었더니 '아직 아무 생각을 못하고 있다. 차차 생각해 봐야겠지만 자신이 직장 생활을 하고 있으니 사는 데 큰 문제는 없을 것' 이라고 하는 것이었다. 그 말에 나는 애처로운 마음 한편으로 조금은 안심을 하고 집으로 돌아올 수 있었다. 그런데 한 달 정도가 지난 후 아들을 먼저 보내신 친구의 어머니와 가족들 안부가 궁금해 집사람을 시켜 연락을 했더니 연락이 닿지 않았다. 살던 집에서 다른 곳으로 이사를 했기 때문에 연락이 끊겼던 것이다. 아무리 생각을 해봐도 이해가 되지 않았다. 왜 우리 가족에게도 연락하지 않고 이사를 갔는지, 또 어디로 갔는지 하는 걱정이 밀려왔다.

사실 조영이에겐 특별한 사정이 있었다. 조영이는 흑산도의 남부럽지 않은 부잣집 아들이었지만 아버지가 다른 여자를 데리고 오는 바람에 어머님이 딱한 사정이 되셨던 것이다. 아직 자신이 모시고 살 수 있는 형편이 아니었던 영이는 혼자 서울로 올라와 고학을 하며 대학을 다녔다. 그래서 더 악착같이 노력해 미국에 장학생으로 와서 결혼도 하고 집도 마련한 후 드디어 꿈에 그리던 어머님을 미국으로 모셔와 살고 있었던 것이다. 이런 친구가 어머니와 아내와 아들들을 두고 저세상으로 먼저 갔으니 오죽 내 마음이 아팠겠는가.

나중에 곰곰이 생각해보니 영이 집사람은 가족의 이런 사연을 친구나 주변 사람들에게 숨기고 싶었던 것 같다. 그런데 내막을 알고 있는 내가 가까이 있다는 게 아무래도 불편해 남편이 죽은 후에는 우리 가족과도 떨어지고 싶었던 게 아닐까 추측했다. 그러나 나는 어쨌든 머나먼 타국에서 아들을 잃고 홀로되신 영이 어머니가 걱정되어 한동안 잠을 못 이루었다. 장례식장에서 영이 어머님이 나를 붙잡고 통곡하시던 일이 자꾸만 떠올랐기 때문이다.

내가 쏟은 막걸리 때문에 애꿎은 교복을 버려야 했던 김광성이도 미국 롱아일랜드로 이민을 와 있었다. 광성이는 이곳에서 카센터를 하다가 잘되자 사업을 키워 중소업체를 운영하고 있었다. 그런데 한국에서는 몰랐던 사실이 하나 있었다. 이 친구에겐 결혼 전 첫사랑과의 사이에서 낳은 아들이 하나 있었다. 광성이는 아이를 데리고 혼자 미국으로 건너와 지금의 부인과 결혼해 딸 둘을 낳아 살고 있었다. 이 친구도 몸이 조금 뚱뚱해서 건강에 이상이 있는 듯 보이긴 했으나 혈압만 잘 관리하면 괜찮겠다 싶었는데, 조영이와 마찬가지로 심장마비로 일찍 세상을 떠났다. 당시는 지금보다 이민자가 많지 않았기 때문에 미국에서 광성이에겐 친구가 나 하나뿐이었는데, 그런 친구를 잃었다는 슬픔이 크게 밀려왔다. 이후

광성이 집사람과 가끔 연락하며 여러 가지 의논을 하면서 친구의 숨겨졌던 사실을 알게 되었다. 광성이 큰아들은 해양대학에 진학한 후 독립을 했고 딸들이 시카고대학에 다닐 때는 우리 큰아들 한주가 가이드가 되어주곤 했는데, 내가 한국으로 돌아온 이후에는 아쉽게도 소식이 완전히 끊겼다.

먼저 세상을 떠난 대학 친구가 한 명 더 있었다. 휘문고등학교를 나와 대학 동기가 된 심경식이란 친구다. 경식이는 참 조용한 친구였다. 경식이는 집에 돌아오면 항상 아코디언을 연주했다. 경식이의 아코디언 소리는 참 외롭고 슬펐다. 자세한 집안 사정까진 몰랐지만 경식이는 아버지와 단둘이 종로 낙원예식장 근처에 살며 나와 기차 통학을 같이했다. 그런데 학교를 졸업하기 전 어느 날, 부음을 듣고 찾아가 보니 경식이가 자살을 했다는 것이었다. 항상 조용하고 부드럽게, 무슨 이야기를 해도 웃음으로 답해주던 친구가 이렇게 허망하게 떠나갔구나 하는 생각에 미안한 마음이 들었다. 동기들 중에는 경식이의 사정을 아는 친구가 아무도 없었다. 아버지와 단둘이 살고 있다는 것을 아는 것도 나 혼자뿐이었다. 같이 통학을 하다 보니 가끔 이 친구네 집에 들른 적이 있었기 때문이다. 그때마다 경식이는 집에 도착하자마자 아코디언을 켰다. 항상 같은 곡이었다. 어머니에 대한 그리움의 노래였던 것으로 짐작할 뿐이다. 나도 그 이상은 알지 못했다.

기계과에서 공부하면서 특히 2학년 때 역학 공부가 꽤 힘들었던 걸로 기억한다. 특히 손명환 교수님이 지도했던 공업역학을 이수하는 일이 가장 힘들었다. 임기택 교수님의 미분 방정식 역시 선생님께 구걸을 하다시피해서 겨우 학점을 땄다. 미분 방정식 문제가 달랑 두 개 나왔는데 A4지 두 장에 꽉 차게 풀어야 했다. 나는 다 풀지 못했고 당연히 최종 답도 내지 못했다. 하지만 중간 과정까진 있었기 때문에 이걸 갖고 교수님께 이런저런 이야기를 드리며 읍소를 했던 걸로 기억한다. 비단 나만 그랬던 것도 아니었다. 당시 대부분의 학생이 이런 실정이었다. 지금도 기억나는 것이 와이셔츠를 한 벌 사가지고 댁으로 찾아가 점수를 부탁하는 말씀을 드리고 나오는데, 창문 밖으로 와이셔츠를 휙 던지시던 선생님 모습이다. 선생님은 그러면서 "너희들이나 입어!" 하고 부드럽게 호통을 치셨다. 정이 넘치면서도 원칙과 도덕이 반듯하게 지켜졌던 멋진 정경이 아닐 수 없었다.

수입이 아닌 비전을 위해 선택한 첫 직장 금성사

1969년 2월, 드디어 대학교를 졸업했다. 나는 졸업을 하기 전 이미 당시 가장 좋은 직장 중 하나였던 금성사에 합격한 상태였다. 진로가 확정된 상태로 졸업을 하게 되어 더욱 기쁘고 의미 있었다. 그러나 친구들 여럿은 이미 사귀는 사람들이 있어서 여자 친구들이 꽃다발을 들고 참석했지만 나는 연애를 할 만한 시간이나 마음의 여유가 없었기 때문에 외롭게 졸업식을 맞이했다. 더욱이 당시 여러 사정으로 집에서도 참석할 만한 사람이 아무도 없어 나 혼자 졸업식에 참석해야 했다.

졸업식이 진행되는 동안 9년 동안 있었던 여러 일들이 떠올랐다. 돌아가신 아버지와 집에 계신 어머니도 생각났고, 학비를 마련하기 위해 이리 뛰고 저리 뛰었던 여러 경험들도 머릿속을 스쳐갔다. 졸업식이 끝난 후 밖으로 나오자 졸업생 대부분이 가족들과 함께였다. 애인이나 친구들과 사진을 찍는 이들도 많았다. 나는 친구들과 간단히 사진만 몇 장 찍고 곧바로 집으로 가려고 했다. 그런데 그때 큰형님이 꽃다발을 들고 성큼성큼 나를 향해 걸어오시는 게 보였다. 당연히 아무도 참석을 못할 걸로 생각하고 있었는데 큰형님이 짬을 내어 막내의 졸업식에 오신 것이었다.

"우리 막내 고생 많았다. 축하한다!"

큰형님이 꽃다발을 안겨주시며 감격 어린 목소리로 축하해주셨다. 나와 형님은 부둥켜안은 채 한참 동안 아무 말 없이 상념에 젖어 들었다. 큰형님은 고교시절에도 럭비 경기가 있을 때면 꼭 운동장에 와주셨다. 하프타임 때는 관중석에서 일어나 나를 향해 두 팔을 흔들며 용기를 북돋아주셨다. 그래서 난 항상 하프타임 때마다 관중석을 주시하곤 했다. 이처럼 큰형님은 늘 나에게 아버지 같은 분이셨다.

대학교 졸업식에서 중고교 동창 서태원(좌측), 최경화(우측)와 함께

형님과 부둥켜안고 있는 사이 뒤에서 중고등학교 동창 서태원과 최경화도 꽃다발을 들고 다가왔다. 두 친구 역시 예고 없이 나의 졸업을 축하해주려고 먼 걸음을 한 것이었다. 쓸쓸한 졸업식을 예상했지만 누구보다 기쁘고 뜻깊은 졸업식이었다.

당시는 박정희 대통령이 경제 발전을 위해 강력한 정책을 추진하던 때였다. 정부가 여러 산업들을 적극 육성하고 있었기 때문에 기업들은 기술자가 많이 필요했다. 이에 따라 많은 일자리가 새롭게 생기고 있었고, 특히 공과대학 출신들의 일자리는 더욱 풍성했다. 또한 박정희 정권은 새마을 운동을 통해 국민의 성실성과 자급자족 능력을 배양하도록 노력하고, 기업가들이 국가 경제의 부흥을 주도할 수 있도록 적극적으로 지원하고 있었다. 특히 우리나라에 대한 외국기업들의 투자 제도를 개선하여 외국 자본을 유치하기 위한 노력도 활발히 전개하고 있었다.

이런 환경 속에서 공대 출신인 내가 금성사에 합격하기 전에 붙었던 곳이 외국기업인 칼텍스(Caltex)였다. 나는 졸업 전 몇 군데 회사에서 입사시험을 보았는데, 그중 한 곳인 칼텍스는 당시 월급이 가장 많기로 유명한 회사였다. 학교에서는 단 두 명만 이 회사에 추천을 해주었다. 문제는 미국 회사였기 때문에 최종 면접을 영어로 한다는 점이었다. 당시에는 대졸자여도 영어 회화가 가능한 사람이 많지 않았기 때문에 칼텍스에 추천할 만한 학생이 마땅하지 않았던 것 같다. 아무튼 나는 다른 친구 한 명과 함께 추천을 받아 칼텍스에 지원을 했고, 1차 시험 결과 나만 합격해 2차 인터뷰를 보고 여기서도 합격해 미국인이 주관하는 3차 면접까지 통과함으로써 최종 합격을 했다. 정유회사라 전공인 기계 쪽으로 가고자 했던 방향과 맞지는 않았지만 높은 보수를 보고 지원해 최종 합격을 하게 된 것이었다.

최종 합격이 되자 배치 면담이 이뤄졌다. 사실 말이 면담이지 일방 통보였는데 회사는 나를 여수 화학공장으로 발령 내겠다는 의사를 밝혔다. 나는 진로에 대한 고민을 처음부터 다시 할 수밖에 없었다. 기계과 출신이 정유회사에 들어가서 제대로 역량을 발휘할 수 있을까? 아니 그전에 내가 칼텍스를 지원한 진짜 이유는 무엇이었을까? 영어 회화가 가능하다는 점이 입사 후에도 계속 장점이 될까? 무엇보다 여수 화학공장 현장에 가서 유지보수(Maintenance) 업무를 하게 되면 나중에 그 한계를 극복할 수 있을까?

나는 수많은 질문들을 나 자신에게 던지며 고민한 끝에 칼텍스 입사를 포기하기로 마음먹었다. 당장은 좋겠지만 먼 훗날에는 분명히 후회할 것 같다는 생각 때문이었다. 그래서 금성사에 지원해 합격을 했던 것이다. 주임교수님께서는 두 회사 중 칼텍스를 택하는 것이 좋겠다고 조언하셨지만, 나는 깊은 고민을 통해 번복 없이 금성사를 선택했다.

칼텍스를 포기하고 금성사에 입사한 것은 지금 생각해도 잘한 일이었다고 생각한다. 사실 그때는 대학을 졸업하면 취업은 그리 어렵지 않았다. 내가 여러 회사 중 한 회사를 선택할 수 있었던 것 역시 내 노력도 원인이었지만 전체적인 상황에 기인한 점이 더 컸다. 영혼을 팔아서라도 취업을 하고 싶다고 하는 요즘 젊은이들과는 완전히 다른 시절이었다. 물론 당시에도 본인의 노력에 따라 좀 더 좋은 직장에 들어가는 사람도 있고, 변변한 직장을 구하지 못해 힘들어하는 사람도 있었지만, 지금과 형편이 많이 달랐던 시절임은 틀림없었다.

당시 우리나라는 산업화를 통해 눈부신 속도로 경제를 발전시켜 북한보다도 낮았던 GDP를 몇 년 만에 수배 높게 끌어올리고 있었다. 세계가 놀랄 정도로 경제가 발전하면서 무역수지도 계속 흑자를 기록했다. 그런데 이를 통해 어느 정도 먹고살 만해지니 다소 엉뚱한 방면으로 욕구가 분출되기도 했다. 이에 따라 정치인 중에는 국민의 관심을 좀 더 자유로운 방향으로 유도하는 자들이 나타났다.

이 시대에 대한 평가에 있어서 나는 많은 사람들과 조금은 다른 견해를 갖고 있다. 정치에 관심이 많은 사람들은 민주화와 인권이란 화두로 당시 정권을 비판한다. 물론 어느 정도 일리 있는 말이다. 그러나 우리가 사회와 경제의 안정을 위해 10년 정도만 더 힘을 모은 후 민주화를 추진하고 지방자치제를 도입했다면 어땠을까? 다시 말해서 좀 더 강력한 정부가 10년을 더 이끌며 일본처럼 어려서부터 질서를 지키고 남에게 피해를 주지 않는 교육제도를 정착한 후 민주화를 이뤘다면 더 좋았으리라 생각하는 것이다.

국부로 추앙받는 싱가포르의 리콴유(李光耀) 수상은 재임 당시 범죄자를 엄하게 다스리기로 유명했다. 심지어 강력 범죄자는 인도양에 빠뜨려 상어 밥을 만들기도 했다. 이런 조치들이 인권이란 측면에서는 비판을 받아 마땅한 일이지만 무엇이든 장점이 있으면 문제점이 있기 마련이다. 서로 다른 개체가 모인 집단이 국가이다. 따라서 크게 볼 때 나라 전체와 국민 모두에게 유익이 되는 범위 안에서의 통제는 미래를 위한 좋은 결과를 만든다. 지금 싱가포르는 아시아는 물론 전 세계에서 가장 살기 좋은 나라에 속한다. 이와 같은 성과를 논함에 있어 리콴유를 빼고 얘기할 수 없음은 물론이다.

프랑스의 대통령이었던 샤를 드 골(Charles De Gaulle)도 재임 중에는 독재자라는 비난을 많이 받았다. 하지만 그는 사후까지 국가에서 주는 대통령 연금 전액을 어려운 사람들을 위해 쓰도록 했다. 이처럼 재물 욕심 없이 국가를 위해 헌신한 훌륭한 지도자들도 많이 있다는 사실을 알아야 한다. 그런데 우리나라의 역대 대통령들과 위정자들은 어떠한가? 민주화와 인권을 말하면서도 죽어서까지 많은 부를 모으고, 자손들이 대대로 편히 살 수 있는 방편을 마련하기 위해 혈안이 되어 노력하는 모습을 목격한다. 이로 인해 사회를 어렵게 만들어놓고도 아무런 가책도 느끼지 않는 것 같다. 꼼꼼히 들여다봐야 할 점이 있다. 그렇게 많은 돈을 모아 자손 대대로 부를 물려주면서도 멀쩡한 대통령이 있는데, 사심이나 부에 대한 욕심 없이 오직 국가를 위해 헌신했던 이승만 대통령, 박정희 대통령, 박근혜 대통령은 어쩌면 이렇게 매도하는지 모르겠다.

국민이 깨어나야 한다. 우리나라는 이념으로 남북이 갈라져 있는 특수한 환경이라 더욱 깨어나야 한다. 그런데도 일부 정치인들과 정당은 민주화를 부르짖을 뿐 실상 민주주의와는 다른 방향으로 일한다. 자기들 마음대로 법을 어기며 자유주의를 민주주의라고 착각한다. 이런 사람들이 정치를 한다며 국회에 들어가 똥 묻은 개가 겨 묻은 개를 나무라듯 횡포를 부리고 있다. 이로 인해 지금 우리 사회는 점점 더 어려워지고 있다. 그런데도 사회 지도층은 국민들을 편 가르고 있고, 국회의원이나 언론인이나 사법부에 있는 사람들은 모두 자기 배를 채우는 일과 자기 권위를 위한 일에만 관심을 갖고 열을 올리며 움직이고 있다. 그러니 정부에서 일하는 공무원들 역시 저절로 복지부동을 하게 되는 것이다.

어렸을 때부터 도덕과 윤리가 배제된 이기적인 교육에 집중하고, 정작 중요한 질서 교육은 도외시해 자기 위주로 살아가도록 교육을 시켜온 지 어언 40~50년이 지났다. 그러니 현재 50대들까지도 안하무인의 편력을 갖게 된 것이다. 이런 이유로 사회에 각종 범죄가 들끓고 있다. 지금부터라도 교육의 방향을 바로잡아야 한다. 그런데 교육을 바꿔야 할 사람들 역시 이미 전교조로부터 잘못된 교육을 받은 사람들이 많다. 특히 리더 중에는 더 많다. 문제가 심각하다. 밑바닥까지 내려갔다가 수많은 어려움을 겪은 뒤 다시 올라와야 이런 문제들이 해결되지 않을까 하는 생각이 들 뿐이다.

가불로 마련한 큰형님 댁의 20인치 TV

드디어 모든 역경을 이겨내고 사회를 향한 힘찬 발걸음을 내디뎠다. 금성사에 입사한 것이다. 나는 부산 동래에서 금성사 사원으로서 첫 생활을 시작했다. 태어나 처음으로 서울과 경기도를 벗어나 먼 타지에서 생활하게 된 것이다. 6개월에 걸쳐 오리엔테이션과 교육을 마친 후 금형 부서로 발령받아 몰드(Mould) 설계를 하게 되었다. 이때 김용태, 장영석, 이규서, 박환서 등 대학 동기 여럿이 함께 입사했는데 각각 다른 부서에서 근무를 시작했다.

교육이 끝나자 기거할 곳이 필요했다. 당시 금성사에는 희성장이라는 기숙사가 있었다. 금정산 기슭에 있던 이곳은 총각사원들이라면 누구나 입주하고 싶어 하던 최고의 시설이었다. 일반 하숙보다 훨씬 저렴하고 시설도 좋았기 때문에 나를 포함한 동기들 모두가 기숙사 입주를 신청했다. 그런데 원하는 사람에 비해 방이 적었기 때문에 소수만 입주할 수 있고, 나머지는 각자 알아서 하숙이나 자취를 해야 했다. 추첨을 통해 기숙사에 입주할 다섯 명을 뽑았는데 나는 애석하게도 안에 들지 못했다. 하는 수 없이 장영석, 이규서와 함께 근처 하숙집에 급하게 입주를 했다.

하숙집에 들어간 날 저녁이었다. 처음으로 저녁상을 받아 셋이서 식사를 시작했는데 반찬 투정을 하던 규서가 갑자기 반찬 그릇을 문밖으로 집어던졌다. 서울 사람이 부산에 와서 밥을 먹으려니 맵고 짠 음식이 입맛에 맞지 않아 그랬겠지만 그래도 눈살이 찌푸려지는 일이 말릴 새도 없이 일어난 것이다. 주인집 아주머니는 단단히 화가 나서 당장 나가라며 우리를 쫓아냈다. 마침 그날은 일요일에다가 비까지 주룩주룩 내리고 있었다. 하숙집에서 쫓겨난 우리들은 어디로 가야 할지 몰라 앞이 캄캄해졌다.

문제를 일으킨 규서와 영석이는 나보다 나이가 어렸는데, 둘이 나름대로 대책을 재빠르게 세웠다. 우리보다 1년 먼저 입사해 희성장에서 기거하고 있는 김영조의 방에 들어가 침대 사이 통로에 야전침대를 설치해 잠자리를 해결하자는 의견이었다. 그럭저럭 괜찮은 방법이라 생각하며 국제시장으로 달려가 야전침대를 구입했다. 몇 시간 후 우리는 담장을 넘어 몰래 기숙사에 숨어들었다. 자정 가까운 시각에 들어온 불청객들 탓에 화들짝 놀란 김영조는 반갑게 맞아주긴 했는데 아주머니인 사감 선생이 매우 깐깐해서 걸리면 큰일이라고 걱정이 컸다. 우리들은 걱정은 내일 닥쳐서 풀자고 했고 그날은 그렇게 숙소 문제를 해결할 수 있었다.

당연히 다음날 아침 난리가 났다. 사감 선생은 규정을 어긴 우리들을 쫓아내려고 했고 우리들은 도서관으로 피신했다. 그리고 다시 심야가 되면 영조 방으로 들어가는 작전을 세웠다. 그런데 우리들이 일으킨 이 사건을 계기로 회사는 새로운 대책을 마련했다. 희성장 도서관을 폐쇄한 후 그곳을 신입사원 임시 거처로 사용하기로 한 것이다. 이후 기숙사에 빈 방이 생기면 그곳으로 옮겨주겠다는 약속까지 덤으로 얻어낼 수 있었다. 마침내 우리들을 포함한 동기생 모두가 희성장 멤버가 된 것이다. 이 경험을 통해

금성사 기숙사였던 희성장 정문에서

'두드려라! 그러면 열릴 것이다' 라는 성경의 교훈을 다시 한 번 깨닫게 되었다. 이후 금성사 동래공장에서 근무하는 동안 거처에 대한 걱정은 할 필요가 없었다. 또한 회사에서도 입사와 동시에 내 이름 석 자를 많은 사람들에게 각인시키게 되었다.

희성장은 봄에는 꽃이 만발하고 산들바람이 부는 부산의 명소였다. 게다가 부산에서는 엘리트라고 할 수 있는 총각들이 모인 곳이다 보니 토요일이나 공휴일에는 젊은 여성들이 많이 찾아왔다. 특히 여자 친구를 데려와도 식사를 제공했고, 메뉴도 당시로서는 먹기 힘든 돈가스 같은 양식이 많았기 때문에 더욱 인기가 많았다. 이따금씩 스테이크가 제공되는 날에는 유독 예쁘게 꾸민 젊은 여자들로 꽃밭을 이뤘다. 이곳에서 여러 동료들의 연애담을 들을 수 있었다.

입사 2년째 여름에는 대학생 때 그룹 지도를 했던 여학생들이 나를 찾아왔다. 방학을 맞아 부산 여행을 왔다가 들른 거였다. 내가 공부를 가르칠 당시에는 성신여고 3학년이었는데 모두 어엿한 대학생이 되어 있었다. 토요일 저녁에 찾아온 아이들과 저녁으로 비프스테이크를 먹었는데, 늘씬하고 예쁘게 생긴 여대생에게 젊은 총각들의 관심이 집중될 수밖에 없었다. 그런데 마침 그날 영석이의 경기고등학교 동창들도 희성장으로 놀러온 참이었다. 영석이와 친구들은 나에게 여대생들과 부산 관광을 같이하게 해달라고 졸라댔다. 선남선녀끼리 거리낄 게 없었으므로 나는 이 친구들과 여대

아르바이트할 때 만난 제자들과 함께 태종대에서

생들을 엮어 해운대와 태종대를 다녀왔다. 그때 당시, 영석이는 지금의 안사람과 연애를 한 후 결혼까지 골인했다. 당시 영석이의 애인은 최고의 미인으로 통해 동료들의 부러움을 한 몸에 받았다. 또한 영석이 애인의 친구를 본 고등학교 후배 이용희도 나에게 달려와 소개를 해달라고 성화를 부렸다. 나는 우성식품에서 영업을 하던 용희와 여자 사이에 살짝 다리를 놔줬다. 그랬더니 워낙 재주가 좋았던 용희는 불과 며칠 만에 작업을 끝낸 후 연애를 시작하더니 곧 결혼을 해서 행복한 가정을 이뤘다. 이들 말고도 여러 분홍빛 이야기가 많았다. 하지만 나에게는 아직 그럴만한 여유나 찾아오는 인연도 없었다.

이후 희성장 구매위원이 된 나는 동료들의 부식을 책임지는 역할을 맡아 금요일 오후마다 부식 구매를 위해 트럭을 타고 자갈치

시장을 누볐다. 나를 알아보는 자갈치 아지매들은 우리 일행을 끌어들이려고 서로 경쟁하듯 과일과 회를 담은 접시를 내왔다. 참 신나게 일하던 시절이었다. 하루는 우성식품에서 희성장으로 코카콜라를 트럭 한가득 싣고 오더니 돈도 받지 않은 채 그냥 내려놓고 가버렸는데, 나중에 알고 보니 이게 다 후배 이용희의 전술이었다. 한 달이 지난 후에는 내려놓고 갔던 콜라 대금까지 전부 받아갔으니 말이다. 장사 수완이 대단했던 이 친구의 노력으로 이후부터 희성장은 매달 한 트럭 분량의 코카콜라를 구매하기 시작했다. 또한 이를 계기로 금성사 공장에도 납품을 하기 시작했다.

당시 최대형 TV는 20인치였다. 그중에서도 나무 캐비닛으로 고급스럽게 만든 콘솔(Console)형 UT1 모델이 최고급이었다. 이 TV를 큰형님께 보내드리고 싶었던 나는 당시 부공장장이었던 이희종 부사장님을 찾아가 TV 구입을 위해 가불을 요청했다. 그전에 영업과장에게 요청을 했더니 결재를 받아오라고 했기 때문이었다. 그러자 이희종 부사장님께서 어안이 벙벙한 얼굴로 "너는 아직 회사가 완전히 받아들인 것이 아니고 오리엔테이션 기간에 있는 수습사원이다. 따라서 퇴직금도 한 푼 없는데 어떻게 가불을 요청하느냐?"고 말씀하시는 것이었다. 나는 용기를 내어 정연하게 다시 말씀을 드렸다.

"이 회사가 저를 필요로 해서 뽑았고 돈을 들여 교육까지 시키고 있는데 이처럼 저를 신뢰하지 못한다면 뽑을 이유가 없지 않습니까? 그리고 다른 것도 아니고 우리 회사 제품을 우리 회사 직원이 구입하기 위해 월급을 조금 일찍 달라는 것인데 해주실 수 없을까요?"

떼를 쓰듯 조금은 당돌하지만 진심을 다해 말씀드리자 부사장님께선 허허 웃으시더니 가불을 허락해주셨다. 이 덕분에 TV를 구입해 서울 큰형님 댁으로 보내드릴 수 있었고, 부사장님께 나의 존재를 각인시킬 수도 있었다. 이희종 부사장님은 서울공대 전기과 출신으로 금성사 부산공장 공장장과 동경사무소 책임자를 거쳐 금성산전 사장을 역임하셨고, 나중에는 금성사 부회장으로 은퇴하셨다. 부산에서 근무할 때는 물론 내가 회사를 옮긴 후에도 서로 가깝게 지냈다. 연세가 드셔서 거동이 불편하시지만 지금도 당시 동료였던 임세경과 함께 점심을 대접하곤 한다. 이 부회장님은 그동안 내가 모셨던 상사 중에서 깊이 존경하는 분 중의 한 분이시다. 종종 불같이 화를 내기도 하셨지만 뒤끝이 없는 화통한 성격에다 무슨 일이든 확실하고 신속하게 결정을 내리셔서 부하직원들로부터 존경을 많이 받으셨다.

입사 초기에 있었던 일이 하나 더 기억난다. 교육이 끝난 후 막 부서 배치를 받았을 즈음이다. 아직 회사 사정에 어두울 때였는데 월간 조회가 강당에서 열리고 있었다. 당시 1969년도는 삼성전자가 사업을 시작하면서 금성사의 인재들을 많이 스카우트할 때였는데, 공장장이셨던 구자경 부사장님(현 LG그룹 명예회장)이 조회사를 하러 강단에 올라와 화를 크게 내시면서 이렇게 말씀하시는 것이었다.

"똑똑한 놈들은 다 나가고 일을 제대로 하지 않아 실적이 저조하다. 일본 사람을 공장장으로 데려와 쥐어짜야 정신 차리겠느냐?"

요즘도 가끔 사회 지도층의 막말이 가십거리가 되곤 하지만 당시로서도 아무리 화가 나도 너무하다 싶은 발언이었다. 아니나 다를까 다음날 아침 일찍 출근해 보니 선배들이 주동이 되어 출근 저지 운동을 벌이고 있었다. '다른 회사로 가지 않고 회사를 지키는 우리들은 바보이고 무능해서 그러느냐'는 성토가 쏟아졌던 것이다. 다행히 구 부사장의 사과와 해명으로 출근 저지 운동은 하루만에 끝났지만 지금 생각해보면 얼마나 화가 났으면 그런 말까지 하셨을까 싶기도 하다.

당시 럭키그룹에 같이 입사한 사람은 105명 정도였던 걸로 기억한다. 럭키 쪽은 부산 연지동에 있었고 금성사 입사자들은 부산 동래의 여관에 투숙하며 보름 동안 오리엔테이션을 받았다. 우리 금성사 입사자들을 이끌었던 분은 한양공대 기계과를 나오신 유건희 기좌였다. 교육이 끝난 후 나는 몰드 금형 설계부서로 발령받았는데 이분도 곧바로 담당과장으로 발령받아 같이 일하게 되었다. 즉, 유 과장님이 내가 사회에서 모신 첫 상사였다.

몰드 금형 설계부서에서 근무하는 동안 나는 국내 최초로 냉장고 문에 붙이는 개스킷(Gasket)을 국산화하는 데 성공했다. 그전까지는 일본에서 수입해 쓰던 부품을 내가 압출금형에 성공해 생산하기 시작한 것이다. 또한 선풍기 스탠드도 알루미늄 다이캐스팅 금형을 만들어 생산하다가 플라스틱 금형 제작에 성공하였다. 지금도 선풍기는 플라스틱 스탠드를 쓰고 있다. 당시는 몰드 금형 설계를 위해 필요한 재료별 데이터가 전혀 없어서 하나하나 실험을 통해 데이터를 만들어 이용해야 했다. 어떤 데이터들은 일본 기업을 통해 습득하기도 했지만 이 역시 쉬운 일은 아니었다. 무슨 수를 써서라도 자료를 받아내야 하는데 일본 사람들은 기술제휴가 되어 있다고 해도 필요한 자료를 절대로 쉽게 내주지 않았다. 주더라도 정확한 자료는 절대 주지 않았는데, 나중에 부메랑을 맞을 것을 예방하기 위함이었다.

당시 금성사는 일본 히타치(Hitachi)와 기술제휴가 되어 있었다. 그러나 제품에 대한 기술제휴뿐이었기 때문에 금형에 관한 데이터는 몰래 훔쳐오거나 기술자들과의 인간관계를 통해 조금씩 배워오는 수밖에 없었다. 따라서 제품 하나를 완성하려면 보통 1~2년 정도가 걸렸고, 그렇게 만들어도 제품의 수준은 조악한 실정이었다. 다행히 이때는 정부가 선진 제품들의 수입을 완전히 막아주었기 때문에 제품이 조악하더라도 판매는 가능했다. 그랬기에 시간이 걸리더라도 기술을 발전시킬 수 있던 시절이기도 했다.

나는 2년가량 몰드 설계를 한 후 생산공정 및 현장 가공직장을 경험하게 되었다. 돌이켜보면 이때 진정한 인간사를 경험했던 것 같다. 현장 기능자들은 대부분 나보다 연배가 높았고 고참 반장들은 40대 중반에서 50대 중반까지 있었다. 따라서 대부분 중고등학교에 다니는 자녀들을 두고 계셨다. 등록금을 낼 시기가 찾아오면 현장 기능자들은 대부분 가불을 요청했다. 당시는 먼저 직장이 가불 요청을 받아 1차 허락을 하면 과장에게 결재를 올려야 했다. 당연히 회사는 가능하면 가불을 해주지 않는다는 방침이었다. 따라서 첫 단계를 맡은 내 입장에서는 가불 요청을 최대한 막아야 했다.

그러나 이분들의 사정을 뻔히 아는 나로서는 가불 요청을 거절하기가 쉽지 않았다. 또한 가불을 거절하면 일을 제대로 하지 않고, 하더라도 느리게 슬슬 일을 하니 제때 공정을 마칠 수가 없었다. 이 때문에 위로부터는 지적을 당하고 아래로부터는 서운하다는 원성을 들으니 중간에서 난처한 경우가 한두 번이 아니었다.

나는 실무적으로 할 수 있는 일의 범위는 좁지만 마음으로라도 이분들과 공감하고 싶었다. 그것이 일을 제대로 진행함과 동시에 인간적인 감정을 누그러뜨리는 방법이라고 믿었기 때문이다. 그래서 퇴근 후엔 함께 자주 대폿집으로 향했다. 그렇게 술잔을 기울이며 미주알고주알 서로에 대해 알아가며 더욱 가까운 관계로 발전할 수 있었다. 인생 선배의 생활 고충도 듣게 되었고 이를 회사에서 어떻게 소화해야 할지에 대해서도 많은 대화를 나눴다.

나는 이 과정을 통해 사람을 다루는 노하우를 터득하게 되었고,

작업표준화 등 각 개인에 의한 작업공정 합리화에도 관심을 갖기 시작했다. 지금 삼성전자 광주공장에 가보면 금형공장이 완전 자동화되어 머시닝 센터(Machining Center)로 금형을 가공하는 것을 볼 수 있다. 금형도 내가 현직에 있을 때와는 완전히 달라졌다. 그때는 개인의 기능에 따라 품질과 생산성이 좌우되었지만 지금은 기계와 운전 솔루션에 따라 결정된다. 이런 변화 역시 시간이 흐른다고 저절로 이뤄지는 것이 아니다. 관심을 갖고 열심히 개발하고 끊임없이 혁신을 할 때 가능한 일이다. 무슨 분야든지 세월이 흐른 후 변화된 과정을 살펴보면 이런 사실을 정확히 알 수 있다. 따라서 무슨 일이든지 계속해서 관심과 연구를 게을리하지 않을 때 지속적인 혁신이 가능하다.

물론 쉬운 일은 아니지만 발전의 역사에서 이 진리는 절대 변하지 않고 있다. 하늘에서 그냥 떨어지는 발전은 없다. 모든 발전은 부단한 노력에 의해 만들어진다. 나의 건강만 생각해봐도 그렇다. 무리를 해서 몇 번 병원 신세를 진 적도 있고 회복이 더뎌 실망한 적도 있다. 그러나 그때마다 어려움을 극복했던 때를 기억하며 나 자신을 되돌아보며 여기까지 왔다. 따라서 변화를 위한 노력, 발전하기 위한 피땀이 모여 변화와 발전을 이뤄낸다는 사실을 반드시 명심해야 한다.

언제나 우회 대신 돌격 앞으로

금성사 동래공장에 있을 때는 휴일마다 인근에 있는 산에 많이 다녔다. 회사 산악반에 가입해 동료들과 산행을 했기 때문이다. 정초나 추석 연휴에는 설악산 같은 명산들을 며칠씩 산행하기도 했다. 서울에 올라와도 마땅히 머물 곳이 없던 나는 산행을 통해 나 자신을 돌아보며 수행(修行)을 했던 것 같다. 당시 자주 산행을 함께했던 사람들 중에 안동 김씨 종손이자 나중에 창업 때부터 삼보컴퓨터로 갔던 김종길 총무과장, 전자 쪽의 최상규 씨, 조기과(造機課)의 최현우 기좌와 설계를 맡았던 김익명 씨 등이 지금도 기억난다. 이후 서울에 올라와서는 노치경 씨와도 자주 산행을 다녔는데, 노치경 씨는 특히 암벽 등반(Rock Climb)을 잘했다. 이분 덕분에 나도 바위 타는 법을 습득해 백운대 같은 험한 바위를 타기도 했다. 이때 전국 대부분의 산을 등정했던 것 같다.

산에 다니면서 배운 점도 많았다. 정상에 이르기까지 산은 머릿속의 모든 고민을 잊게 해줬다. 정상에서 내려다보는 세상은 가슴을 활짝 열어 세상을 포용하게 해줬다. 힘든 산길을 오르내리다 보면 모든 것을 할 수 있을 것 같은 자신감이 샘솟았다. 이처럼 등산은 맑은 공기를 통해 허파를 청소하는 신체적 훈련은 물론 정신적으로나 정서적으로 유익한 힐링(Healing)이 된다. 그래서 많은 사람들이 산을 찾는다. 더욱이 길과 땅을 새롭게 개척하듯 몇 사람이

금성사 시절 설악산 산행 사진. 뒷줄 허리 구부린 사람이 저자다.

팀을 이루어 깊은 산을 탐험할 때는 필연적으로 생사를 뛰어넘는 협조를 하게 만든다. 이런 이유로 산악인들을 인간사에서 가장 훌륭한 부류로 인정하는 것 같다.

동래공장에서 근무한 지 3년 만에 나는 서울 본사 기획부서로 발령을 받았다. 거기서 일본의 히타치나 도시바로부터 엘리베이터, 사출기 기술과 SKD(Semi Knock Down) 부품을 도입하는 업무를 맡았다. 이에 따라 자연스럽게 일본어를 공부하게 되었고 로켄저무역공사나 아키모토(AKIMOTO) 등 오퍼(Offer)상을 상대하면서 무역 업무도 알게 되었다. 특히 신용장(L/C) 개설, 상공부 허가, 상선 노미네이션(Nomination) 과정 등에 대해 자세히 공부할 수 있었다. 기획부서에서 1년을 근무한 후에는 구매부서로 발령을 받았다. 그런데 바로 여기서 인생행로가 크게 바뀔 뻔했던 사건이 터졌다.

기획에서 겨우 1년을 일하고 다시 구매부서로 발령을 받자, 나는 이런 식으로 계속 뺑뺑이를 돌다보면 한 분야도 제대로 모르는 사람밖에 안 되겠구나 하는 걱정이 엄습했다. 이렇게 지내다 보면 전문가가 되기는 어렵겠다는 생각이 든 것이다. 특히 구매부서로 전보된 것에 대한 불만이 컸다. 이런 생각들이 점점 증폭되자 이직까지 고려하게 되었고, 실제로 새롭게 기술과장을 뽑고 있던 대원강업에 지원해 합격 통지를 받기도 했다. 그러나 막상 회사를 옮기려고 하니 좀 더 심사숙고해야 한다는 생각에 이르렀다. 칼텍스에 합격한 후 입사를 포기할 때처럼 이틀 정도 잠을 이루지 못하며 많은 고민을 했다. 어른들께서 항상 강조하셨던 한 우물을 파라는 말씀도 떠올랐고, 어떻게 내 마음에 맞는 경우만 있을 수 있겠느냐는 생각도 들었다.

그때는 회사를 옮기는 것 자체를 금기로 여기는 사람들도 많았지만 나는 그렇진 않았다. 물론 끊임없이 찾아오는 크고 작은 역경을 이겨낼 생각도 없이 회사를 옮겨서는 안 된다. 그러나 우리 실정에 학교 선택도 자기 마음대로 못하고 선생과 부모에 의해 좌지우지 당하는 경우가 많았다. 또한 당시에는 회사 역시 그룹 단위로 뽑아 각 계열사로 배치하는 형태가 늘고 있었는데 이때도 자신의 전공이나 적성이 고려되지 않고 배치되는 경우가 많았다. 따라서 나는 어느 정도 일을 하다가 한번쯤은 정말 잘할 자신이 있는 곳으로 이직하는 것은 결코 잘못된 선택이라고 생각하지 않았다. 그렇지만 나는 첫 직장으로 더 좋은 조건의 칼텍스를 포기하고 그보다 못한 조건의 금성사를 택했던 이유를 다시 한 번 떠올렸다. 또한 앞으로 더 큰 어려움을 돌파해야 할 때가 많을 텐데 여기서 주저앉는다는 것은 너무나 한심스러운 일이라 생각했다.

'어느 조직에서 무슨 일을 하든 돌파해야 할 일은 반드시 발생한다. 그때마다 피하려고만 한다면 경험은 어떻게 쌓을 것이며 인생은 어떻게 살 것인가? 전진을 막는 상대방을 만날 때마다 피해 달아난다면 어떻게 럭비 경기에서 이길 수 있겠는가?'

나는 결국 이직은 돌파가 아니라 회피일 뿐이라는 결론을 내렸다. 이직은 바른 방법이 아님을 분명히 깨달은 것이다. 회사 옮길 생각을 말끔히 접은 나는 구매부서에서 다른 방법을 모색하기로 마음먹고 다시 업무에 열중하기 시작했다. 그러면서 새로운 사실을 발견하게 되었다. 당시 구매부서는 매일매일 청계천 공구 상점에서 생산 부자재를 현금으로 구매해 공장에 공급했다. 상점들은 보통 5~10평 남짓한 작은 공간에 면장갑, 페이퍼, 걸레, 간단한 드릴, 에어툴(Air Tool) 등을 진열해놓고 팔고 있었다. 그런데 실상을 알아보니 영세해 보이는 공구 상점들은 대부분 뒤로는 큰 공장을 갖고 있었다. 또한 공장에서 제품을 양산해 큰 회사에 직납을 하고 있었다.

다시 말해 내가 매일 현금으로 구매하는 것은 상점 입장에서는 극히 일부에 불과했고, 대부분의 매출은 영속성 있는 사업을 통해 만들어내고 있었다. 이때 나는 눈앞에 보이는 현상으로만 판단할 경우 오류를 범할 확률이 크다는 사실을 깨달았다. 이런 속사정들을 더 조사하다 보니 점점 더 흥미가 생겼다. 그렇다면 우리 공장들의 분기별 소요량을 미리 파악해 업체에 주문하고, 업체가 각 공장에 직접 납품한다면 가격도 낮추고 업무도 줄일 수 있을 거라 생각했다. 나는 내친김에 6개월 계획을 세워 60여 곳 상점들이 갖고 있는 공장의 규모는 물론 사업 연혁, 인원 현황, 경영자의 면모 등을 조사했다. 이들과 밀착해서 일을 하다 보니 상점 업주들이 어떤 과정을 통해 여기까지 왔는지도 알 수 있었고 앞으로 일하는 데 도움이 될 만한 유익한 이야기들도 많이 듣게 되었다. 이 정도까지 이야기를 나눌 정도로 가까워지자 자연스럽게 원가절감과 업무 효율화가 이뤄졌다.

나는 업체 조사 과정에서 나눈 대화나 알게 된 정보들을 데이터화했다. 업주의 대화 방식 같은 세세한 정보들도 놓치지 않고 입력했다. 뿐만 아니라 업주의 학력, 고향, 연령, 성품, 심지어 생김새까지 조사한 후 이런 정보들을 내가 필요로 하는 결과로 유도하는 데 어떻게 이용할 수 있는지 분석했다. 이를 바탕으로 약 1년 동안 끊임없이 내 페이스대로 업주들과의 상담을 유도하고자 노력했다. 그리고 이런 정보들을 종합하고 분석해 영업이나 구매담당자들에게 참고가 될 수 있는 유용한 자료를 완성할 수 있었다. 현장을 발로 뛰는 노력을 통해 지금으로 말하자면 빅데이터의 원조 격이라고 할 수 있는 자료를 만든 것이다. 그리고 다음과 같은 결론을 내렸다.

'모든 새로운 아이디어는 바로 그 현장에서 찾아낼 수 있다.'

청계천 업주들을 조사해 만든 논문을 상사에게 보고하자 나에 대한 윗분들의 반응이 확 달라졌다. 무엇보다 일에 임하는 나의 자세가 확연히 달라져 있었다. 이 일을 통해 무슨 일이든 내가 마음먹기에 달려 있다는 사실을 실감하며 일에 흥미까지 새롭게 일어났던 것이다. 또한 관심을 갖고 연구하며 노력하면 그 일에 대한 흥미는 저절로 커지고 성과 역시 자연스럽게 올라간다는 사실도 깨닫게 되었다. 실제로 이로 인해 나는 지금의 대리급인 3급으로 승진을 할 수 있었다.

이때쯤 에스컬레이터 옆 유리 구매입찰이 있었다. 양도 많고 구매액도 큰 건이었는데 A업체와 B업체, 두 회사가 입찰에 참여했다. 그런데 어느 날 B업체 사장이 회사로 찾아와 지하 다방으로 나를 불러내는 것이었다. 내려갔더니 은근슬쩍 봉투를 내밀며 자신과 같이 일하자는 제의를 했다. 나는 당황스러움과 함께 '도대체 이 사람이 나를 어떻게 생각하고 이러는 걸까?' 하는 불쾌감이 들었다. 그래도 좋은 말로 봉투를 돌려주며 다음에 공장에 방문해 실사를 할 예정이고 입찰가격이나 품질 등을 기준으로 결정할 것이라는 설명만 하고 헤어졌다.

며칠 후 동료 직원과 함께 B업체 공장으로 실사를 나갔다. 동료와 내가 도착했을 때 사장은 공장 입구에서 자신의 피아트 승용차에 광택을 내고 있었다. 우리 일행이 온다는 것을 알고 있었을 텐데 업무 시간에 자동차를 손질하고 있는 모습을 보며 이를 통해 자기 과시를 하려고 한다는 느낌이 들었다. 그러나 사장에 대한 부정적인 인상과 달리 새로 지은 지 얼마 되지 않은 공장은 정리정돈도 잘되어 있었고, 무엇보다 품질을 높이려 애쓰는 모습이 좋아 보였다. 사장 개인에 대한 부정적인 평가와 회사에 대한 긍정적인 평가가 교차되었다.

그런데 실사를 끝낸 후 안내를 받아 들어간 사장실에는 골프채와 각종 레저기구가 즐비하게 정렬되어 있었다. 그리고 그곳에서 사장은 이번에는 골프채를 손질하고 있었다. 업무시간에 그것도 구매회사에서 방문을 하고 있는데도 자꾸 이런 행동을 하는 것은 의도적인 것이 분명했다. 자신이 잘나간다는 점을 은근히 드러내어 자기에게 일을 주면 그에 따라 뒤로 충분하게 보상을 해주겠다는 메시지를 전하기 위함이었던 것이다. 나를 찾아와 봉투를 건넸던 사장은 확실히 사업을 뇌물 공세로 손쉽게 해나가려는 인물이었다.

나는 언짢은 마음을 품은 채 회사로 돌아온 뒤, A업체와 B업체를 자세히 비교분석했다. 기술력이나 실적 등 여러 면에서 A업체가 비교 우위에 있는 것은 분명했다. 하지만 A업체가 가격을 지나

치게 올려달라고 고집을 부려 다른 업체를 물색하던 중이었다. 가격을 놓고 보면 우위에 있는 건 B업체였지만 이 회사는 사장의 태도가 온당치 않았다. 결국 나는 가격도 중요하지만 가격이 전부는 아니라는 생각에 A업체를 불러 가격을 다시 협상했고, 가격을 조정해 A업체에 최종 발주를 했다.

이를 통해 나는 구매담당자의 직업윤리를 다시 한 번 가다듬을 기회를 갖게 되었다. 그 후에도 여러 업체로부터 수많은 유혹이 있었지만 나는 절대 넘어가지 않았다. 도리어 '무슨 일이든 반드시 정도를 걷자'는 생각을 굳건히 다졌다. 또한 이를 통해 나중에 임원이 되고 사업 책임자가 되었을 때 부하직원들의 속내를 들여다보는 노하우도 갖게 되었다.

가정을 이루고,
뜻을 일으키다

○

금성사 동래공장에서 근무할 때는 설날과 추석 때만 사흘 정도씩 서울로 올라와 어머니와 조우하는 형편이었다. 당시 어머니께서는 누님댁에 기거하고 계셨기 때문에 내가 올라와도 숙소가 마땅치 않았다. 그러나 오래 머물 수는 없어도 명절이 되면 빠짐없이 어머니를 뵙기 위해 상경했다. 그런데 그때마다 어머니를 업고 병원 응급실로 달려가는 일이 자주 일어났다. 반가우셔서 그런 건지 어머니는 막내아들인 나를 오랜만에 만날 때마다 항상 탈이 나셨다.

—

서울역 그릴에서 만난 일생의 그리움

한번은 추석에 서울에 올라와 있는데 작은형님으로부터 전화가 왔다. 내일 시간을 좀 내라는 것이었다. 그래서 다음날 부산으로 내려가려고 오전 9시 부산행 무궁화호 표를 끊어 놓은 상태라고 했더니, 그러면 새벽 일찍 삼각지 성당으로 나오라고 했다. 참한 규수를 내 결혼 상대로 소개해주려고 하는데 이 규수가 매일 아침 새벽미사를 드리기 위해 성당에 나오니 뒷모습이라도 먼저 보란 얘기였다. 내가 마음에 들면 중신을 제대로 추진하겠다고 하셨다. 그러면서 작은형님은 새벽 6시까지 삼각지 성당으로 나와 본당 주임 신부님 방에서 기다리라고 했다.

형님 얘기대로 이튿날 나는 새벽 일찍 삼각지 성당을 찾아 주임 신부님 방에서 작은형님을 기다렸다. 그런데 7시 반이 지났는데도 아무도 나타나지 않는 것이었다. 할 수 없이 성당을 나와 서울역으로 가서 막 개찰을 하려는 순간이었다. 뒤에서 작은형님이 큰 소리로 나를 불렀다. 그 옆에는 내가 모르는 분들이 같이 서 있었다. 형님은 우선 차표를 바꾼 다음 잠깐 기다리라고 했다. 영문을 몰랐지만 형님 말씀대로 한 뒤 개찰구를 나와 2층에 있는 레스토랑 서울역 그릴로 들어갔다.

나는 작은형님으로부터 신부님과 지금의 바로 위 처형 내외, 그리고 집사람을 소개받고 자리에 함께 앉았다. 사연인즉 예정과 달리 규수가 새벽미사에 참석을 못하자 규수의 언니가 부랴부랴 친정에 가서 데리고 나와 서울역으로 달려온 상황이었다. 그동안 작은형님은 지금의 동서와 신부님을 모시고 서울역으로 나온 참이었다.

내 앞에 앉아 계신 분들은 모두 함께 삼각지 성당에 다니고 있었다. 함께 교제도 하시고 봉사도 하시며 신부님과도 가깝게 지내던 중, 작은형님이 내 얘기를 하자 지금의 동서가 자신의 처제와 연결을 시키자고 제안을 했던 것이다. 본당 신부님 역시 두 집안이라면 당신이 증신을 서도 되겠다는 생각에 적극적으로 나서 마련된 자리였다. 이 신부님이 나중에 나와 나의 큰아들에게도 영세를 해주신 황 마태오 몬시뇰이시다. 황 신부님께선 내가 미국 뉴저지에 살 때 필라델피아 성당 본당 주임을 역임하셨다. 그즈음 크리스마스 판공성사를 돕기 위해 뉴저지 성당에 오셨을 때 뵙기도 했다. 김수환 추기경을 모시고 서울교구를 총괄하기도 하셨고, 나중에는 몬시뇰로 추대되어 동서울 교구장을 역임하시다가 지금은 평양교구장을 맡고 계신다. 지금도 나는 가끔 황 몬시뇰님을 모시고 저녁식사를 한다.

아무튼 우여곡절 끝에 서울역 그릴에서의 역사적인 소개식이 치러졌다. 먼저 뒷모습만 보고 정하라고 했던 작전은 실패하고 곧바로 신부님의 중매가 이뤄진 것이다. 당시 신부님은 "나는 사랑의 가교를 놓을 뿐이다. 두 사람이 사귀면서 결정할 사항이니까 잘 교제해 보라"고 말씀하셨다. 규수의 이름은 정현복이었다. 점심을 먹은 후 우리 둘은 서울역에서 출발해 남대문을 거쳐 한국은행 뒤편으로 돌아 지금의 프라자호텔 뒤에 있는 한식당에서 저녁을 같이 먹는 첫 데이트를 했다. 기차표를 그날 밤 11시에 출발하는 은하호로 바꿨기 때문에 처음 만남치고는 꽤 오랫동안 대화를 나눌 수 있었다. 그런데 당시 무슨 이야기를 나눴는지 전혀 기억이 나질 않는다. 얼떨결에 만났기 때문에 더욱 그랬던 것 같다.

현복 씨의 첫인상은 너무 가냘파 바람에 날아갈 것 같다는 느낌까지 들었다. 성격은 다소 날카롭게 보이면서도 지적이라 생각되었다. 키는 컸지만 몸이 좀 약하지 않을까 걱정되었다. 당장 결혼에 대해서는 아무 생각도 나질 않아 그냥 앞으로 좀 더 만나 서로를 알아가야겠다는 생각까지 했던 것 같다. 그녀와 헤어진 후 기차에 올랐는데, 침대칸이었지만 밤새 잠을 이룰 수가 없었다. 그 후에도 결정을 빨리 할 수는 없었고 가끔 편지를 통해서만 교제를 했다. 내가 서울로 올라와서 데이트를 해야 했는데, 신입사원이라 자주 자리를 비울 수 없기 때문이었다. 그러나 오랫동안 편지를 주고받으면서 나의 마음속에 이 사람이 자리를 차지하고 있다는 사실을 서서히 깨달았다.

그러나 결혼을 위해 준비된 게 하나도 없었다. 예물도 해야 하고, 식장도 빌려야 하고, 무엇보다 살 집을 마련해야 하는데, 당시 나에겐 회사 가불금 빚이 전부였다. 자금을 마련해 결혼을 해야겠다는 계획은 있었지만, 서른이 넘어도 결혼은 생각도 못하고 저축은커녕 가불 빚만 쌓이고 있었던 것이다. 물론 돈을 허투루 쓴 적은 없었다. 하지만 조금 모아 놓으면 그때마다 어머니의 병원비를 대야 했다. 상사나 선배들은 결혼을 하면 오히려 돈이 모일 거라고 조언했지만 나는 엄두가 나지 않았다. 그렇게 첫 만남 후 6개월쯤 지났을 무렵, 나는 용기를 내어 현복 씨에게 편지로 프러포즈를 했다. 당신을 결혼 상대로 만나고 싶다고…….

그러고 얼마 안 있어 여름이 되었는데 이 사람이 부산으로 찾아왔다. 우리 둘은 해운대에서 결혼을 전제로 데이트를 하게 되었고 함께 경제적인 문제에 대하여 의논했다. 내가 모든 사정을 숨김없이 자세히 털어놓자 그녀는 고맙게도 함께 방법을 고민해 보자고 제의했다. 이후 결혼을 위한 준비들이 척척 마련되기 시작했다. 그즈음 금성사 친구들과 영종도로 여행을 갔다. 이때 현복 씨도 같이 갔는데 마침 영종도에 바람이 세차게 불어 우리 둘은 손을 꼭 잡고 해변을 걸었다. 이 모습을 본 친구들이 나중에 "여자가 너무 약해 날아가겠더라. 나중에 결혼하면 잘 돌봐야겠네. 병원비 많이 들겠다"라면서 농담을 했다. 그러나 결혼 후 같이 살아보니 내가 더 병원 신세를 많이 졌지 이 사람은 아주 건강한 사람이었다.

007 작전 같았던 약혼식

나는 이 사람과 결혼하겠다고 확실히 결정했지만 어머니의 승낙을 받아야 하는 난제가 남아 있었다. 현복이는 작은형님 내외가 소개를 해준 사람인데 어머니와 작은형수 사이가 별로 좋지 않았기 때문에 걱정이 되었다. 거기다 어머니는 절에 다니시는데 성당을 다니는 아가씨라는 점도 염려되었다. 나는 먼저 작은누님과 의논을 했다. 작은누님은 "어머니가 너를 끔찍이 좋아하시니 네가 선택한 사람을 궁극적으로는 승인하실 것이다" 하며 다음과 같이 작전을 짜주셨다. 양가 어른들의 상견례를 약혼식과 한 방에 끝내자고 말이다. 이에 따라 어머니 생신에 맞춰 생신 상을 차려드리겠다고 해서 어머니를 모시고 나온 다음 현장에서 용서를 구하고 허락을 받아 약혼식 겸 상견례를 거행하기로 했다.

거사일이 되자 장소인 신신백화점 근처 한식당으로 사람들이 모였다. 어머니를 제외한 양가 어른들께는 사정을 미리 말씀드렸기 때문에 다들 미리 도착해 대기하고 계셨다. 그때 작은누님과 내가 어머니를 모시고 들어서자 어머니는 낯선 사람들을 발견하고는 낌새를 알아차리신 듯했다. 내가 곧 자초지종을 말씀드리자 잠시 망설이는 모습이던 어머니께서 모든 상황을 파악하신 후 장인 장모 쪽으로 몸을 돌리시고는 "잘 키우신 규수를 부족한 제 아들에게 보내주신다니 감사의 말씀을 어떻게 드려야 할지 모르겠다"고 말씀을 하시는 것이 아닌가? 순간 나는 넙죽 엎드려 어머니께 큰절을 드렸는데 죄송스러운 마음 때문에 일어날 수가 없었다. 그러자 어머니께서는 나를 일으키며 "점잖지 못하게 얘가 왜 이러느냐?"며 오히려 나를 달래주셨다. 나의 믿음대로 어머니께서는 내가 결정한 사항에 대해 100퍼센트 믿어주셨던 것이다. 시작할 땐 썰렁했던 약혼식이었지만 금세 화기애애한 분위기로 바뀌었고 많은 사람들의 축하 속에 우리 둘은 약혼의 예를 잘 마무리할 수 있었다.

약혼식 사진. 내 옆에 계신 분이 어머님이다.

약혼 후 2년이 지나 결혼하기까지 준비 또한 쉽지 않았다. 당시 아내는 서울에서 교편을 잡고 있었는데 결혼을 하면 내가 있는 부산으로 내려와야 하므로 학교를 그만두어야 했다. 그러나 우리는 당분간 맞벌이를 해야 하는 형편이었기 때문에 내가 서울로 올라오는 편이 바람직했다. 우리 둘은 궁리를 시작했다. 그러던 어느 날, 나는 마음을 단단히 먹고 공장장실로 찾아가 내 형편과 결혼 계획을 이야기한 후 서울에도 금성사 사무실이 있으니 서울로 보내달라고 요청을 했다. 그러나 공장장님은 "이 사람아! 들어온 지 2년밖에 안 됐는데 이른 감이 있지 않느냐? 공장 생활을 더하는 게 자네에게도 좋을 거야" 하시며 완곡히 거절을 하셨다. 나는 정중하게 다시 말씀드렸다.

"외람된 말씀이지만 동기 중에는 처음부터 서울 사무실에서 근무를 시작한 사람들도 있습니다. 그 친구들에 비하면 길진 않지만 저도 공장 현황을 어느 정도 경험했으니 선처를 부탁합니다."

당시 공장장님은 앞서 소개한 이희종 부사장이셨다. 다음날 나를 부르신 공장장님은 영등포 오디오(Audio) 공장에 차출 인력이 생겼으니 그곳으로 발령을 내겠다고 하셨다. 공장장님의 배려가 너무나 고마웠다. 그러나 한편으론 금형을 하다 제품 쪽으로 가서 새로운 일을 하게 되는 것이 약간 두렵기도 했다.

그런데 이틀 후 다시 공장장님이 나를 찾으시더니 영등포 오디오 공장 말고 마침 본사 기획과에 자리가 났으니 그쪽으로 가는 것이 더 좋겠다고 하시며 기획과로 발령을 내겠다고 하셨다. 나는 행운이 찾아왔다는 생각에 기뻐하며 서울로 올라갈 채비를 시작했다. 그런데 담당과장인 유건희 과장께서 나를 안 놓아주겠다고 난리셨다. 내가 마음에 들어서가 아니라 괘씸해서 못 보내겠다는 것이었다.

내가 공장장님께 발령 요청을 하면서 담당과장인 자신에게 먼저 이야기하지 않은 점이 섭섭하고 불편하셨다는 얘기였다. 나는 본의 아니게 과장님의 마음을 헤아리지 못한 점에 대해 사과를 드려야 했다. 그런데 사실 이런 사안은 과장님께 이야기한다고 될 일이 아니었다. 더욱이 몇 달 전 회식 때 크게 다퉈 내가 사과를 한 일이 있었기 때문에 유 과장님이 이렇게 완강하게 나올 줄은 미처 알지 못했다. 그러나 이미 발령이 난 상태였기에 잘못했다고 하면서 앞으로도 여러모로 도와달라고 말씀드릴 수밖에 없었다.

일주일 후 나는 서울로 올라왔다. 당시 종로에 있던 대왕빌딩 내 금성사 기획부서로 출근하자 김진억 기획부장과 김희순 기획과장이 반갑게 맞아주었다. 부임 인사를 드린 후 선배와 동료들을 찾아다니며 인사를 했다. 그런데 이상하게 며칠이 지나도록 사무실에 내 자리를 마련해주지 않았다. 자리 없이 최고 고참 옆에 의자만 가져다 놓고 고참의 심부름만 하며 일주일을 지냈다. 그런데 어느 날 기획전무인 최 전무실에서 이희종 부사장님이 역정을 내는 소리가 크게 들렸다. 이 부사장께서 서울로 출장을 오셨다가 최 전무에게 들르신 모양이었는데 무슨 일인지는 모르겠으나 최 전무님에게 단단히 화를 내고 계셨다. 오가는 얘기를 들어보니 김희순 과장이 특정인을 지명해 공장에 차출을 요청한 일이 있었고, 이 부사장께서는 필요한 스펙과 인력 수만 보내면 될 일을 지명차출을 했다며 화를 내고 계셨던 것이다. 덕분에 나는 이 부사장님께서 기획과에서 지명한 사람 대신 나를 이곳으로 보내셨다는 사실을 뒤늦게 알게 되었다. 그제야 놀란 김 과장은 부랴부랴 내 자리를 마련해주었다.

이런 배경 때문인지 그해 연말 인사이동을 통해 부산의 유건희 과장도 기획부로 와서 다시 나의 상사가 되셨다. 동료들은 웃으면서 "원수는 외나무다리에서 만난다더니 너는 이제 죽었다"며 농담을 했지만, 유 과장님과는 서로 호흡을 맞춰 불편함 없이 열심히 일할 수 있었다. 사업 초창기여서 그랬던 것 같은데 당시에는 기구 개편이 자주 이뤄졌다. 1년 정도 지난 후에는 이희종 부사장님도 서울사무소 총괄담당으로 부임하셔서 나는 다시 부사장님을 모시고 일하게 되었다.

세 번이나 나눠 찍은 결혼식 사진

드디어 결혼을 할 수 있는 최소한의 여건이 갖춰졌다. 사실 처음 결혼을 결심했을 때는 돈을 모아 자금을 만든 다음 당당히 결혼을 하려고 했다. 그러나 열심히 노력해도 돈이 모이지 않았다. 월급이 적기도 했지만 어머니 병원비가 크게 나갔기 때문이다. 결혼은 해야겠고 돈은 없고…… 부끄러운 이야기지만 궁여지책으로 신부될 사람에게 돈을 빌렸다. 우리 둘은 그렇게라도 함께 좋은 가정을 이루고 싶었다. 먼저 고교 동창인 정국효가 종로에서 운영하는 금은방에 가서 결혼반지를 저렴하게 맞췄다. 이어 낙원예식장에 가서 예식 장소를 계약했다. 결혼식 전날까지 이런저런 준비를 바쁘게 하는 바람에 이발도 하지 못한 채 자정 무렵 귀가를 했는데, 다행히 당일 아침 고교 동창인 김용승, 이정율과 함께 목욕을 하고 이발을 할 수 있었다. 그런데 큰일이 났다. 어떻게 하다 보니 예식시

결혼식 사진. 주례는 양옥룡 박사님께서 맡아주셨다.

간이 5분이나 지나버린 것이다. 다행히 용승이가 끌고 온 차로 신호까지 무시하며 질주해 10분 늦게 예식장에 도착해 큰 문제없이 결혼식을 마칠 수 있었다.

식이 끝나고 사진을 찍는 시간이 되었다. 중고등학교 동창, 대학교 동창만 해도 많이 왔는데 직장에서도 이 부사장님이 그날 출근한 선후배 전원을 데리고 참석을 하시는 바람에 사진을 찍어야 할 사람이 너무 많았다. 할 수 없이 세 번에 나누어 사진을 촬영해야 했다. 나를 축하해주러 오신 분들이 이렇게 많다는 사실이 고맙기도 하고 미안하기도 했다. 게다가 축의금을 받은 조카 원주가 예식장 비용을 지불하고 남은 금액을 모두 신혼여행을 떠나는 차 안으로 던져 넣어주었다. 큰형님이 아무도 이 돈에 손을 대지 못하게 하려고 막냇삼촌인 나에게 직접 챙겨주라고 시킨 모양이었다.

신혼여행은 원래 작은형님이 마련해주겠다고 하신 충주 온천호텔로 가서 2박을 할 계획이었지만 돈을 아끼기 위해 광나루 쉐

결혼 후 처음 불광동에 마련한 신혼 셋방에서 집사람과 함께

라톤 호텔에 가서 하룻밤만 자기로 했다. 신혼 첫날밤 호텔 방에서 들어온 축의금을 셌는데 정말 사람이 죽으란 법이 없는 모양이었다. 들어온 돈으로 예식장 값을 치른 후 결혼 준비하며 빌린 돈을 갚자 월세 방 한 칸을 얻을 돈이 정확히 남아 있었던 것이다. 다음 날 아침, 우리는 먼저 약수동 처가의 장인 장모께 인사를 드린 다음 큰형님 댁으로 가서 어머니께 인사를 드렸다.

신접살림을 차린 불광동 셋방의 세간살이는 처형들이 마련해준 옷장과 찬장이 전부였다. 가구 두 개를 방 한쪽에 일렬로 놓으니 딱 두 사람 나란히 누울 수 있는 공간만 남았다. 그래도 꿈만 같았다. 우리는 퇴근 때마다 서로 연락해 집에 들어갈 때 사가야 할 물건들을 상의했다. 첫날은 화덕을 사다 아궁이에 설치했다. 이걸로 밥도 해먹고 구공탄도 땔 수 있었다. 이렇게 의식주와 관련된 기본적인 살림도구들을 매일매일 구입해 귀가했다. 살림이 하나하나 늘어갔다. 이 재미는 경험한 사람만 알 수 있는 특별한 재미일 것이다. 궁상떤다고 할지도 모르겠다. 그러나 하나하나 살림을 키워가는 기쁨은 평생 기억에 남는 값지고 즐거운 추억이다. 부자 부모님들에게 많은 재산을 물려받아 편하게 사는 사람들은 결코 느낄 수 없는 진짜 재미다.

불광동 셋방은 아내의 단짝 친구인 고교 동창의 소개를 받아 얻은 동창네 바로 옆집이었다. 안채에는 주인 할머니가 막내아들과 단둘이 살고 계셨고, 바깥채에 약간 큰방과 작은방이 있었는데 그 중 작은방이 우리 집이었다. 이렇게 어렵게 신혼살림을 시작한 우리 둘은 열심히 일하며 열심히 저축했다. 그렇게 1년 동안 모은 돈으로 월세였던 방을 전세로 바꿀 수 있었다. 그 후에도 계속 열심히 살았고 열심히 저축했다. 그러자 다시 1년이 지난 후에는 옆의 큰방까지 전세로 얻어 어머니를 모셔올 수 있었다. 그리고 우리 큰아이 한주가 태어났다. 희망으로 눈부셨던 나날이었다. 혼자 살 땐 그렇게 모으려고 해도 모이지 않던 돈이 아내가 돈을 관리하자 한 달 한 달, 1년 1년마다 다른 세상으로 바뀌어 갔다. 결혼한 지 3년째 되던 해에는 다시 같은 동네의 방 두 개짜리 독채를 전세로 얻어 이사를 했다. 이 집에서 둘째 철주를 낳았다.

저축의 위력과 두 아들의 출산

이 동네에 살면서 두 아들을 낳았을 때만큼 기뻤던 일도 없던 것 같다. 출산 예정일이 임박하자 아내는 서대문의 박도순 산부인과에 입원했는데 일주일이 지나도 아기가 나오질 않았다. 그런데 초조한 마음으로 병원을 지키다가 급한 일이 생겨 사무실에 가자마자 곧바로 장모님에게서 연락이 왔다. 딸아이가 태어났다는 소식이었다. 동료들에게 딸이라고 말하자 다들 "손해 봤네" 하면서 반쪽짜리 축하를 건넸다. 나는 아들딸 구별하지 않고 아기가 무사히 태어나기만 빌었는데 아무래도 그때까지는 아들 선호사상이 컸던 것 같다.

그런데 병원으로 달려와 보니 딸이 아니라 아들이었다. 큰아들 한주가 세상에 태어난 것이다. 알고 보니 아빠에게 처음 출산 소식을 전할 때 아들을 딸이라고 해야 아기가 무명 장수한다고 생각하는 풍습 때문에 장모님께서 일부러 그러신 거였다. 나는 아내와 핏덩이 아기를 불광동 집으로 데려온 후 방에다 연탄난로를 뜨끈뜨끈하게 피웠다. 난로 위에는 주전자를 올려 물을 끓였다. 산모와 아기 모두 감기에 걸리지 않도록 온도와 습도를 적정하게 유지하기 위해서였다. 사랑스런 아내와 눈에 넣어도 아프지 않은 아들, 따뜻한 난로 위 주전자에서 모락모락 피어오르는 뽀얀 김…… 그때의 행복감은 무엇으로도 표현할 수 없었다.

동서들과의 외식 자리

독채 전셋집에는 방 두 개와 거실이 있었다. 부엌도 따로 있었고 화장실도 집 안에 있었다. 이런 좋은 집을 독채로 얻자 부자가 된 기분이 들었고 아내가 은행처럼 보였다. 이 집으로 이사한 후 1년 정도 지나 둘째 철주가 태어났다. 이미 경험을 했기 때문에 예정일이 되었어도 집에서 꾹 참다가 산기가 오자 집 건너편에 있는 산부인과에 가서 철주를 순산했다. 아이가 둘이 되다 보니 육아 문제가 더 심각해졌다. 한 명까지는 어머니께서 잘 봐주셨지만 둘은 아무래도 무리였기 때문이다. 또한 아내는 계속 직장생활을 해야 했다.

그러자 장모님께서 장사를 하시는 당신 대신 집에서 잔일을 봐주던 여자아이를 우리 집으로 보내주셨다. 덕분에 어머니께서 이 아이의 도움을 받아 한주와 철주를 계속 키워주실 수 있었다. 나는 점점 회사 일이 많아져 집안일을 돕기 어려웠고, 아내 역시 학교 선생을 계속하면서 아이들을 키웠다. 매일 저녁 집에 돌아온 아내의 다리는 퉁퉁 부어 있었다. 아내는 온몸에 퍼진 통증으로 밤마다 끙끙 앓으면서도 육아와 회사 일 모두 최선을 다했다.

그즈음 금성사 서울사무소가 종로 대왕빌딩에서 서울역 앞 당시 대우빌딩으로 이사를 했다. 그곳에서 구매업무를 하던 어느 날 퇴근 무렵이었는데 바로 윗동서에게서 전화가 왔다. 지금 회사 지하 다방에서 기다리고 있으니 퇴근하면 곧바로 내려오라는 것이었다. 무슨 이유인지도 모르고 내려가자 동서가 나를 납치하듯 자신이 살고 있는 서부이촌동 아파트로 데리고 갔다. 처형 댁에 도착하자 처가 식구들과 아내가 잔칫상을 차려놓고 나를 기다리고 있었다. 그날은 내 생일이었다. 평소 생일도 모르고 살던 나였기 때문에 그제야 상황을 파악한 것이다. 성인이 된 후 모처럼 받게 된 생일상에 너무나 기뻤다.

알고 보니 처가 식구들은 동서들이 돌아가면서 다른 동서의 생일을 챙겨주고 있었는데, 이런 관례는 아주 좋은 것이라 생각한다. 이를 통해 동서들끼리 서로 화목해짐은 물론 가족 모두가 더욱 화기애애한 분위기를 만들 수 있기 때문이다. 이제는 두 분이 돌아가셔서 한 분만 남았지만 우리 동서들끼리는 여전히 우애 있게 지내고 있다. 이런 화목도 모두 집사람을 통해서 얻은 것이다. 나는 늘 아내를 만난 것은 행운이었고, 아내와 결혼한 나는 행복한 사람이라 생각하며 항상 고마움을 간직하고 있다. 정말로 아내는 나의 구

세주였다. 아내는 시어머니와도 친 모녀지간처럼 잘 지냈다. 장모님도 우리 어머니와 친자매처럼 지내셨다. 장모님은 남대문시장에서 장사를 하셨는데 틈만 나면 사돈인 어머니를 모시고 전국을 여행하러 다니셨다. 장모님은 우리 어머니보다 몇 살 연하셨는데 항상 사부인이라 하지 않고 형님이라고 부르셨다.

그런데 한번은 장모님이 나를 부르시더니 "내가 여행 가서 자네 어머님에게 용돈을 드렸으니 그걸 내놓으라"고 하시는 것이었다. 그래서 내가 "집사람을 통해 매달 어머니께 용돈을 드리고 있고 장모님이 좋아서 또 드렸으면 그만이지 왜 나에게 그걸 달라고 하시냐?"고 묻자 장모님께서 "사내 녀석이 왜 그 모양이냐? 내 속으로 난 자식이지만 계집년이 드렸으면 얼마나 드렸겠냐. 아들이 가끔 목돈을 드려야 한다. 아들이 주는 것과 며느리가 주는 게 같냐?"고 하시며 역정을 내시는 것이었다. 나는 장모님의 꾸지람이 꾸지람으로 들리지 않았다. 속으로 고맙기도 했고 지당한 말씀이란 생각도 들었다. 이후부터는 집사람이 정기적으로 드리는 용돈과는 별도로 가끔씩은 내가 직접 어머니께 용돈을 드렸다.

박석고개 모퉁이 나의 첫 집

결혼한 지 4년째 되던 해 나는 삼성전자로 스카우트돼 금성사를 그만두었다. 당시 삼성전자는 이제 갓 창업한 신생 회사였다. 매탄벌 60만 평 대지 위에 달랑 콘세트 네 채를 지어 놓았을 뿐이었다. 그중 한 채는 사무실 겸 창고였고, 또 한 채는 반으로 나눠 공무 및 금형공장과 오디오공장으로 쓰고 있었다. 나머지 두 채는 흑백 TV 생산공장을 만들 준비를 하고 있었다.

나는 매일 새벽 일찍 수원으로 출근해 자정 가까이가 돼서야 불광동 집에 돌아오기를 반복하고 있었다. 그런데 어느 날 조금 일찍 퇴근을 해서 돌아오니 집이 텅 비어 있었다. 나도 모르게 이사를 간 거였다. 화들짝 놀라 옆집 친구에게 물으니 이 친구도 아무것도 모른다는 것이었다. 할 수 없이 집 문턱에 앉아 있자니 한 시간 정도 지나 누님이 나타나셨다.

"이 사람아! 무심도 하지. 집사람이 사방팔방 그렇게 애쓰고 있

내 소유의 첫 집에서 한주와 철주

는데 가장이 되어서 집안일에 이리도 무심할 수가 있나?"

몇 마디 핀잔을 주신 누님이 나를 데리고 삼송리에 있는 박석고개 옆으로 올라가셨다. 한참을 따라가자 군사 경계선 표시가 있는 꼭대기 끝에 막다른 골목집이 하나 나왔다. 문을 두드리니 어머니와 집사람이 나와서는 '이해민' 이라는 이름이 적힌 문패를 건네며 대문 옆에 이를 걸라고 하는 게 아닌가? 이 집이 내 집이라는 거였다. 깜짝 파티에 나는 꿈길을 걷나 싶었다. 알고 보니 아들이 신생 회사로 자리를 옮겨 정신없이 일하는 모습을 본 어머니께서 집사람에게 이 사실을 나에게 알리지 말고 어떻게 하는지 보자고 하셨던 것이다.

대지 80평 건평 44평 8홉 6작의 나의 집이 생긴 것이다. 태어나 처음으로 장만한 내 명의의 집이었기 때문에 지금도 이 집의 스펙을 잊을 수가 없다. 여기서 두 아이들이 유치원에 다닐 때까지 살았다. 사내아이 둘은 이 집에서 마음껏 뛰어놀 수 있었다. 남의 집 세를 살 땐 아이들이 조금만 소란을 피워도 주인집 눈치 보느라 제재를 했기 때문에 아이들에게 항상 미안한 마음이었다. 그러나 이 집은 우리 가족만의 집이니 다른 사람 신경 쓰지 않고 편하게 생활할 수 있었다. 둘이 번 돈을 집사람이 알뜰살뜰하게 저축하고 관리해서 이룬 결과였다.

가수왕 금성사에서 신인가수 삼성전자로

집이 생겼어도 나의 치열한 생활에는 변함이 없었다. 아이들이 한창 아빠를 찾을 시기였지만 회사 일에 전념하지 않으면 안 될 상황이었다. 새벽 5시에 집을 나와 버스를 타고 서울역에 도착하면 7시가 조금 못 되었다. 잠시 후 7시 정각에 마이크로 출근 버스가 서울역에 도착하면 이를 타고 수원 매탄동 공장으로 출근했다. 당연히 퇴근은 정해놓은 시간이 없었다. 신규사업 기획을 위해 해외의 기술제휴 라인을 물색했고, 사업자금 마련을 위해 은행들을 쫓아다녔다. 또한 인허가 신청 등 정부 각 부처를 대상으로 하는 대관업무도 쏟아졌다.

나는 대관업무를 효율적으로 하기 위해 강진구 대표이사의 허락을 받아 우리 팀을 데리고 서울로 올라왔다. 그래서 다행히 출퇴근 시간이 많이 줄어들었다. 하지만 얼마 안 있어 공장이 완공되고 생산이 시작되자 다시 수원에서 근무를 하게 되었다. 게다가 퇴근 시간이 더욱 늦어졌기 때문에 삼송리 집에서 출퇴근하는 일은 도저히 불가능했다. 할 수 없이 동료와 함께 매탄동 공장 옆에 방을 하나 얻어 잠을 자고 식사는 공장에서 모두 해결하면서 일을 했다. 그때 같이 방을 쓴 동료가 안기훈이었는데, 그는 나중에 삼성코닝 부회장까지 올랐다가 근무 중 순직했다.

주말 부부가 되니 어린 두 아들이 아빠의 얼굴을 기억하기 힘들 정도가 되었다. 주중은 물론 주말에도 집안일을 도울 수가 없었기 때문에 집에서 일어나는 모든 일은 아내의 몫이었다. 그런데도 아내는 불평 한마디 없이 모든 일을 묵묵히 해냈다. 이것이 바로 내가 회사에서 인정받으며 성과를 낼 수 있는 힘이었다. 큰아들 한주가 국민학교 4학년이 될 때까지 나는 한 달에 한두 번 정도만 가족들의 얼굴을 볼 수 있었다. 두 아들은 성격 형성에 있어 가장 중요한 시기를 아버지 없이 할머니, 엄마와만 보낸 것이다. 그럼에도 불구하고 아이들은 밝고 바르게 자랐다. 유치원에 다녀온 후에는 근처 움막에 사는 친구들과 놀곤 했고, 친구들을 위해 도시락을 싸달라고 해서 같이 먹기도 했다. 집에서 놀 때도 둘이 힘을 합쳐 마당을 청소하는 등 어린 나이에도 집안에 도움이 되는 행동들을 많이 했다. 가끔씩 이런 모습을 보며 아이들이 잘 자라고 있구나, 안심을 하곤 했다. 이 역시 아내의 공로였다. 아내는 역시 보통 사람이 아니었다.

시간이 좀 더 지나 회사가 TV를 본격 양산하고 냉장고나 선풍기 같은 여러 생활가전 제품들도 안정적으로 생산하게 되자 이를 위한 컴프레서(Compressor) 사업도 안정화가 되었다. 컴프레서가 본격 생산되면서 주무를 담당하던 나도 조직 안에서 점점 중요한 역할을 맡게 되었다. 일의 성격이 중요해짐에 따라 직위는 올라가고 부하직원들은 늘어났으며 급여 역시 많아졌다.

이에 따라 우리 집은 정든 삼송리를 떠나 강남의 24평 아파트로 이사를 했다. 이후 사업이 더욱 확장되면서 집도 점점 넓혀갈 수 있었다. 이직 후 10년 만에 임원이 되자 회사에서 자동차도 나왔고 이를 타고 강남 집에서 회사까지 편하게 출퇴근도 할 수 있게 되었다. 새벽 5시에 집에서 나와 버스를 몇 번이나 갈아타며 출근을 했던 시절에 비해 감개무량한 발전을 이룬 것이다.

그러나 부장을 거쳐 임원이 되었어도 일의 강도는 하나도 줄어들지 않았다. 주위의 동료나 부하직원의 가정에서도 하나둘씩 문제들이 불거졌다. 어떤 과장은 격무가 멈추지 않다 보니 친정으로 가버린 부인이 돌아오질 않았다. 일 때문에 발생한 사건이 분명했기 때문에 나는 해당 과장과 함께 부인에게 회사의 사정을 차근차근 설명하기도 했다. 집사람 때문에 신경을 쓰거나 고생하는 일이 하나도 없던 나로서는 생소한 일이었다. 이런 일을 겪을 때마다 아내에 대한 고마움이 더욱 커질 수밖에 없었다.

희생은 성공의 씨앗

적지 않은 시간을 살아온 인생 여정을 통해 나는 어느 시기에는 반드시 스스로를 희생해야만 남들에게서 인정받을 수 있다는 사실을 깨달았다. 물론 부모 덕에 재산을 물려받거나 처음부터 높은 직책을 물려받는 사람들도 있긴 하다. 그러나 이런 사람이 사회에 얼마나 될까? 대부분은 노력하지 않으면 안 되는데 헛된 꿈을 꾸거나 남이 잘된 것만 보면서 시기하고 좌절하며 스스로 파멸을 유도한다. 참으로 안타까운 일이다. 나는 정말 한 푼도 없이 아내와 함께 노력하여 인정받는 조직의 리더가 될 수 있었다. 나 역시 나이 쉰이 되기 전까진 모든 게 불안했다. 그러나 30~40대 시기를 이를 악물고 이겨내자 조직에서는 물론 경제적인 부분에서도 나름대로 안정을 이룰 수 있었고 문화생활도 영위할 수 있었다. 젊은 날의 희생은 반드시 훗날의 인정과 안정으로 되돌아온다.

국내 가전사업이 어느 정도 안정 궤도에 올라가자 회사에서는 글로벌 사업의 필요성이 대두되었다. 이에 따라 나는 상무 진급과 함께 미국 초대 법인장이 되었다. 미국에 공장을 세워 미국과 멕시코를 대상으로 사업을 벌이기 위함이었다. 또한 이를 기반으로 중국 진출까지 준비하는 것을 목표로 잡았다. 당시 우리나라는 중국과 국교가 이뤄지기 전이었기에 중국시장을 공략하기 위해서는 대한민국이 아닌 미국 법인이 필요했다. 나는 10여 년 동안의 미국생활을 통해 목표로 세웠던 공장 설립, 북미시장 개척, 중국시장 진출 준비를 어느 정도 이룬 후 본사로 귀임할 수 있었다.

그런데 미국에 가기 전에 구멍가게 같은 공장을 운영하던 사람들이 어엿한 삼성전자 협력업체 사장이 되어 있었다. 이들 회사는 적게는 300억, 많게는 수천 억대의 매출을 올리고 있었다. 사실 이들 중에는 경쟁에서 밀려 취직을 못하고 조그만 공장을 시작한 사람들이 많았다. 미국으로 나가기 전엔 대기업 직원들을 마냥 부러워했던 사람들이었다. 하지만 시간이 흐르자 다들 자녀들을 외국으로 유학 보내놓고 윤택한 삶을 누리고 있었던 것이다.

나는 이 모습을 통해 다시 한 번 희생이 모든 성공의 씨앗이라는 사실을 확인했다. 샐러리맨이든 자영업자든 젊었을 때 20여 년을 좀 더 희생할 때 50대에 접어들 즈음부터 가족들과 삶을 즐길 수 있음이 분명하다. 이 세상에 희생 없는 대가는 없다. 있더라도 공허할 뿐이다. 따라서 50대 이후의 즐거움을 인생의 목표로 삼아야 한다. 21세기 초반을 살아가는 이 땅의 젊은이들도 초조함을 버리고 인내를 발휘하길 간절히 바란다. 지금의 희생을 이겨내며 열심히 노력해서 50대에 이르렀을 때 가족과 아름다운 인생을 누리는 목표를 세우고 계획을 설계했으면 하는 바람이다.

이제 70대 중반을 넘으면서 주위를 돌아보니 그래도 해놓은 것이 많다는 생각이 든다. 우선 벌써 40대 중반을 넘어선 두 아들 모두 자녀들을 셋씩 두고 자기 사업을 하느라 바쁘게 지내고 있음이 뿌듯하다. 손주들을 생각해도 기쁘고 감사한 마음이 든다. 다섯 손주가 모두 두 살 터울로 큰손주는 고등학교 2학년이고 막내 손주는 초등학교 3학년인데, 작년 12월에 둘째 아들이 예쁜 딸아이를 한 명 더 낳아 손주가 여섯이 되었다. 아마도 돌도 되지 않은 막내 손주가 어른이 되는 모습을 이 세상에서 보기는 힘들

S.I.I. 집무실에서 뉴저지 주 상원의원과 함께

것 같다.

아들들이 이처럼 장성했지만 내 눈에는 아직도 어리게만 보여 가끔 간섭을 하게 되는데, 그럴 때면 집사람에게 핀잔을 듣곤 한다. 그러면 뒤늦게 내가 쓸데없는 기우(杞憂)를 했구나 하며 뉘우친다. 얼마 전 페이스북(Face Book)에 큰아들이 올려놓은 옛날 사진 한 장을 보았다. 내가 미국에서 S.I.I.(Samsung International Incorporation LTD) 사장이었을 때 뉴저지 주 상원의원(Senator) 한 명이 우리 회사에 방문해 내게 액자를 건네는 사진이었다. 당시 〈뉴욕 타임스(New York Times)〉에 나와 관련된 기사가 내 사진과 함께 크게 게재되었는데 이 분이 해당 신문 지면을 전달했던 것이다. 아들은 이 사진을 올려놓은 페이지에 당시 아버지 연세와 자신의 지금 나이가 같다는 글을 기재했다. 40대 시절의 아버지처럼 40대의 자신 역시 글로벌 비즈니스를 위해 정신없이 뛰고 있다는 의미였다.

아들이 올린 사진 덕분에 모처럼 옛날 앨범을 꺼내보았다. 그러자 6.25 이전 것으로는 유일하게 남아 있는 사진 한 장 속의 내 모습이 보였다. 사진 속의 꼬마 이해민은 정말 남루한 옷을 입고 있었다. 당시는 대부분의 삶이 그랬지만 그 사진과 지금의 처지를 비교하자 하늘과 땅의 차이가 느껴졌다. 그러면서 페이스북에 지금 자기 나이였던 아버지의 사진을 올린 아들의 마음을 생각해봤다. 아마 수많은 역경을 딛고 일어선 아버지의 모습을 생각하며 아들 역시 느끼는 바가 많았던 모양이다.

한창 아빠가 필요한 나이에 집을 비우다시피 했지만, 아내는 나의 공백을 거뜬히 메워주었다. 아내로부터 받은 넘치는 사랑과 따뜻한 정이 지금 아들들의 멋진 인간미를 만들지 않았을까 생각한다. 내가 볼 때도 두 아들은 참 잘 자라주었다. 그럼에도 나는 엄청나게 변한 세상과 속절없이 지난 시간을 제대로 깨닫지 못한 채 아직도 아들들의 사업을 걱정하고 별것 아닌 일들에 신경을 쓰고 있었던 것이다. 이제는 세월이 많이 지나 잊어야 할 것은 잊고 버려야 할 것은 버리겠노라 생각한다. 글을 쓰는 지금도 이미 늦은 감이 있지만, 늦었다고 생각할 때가 적기라는 말을 명심하면서 단단한 각오로 실천을 다짐한다.

냉장고용 컴프레서 사업 프로젝트

삼성전자로 옮긴 나는 기획부서의 뉴 프로젝트(New Project) 담당으로 업무를 시작했다. 이때 윤종화, 한일석, 김준을 데리고 신규사업을 기획하면서 당시 수출과장이었던 이남욱 과장의 협조를 받아 켈비네이터(Kelvinator)와의 기술제휴를 성사시켰다. 그리고 공장 운영의 주재료인 주물작업을 위해 윤인탁을 픽업하여 김준을 돕도록 했고, 최병호를 컴프레서 부서로 데려와 나를 도와 켈비네이터로부터 기술 인수 작업을 하게 했다. 공장 건설을 마친 후에는 이들 조직을 부품사업부로 발전시켰다. 김연수 사업부장을 모셔 본격적인 생산체제를 구축했고, 나는 관리부장을 맡아 관리과장 심수보, 자재과장 박장길, 총무과장 김창무 등과 함께 자재업체 등을 구축했다. 생산에 들어가면서부터는 직접 생산을 총괄하면서 손욱, 김규남, 박종량 등을 영입했고 모터 생산을 위해 최성순, 유재욱 등을 추가로 영입해 사업을 성공리에 추진했다. 이들의 노고는 성공을 위한 굳건한 주춧돌이 되었다.

금성사에서 삼성전자로 회사를 옮기게 된 데는 남다른 사연이 있다. 1973년 10월, 나는 삼성그룹 이건희 이사의 요청에 당시 동양방송 기술이사였던 강진구 이사를 만났다. 옛 중앙일보 빌딩 건너편에 있는 일식집에서 만나자 강 이사가 컴프레서 추진을 위

하이츠(Mr. Heits) 씨와 함께

해 내게 삼성전자 입사를 제안했다. 그러나 여러 여건을 이유로 미루어오던 차였는데 강진구 이사의 상무 진급 및 삼성전자 대표이사 취임이 내정되자, 다시 한 번 나에게 프러포절(Proposal)을 한 거였다.

드디어 거듭되는 요청을 받아들인 나는 삼성전자 기획부서의 뉴 프로젝트 담당으로 출근을 시작했다. 그러나 새로운 사업을 위한 준비는 아무것도 되어 있지 않았다. 나는 먼저 좋은 사람들을 모으는 작업부터 시작했다. 그리고 어떤 제품이든 개발을 위해선 우선 제품을 만드는 주재료를 저렴하고 원활하게 확보할 수 있어야 한다. 그런데 당시 삼성전자는 회사 내 주물공장을 통해 직접 정밀 주조를 하고 있는 금성사와 달리 컴프레서의 주재료를 만드는 주물공장을 갖고 있지 못했다. 이에 나는 금속을 전공한 김준

씨를 영입하는 한편, 강진구 대표이사 상무에게 부탁해 미국의 주물 전문가 하이츠(Mr. Heitse) 씨를 초청해 그의 도움을 받아가며 김준 씨와 함께 국내 주물업체들의 현황을 파악함과 동시에 정밀 주조를 위한 대책을 마련했다.

당시엔 부산에 있는 신일금속과 미진금속이 우리나라에서 가장 큰 주물업체였다. 나는 우선 이 두 회사를 방문해 정밀 주조의 가능성에 대해 논의했다. 이를 통해 신일금속을 파트너로 선정한 후 자금과 기술을 지원해 정밀 주조 생산을 준비하도록 했다. 신일금속에 대한 기술지원 파트너로는 미국의 댈튼 파운드리 컴퍼니(Dalton Foundry Company)를 섭외했다.

첫 작품은 컨테이너 코너 캐스팅이었다. 그런데 의외로 처음부터 쓸 만한 것이 나오자, 곧바로 우리는 블럭을 시도하면서 컴프레서 기술을 위해 라이센서(Licensor)를 찾는 작업에 착수했다. 내가 오기 전까지 전임자들은 기술제휴 선을 잡기 위해 도시바나 산요 같은 일본 업체들을 접촉했지만 계속 거절을 당하고 있었다. 하지만 나는 원래 냉장고용 컴프레서는 제너럴 일렉트릭(Generla Electric, 이하 GE)이나 히타치의 스코치 요크(Scotch Yoke) 타입보다 피스톤 콘로드(Piston Conrod) 타입이 향후 대형화를 위해 유리하다고 보았다. 이에 아예 처음부터 피스톤 콘로드 모델을 시작한 미국에서 라이센서를 찾기로 결심했다.

나는 강 대표님께 보고한 뒤 수출부 이남욱 과장의 도움을 받아 미국의 GE, 웨스팅하우스(Westing House), 코펄랜드(Corporland) 등에 편지와 텔렉스를 보냈다. 그러나 아무런 회신도 받지 못했다. 당시엔 제대로 된 삼성그룹 소개 자료도 없었고 더욱이 새롭게 태동 중인 전자회사의 브로슈어도 있을 리 만무했다. 따라서 삼성은 커녕 대한민국이 어디에 있는지도 잘 몰랐을 미국 회사들에게 소개 자료도 없이 협조를 요청하니 콧방귀도 뀌지 않았던 것 같다.

나는 직접 부딪히기로 결심했다. 방법이 그것밖에 없었다. 직접 출장을 가서 각 회사들을 차례로 방문하기로 결심한 후 미국으로 날아갔다. 맨 처음 피츠버그에 있는 웨스팅하우스를 방문해 본사 스태프들과 협의한 후 콜럼버스 공장을 방문해 제품 현황과 조건들을 들었다. 다음엔 켄터키 주 루이빌(Louisville)에 있는 GE를 찾아 공장과 제품의 현황을 살폈다. 쇼룸(Show Room)을 방문해서는 방명록에 한글로 방문기념 사인을 남겼다. 이후 라이선스 담당 디렉터(Director)에게 한국의 시장 현황과 우리 회사의 공장 건설 계획을 소개했다.

그러나 돌아온 것은 냉장고용 컴프레서는 최소 1시프트(Shift) 200만 대는 생산해야 사업성이 있으므로 한국에서는 생각도 하지 말라는 차가운 대답뿐이었다. 그러면서 자기들에게서 컴프레서를 수입해 냉장고를 생산하는 것이 가장 바람직하다는 강력한 충고까지 들어야 했다. 맞는 말이었기 때문에 반박할 수는 없었다. 결국 출국할 때 품었던 의욕은 사라지고 실망만 가득 안은 채 귀국 길에 올랐다. 혹시나 하는 마음으로 일본에 들러 산요 등의 업체를 방문하기도 했으나 역시 차가운 냉대만 받은 후 쓸쓸히 돌아올 수밖에 없었다.

라이선스 찾아 3만 리

그러나 라이선스 찾는 일을 포기할 수는 없었다. 나는 웨스팅하우스를 방문했을 때 5년 후에는 현재 공장을 가동 중단(Shut Down)할 계획을 말했던 사람에게 장문의 편지를 보내 미국 내 또 다른 업체를 소개해 달라고 간곡히 부탁했다. 그러자 그는 미시간 주 그랜드 래피드(Grand Rapid)에 있는 켈비네이터(Kelvinator)를 소개했다. 그래서 사라져 가던 기대를 되살리며 2차 미국 방문 계획을 세우고 있었는데 갑자기 강 대표께서 나를 불러 청천벽력 같은 이야기를 건넸다. 나더러 금성사로 돌아갔다가 추후 다시 삼성전자로 와야겠다는 말씀이었다.

처음에는 무슨 말인지 몰랐지만 자초지종을 들어보니 이해가 되었다. 나는 금성사를 그만둘 당시 여러 이유로 삼성으로 이직한다는 말을 못하고 영등포에 있는 선배네 회사 공장의 공장장으로 가게 되었다는 구실을 대며 사표를 냈었다. 그런데 금성사의 선풍기 과장이 GE 미국 본사를 방문했다가 쇼룸 방명록에 적힌 내 서명을 본 것이다. 나중에 사장까지 했던 이분이 돌아와 당시 금성사 박승찬 사장에게 보고를 했고, 박 사장이 우리 회사 강 대표에게 클레임(Claim)을 세게 건 것이었다.

당시 두 회사 간에는 인재를 서로 빼가는 것을 방지하기 위한 일종의 신사협정이 있었던 모양이었다. 이 일로 실제로 나는 금성사로 돌아갔다 얼마 후 다시 삼성전자로 돌아오는 해프닝을 벌일 수밖에 없었다. 당시의 기억은 여러모로 곤란했던 일밖에 생각이 나질 않는데 아무튼 금성사도 어차피 나는 삼성으로 갈 사람이라고 생각했던 것 같다. 그래서 큰 어려움 없이 다음해 1월 3일 삼성전자로 복귀할 수 있었다.

복귀 후 나는 곧바로 켈비네이터에 방문하고자 미국행 비행기에 탑승했다. 당시 미국 본토로 가는 모든 비행기는 반드시 하와이를 거쳐 연료를 재충전해야 했다. 그런데 내가 탄 대한항공 비행기가 하와이에 도착해 한 시간 정도 연료를 충전하고 다시 출발하려는 순간이었다. 갑자기 비행기가 폭발할 수도 있으므로 승객들은 모두 재빨리 비행기에서 내리라는 기내방송이 다급하게 울렸다. 그래서 승무원들의 안내에 따라 긴급히 대피한 후 지상에서 대기하고 있는데, 몇 시간이 지나자 항공사 직원들이 미국 본토로 바로 떠날 사람과 하와이에서 하룻밤을 자고 갈 사람을 분류했다. 나는 잠을 못 자더라도 빨리 가야겠다는 생각에 밤 비행기를 타고 LA에 도착했다.

예정보다 몇 시간이나 늦게 도착하자 공항에서 만나기로 했던 이남욱 과장은 메모만 남겨 놓은 채 잠을 자러 가고 없었다. 그런데 LA에서 시카고로 가는 비행기가 예정되어 있었기 때문에 LA에 체류할 수 있는 시간은 네 시간밖에 없었다. 어쩔 수 없이 공항 공중전화 부스에 있는 의자에서 새우잠을 잔 나는 아침 일찍 약속했던 장소로 갔다. 그러나 켈비네이터에 같이 가기로 했던 이 과장은 그곳에도 나타나지 않았다. 어찌된 일인지 걱정도 되고 안내해 주는 사람이 없어 많이 불편하기도 했지만, 별수 없이 혼자서 시카고 행 비행기를 타야 했다. 그런데 시카고 공항에 도착한 후 그랜드 래피드로 가는 환승 비행기에 오르자 그토록 애타게 찾던 이남욱 과장이 비행기 안에서 나를 향해 손을 흔들고 있는 게 아닌가. 그때 부글부글 끓는 화를 애써 참았던 일이 지금도 또렷하게 기억난다.

그랜드 래피드는 조그만 농촌도시 같은 느낌이었다. 홀리데이 인(Holiday Inn)에 여장을 푼 후 우리는 켈비네이터의 라이선스 운영(License Operation) 팀을 방문했다. 거기서 디렉터인 히치콕(Mr. Hitchcock) 씨의 안내를 받으며 본사와 공장을 둘러보고 사장인 미들턴(Mr. Middleton) 씨를 만났다. 컴프레서 라이선스에 대한 얘기를 꺼내자 미들턴 사장은 의외로 적극적인 태도를 취했다. 진심을 다해 사업의 손익분기점(Break Even Point)에 대한 의견을 묻자, 그는 1 시프트 25만 대, 즉 2시프트를 돌려 50만 대를 생산해야 한다고 이야기했다. GE에서 들은 1시프트 200만 대와는 차이가 너무 커서 의심이 되기도 했지만 반가운 마음을 감출 수는 없었다.

그러나 이 역시 우리의 실정과는 괴리가 컸기에 고민은 계속되었다. 호텔로 돌아온 나는 잠을 이루지 못한 채 생각에 몰두했다. 의논할 사람도 없었지만 있다고 해도 나 혼자 해야 할 고민이었다. 당시 우리나라 냉장고 시장은 연간 10만 대가 고작이었다. 그걸 놓고 금성사와 대한전선 두 회사가 싸우는 상황이었는데 거기에 우리 삼성전자까지 들어가 얼마를 해낼 것이냐 하는 문제였다. 2시프트 50만 대라고 해도 컴프레서 라이선스 문제는 국내 냉장고 시장만으로 어차피 해결할 수 없는 상황이었던 것이다.

그때까지 금성사는 일본의 히타치에서, 대한전선은 도시바에서 컴프레서를 수입해 쓰고 있었다. 삼성전자 역시 마쓰시타(Matsushita)와 산요(Sanyo)에서 적은 양을 수입하고 있었다. 이런 상황에서 2시프트 컴프레서 공장을 가동할 때, 시간이 얼마나 지나야 생산량(Capacity)을 충족할 수 있을지 앞날이 까마득할 뿐이었다.

굴러온 돌이란 눈초리를 이겨내며 만든 부품사업부

그때 나는 바꿔 생각해봤다. 컴프레서를 많이 만들어봤자 국내 시장에서 다 쓸 수는 없다, 그렇게 되려면 많은 시간이 필요하다, 그러나 컴프레서는 반드시 필요하다…… 그렇다면 컴프레서 역시 부품이니까 우리도 일본 회사들처럼 부품으로 세계에 수출을 하면 되지 않을까 생각한 것이다. 50만 대를 생산해 일부만 우리 제품을 만드는 데 쓰고 나머지는 전부 수출하겠다는 방향을 잡으니 마음이 한결 가벼워졌다. 나아가 귀국해서 본격적으로 일을 추진할 생각에 가슴이 두근거리기까지 했다. 당시는 한겨울이었고 한국 시간으로 새벽 1시쯤이었는데 나는 곧바로 강진구 대표이사께 전화를 걸었다.

강 대표는 당연히 주무시다 전화를 받았다. 주무시는데 죄송하다고 말씀드리자 강 대표는 오히려 "자네는 객지에서 그 고생을 하고 있는데 나는 따뜻한 안방에 누워 있으니 아무 염려 말고 보고하라"고 말씀하셨다. 나는 차근차근 내 의견을 말씀드렸다. 현재 국내 실정을 감안하면 무리가 분명하지만 세계적으로 볼 때 부품으로서의 컴프레서는 공급이 많이 부족하다, 공장을 건설해 본격적으로 생산하려면 3년에서 5년은 걸릴 텐데 그때 50만 대 생산량은 그리 많은 양이 아니다, 도리어 소진량이 더 많을 수도 있다, 사업성을 고려할 때도 50만 대 규모는 되어야 한다고 말이다.

따라서 켈비네이터의 제안을 수락한 후 귀국하겠다고 말씀드리자 강 대표는 쉽게 답변을 못하고 한참을 생각하다가 마침내 내 생각대로 적극 추진해보라고 대답하셨다. 그러면서 그동안 고생했으니 뉴욕에 가서 며칠 쉬었다 들어오라고 위로까지 해주셨다. 이후 나는 켈비네이터와 MOU를 체결한 후 뉴욕으로 가서 삼성물산 직원들과 친구들을 만나 켈비네이터에 대한 여러 정보를 부탁한 후 귀국 길에 올랐다.

오는 길에 일본에 들렀는데 아니나 다를까 이해민이 미쳤다는 소문이 벌써 일본까지 퍼져 있었다. 컴프레서 프로젝트 추진하다가 회사를 들어먹겠다는 얘기였다. 다음날 귀국해 공장에 출근하니 소위 '오리지널 삼성맨'이라는 사람들이 이구동성으로 정신없이 나를 비난했다. 의욕만 앞선 무리한 계획이라는 논리였다. 어느 정도 일리가 있는 말들이었지만 나의 의욕을 꺾진 못했다. 도리어 '기계사업을 못해봐서 하는 얘기일 뿐 5년 후에 어떤 성과가 나오는지 한번 보자' 하는 오기가 생겼다.

나는 대표이사께 삼성에서만 잔뼈가 굵은 부장급 이상 오리지널 삼성맨 한 명을 추천해달라고 부탁했다. 그분을 상사로 모시고 일을 추진해야 박힌 돌들의 의심을 이겨낼 수 있다는 생각 때문이었다. 그러자 강 대표는 나중에 삼성중공업 사장이 되신 김연수 부장님을 사업부장으로 발령냈다. 이렇게 해서 김연수 부장님을 사업부장으로 하는 부품사업부가 탄생되었고 대망의 컴프레서 모터 사업이 시작되었다.

이후 켈비네이터를 통해 기술을 이전받아 공장 건설작업을 본격적으로 착수했다. 컴프레서 공장 건설은 당시 이건희 이사로부터 상당한 지원과 압박을 함께 받으며 추진되었다. 이건희 이사는

머레이(Mr. Murlay) 씨 부부와 함께

저자와 집사람, 그리고 스트로사이드(Mr. Stroside) 씨와 함께한 점심식사

히치콕(Mr. Hitchcock) 씨 부부와 함께

프로젝트의 신속한 진행을 위해 신경을 많이 썼다. 따라서 많은 권한을 위임받아 일정이 늦어지는 시간 손실을 최소화할 수 있었는데, 실제로 착공 후 1년 여 만에 공장을 세우고 설비를 들여와 생산을 시작할 수 있었다. 경쟁사였던 금성사보다 3년 늦게 시작했지만 생산 시작은 도리어 1년이나 앞선 결과였다.

이건 사실 거의 기적에 가까운 일이었다. 당시 나는 1년 중 9개월가량을 미국에 머무르며 스트로사이드(Mr. Stroside), 머레이(Mr. Murley), 바우라(Mr. Baura), 화이트(Mr. White) 등 켈비네이터 기술자들과 함께 설비 메이커를 방문해 공장 설비 배치(Tooling layout)를 확정했다. 홀리데이 인에 진을 치고 여러 설비 메이커의 기술자들을 불러 품목을 결정한 뒤에 그 자리에서 가격을 협상한 후 발주를 했다.

발주 과정에서 깊은 인상을 받았던 일 중의 하나는 선진 기계회사 세일즈맨들의 탁월한 실력이었다. 하루는 디트로이트(Detroit)와 베이시티(Baycity)에 공장이 있는 킹스베리(Kingsberry)의 세일즈맨과 '블록 가공 8 스테이션(Station)' 이란 기계를 두고 가격 협상을 했다. 내가 일본 기계와 대비할 때 너무 비싸니 가격을 반으로 깎자고 하자 세일즈맨은 그 가격이라면 그냥 일제를 사라고 했다. 그는 자사 제품을 사면 일본 제품보다 3배 이상 오래 쓸 수 있다는 근거 자료를 제시하며 차분하면서도 알기 쉽게 설명했다. 그러면서 내가 사고자 하는 가격의 설비를 그 자리에서 스케치하며 보여줬다.

왜 더 비싼 가격을 주고 사는 게 유리한지 상대방이 스스로 이해하도록 돕는 뛰어난 기술을 갖고 있었던 것이다. 이는 기술과 공학에 대한 학문적 배경이 없이는 불가능한 일이었다. 또한 독일 트라우브(TRAUB)의 세일즈 엔지니어(Sales Engineer) 역시 독일제인 자사 선반과 일제인 후지(FUJI)를 비교해 설명했는데 세일즈맨임에도 불구하고 기술자로서의 능력도 풍부함을 유감없이 보여줬다. 나는 미국과 독일의 세일즈맨들을 만나며 연신 놀라움을 감출 수 없었다. 이런 상황이면 우리나라의 세일즈맨들은 보통 회사로 돌아가서 확인한 후 대답을 해주겠다고 했을 테니 말이다.

나는 이를 통해 기술 선진국과 우리나라 사이의 엄청난 수준 차이를 느끼는 한편, 우리 회사도 무조건 공장에서 5년 이상 근무한 사람을 세일즈맨으로 배치할 것을 다짐했다. 실제로 이때의 경험으로 얻은 교훈을 통해, 내가 경영자가 되고 난 후에는 해외 영업할 사람들을 배치할 때는 공장 경험자들을 우선하도록 했다.

우리나라로 돌아온 나는 컴프레서는 결국 주재료가 정밀 주물이라는 점을 감안해 미국의 정밀 주조회사들에 대한 정보를 파악하며 인맥 구축을 위해 힘썼다. 바로 투자는 하지 못했지만 장차 필요할 날이 반드시 오리라 확신했기 때문이다. 또한 국내 주물공장을 돌아다니며 정밀 주조를 할 수 있도록 미국 정밀 주조업체와의 기술제휴를 알선해주고 자금 지원을 위해 금융기관과의 상담을 주선해주었다.

하와이 세미나에서 만난 케첨(Mr.Ketchum) 사장 부인과 함께

바우라(Mr. Joe Baura, 앞줄 왼쪽) 씨의 한국 방문 시 우리 가족들과 함께한 점심식사

켈비네이터(Kelvinator) 사장 토버(Mr.Tober) 씨와의 저녁 식사

이즈음에는 1년에 며칠밖에 집에 가지 못할 정도로 바쁘게 지냈다. 이렇게 열심히 일하면서 자연스럽게 켈비네이터의 경영진이나 기술진은 물론 그 가족들과도 두터운 친분을 쌓을 수 있었다. 같이 일했던 분들은 거의 돌아가셨지만 지금까지도 그분들의 아들딸과 교류를 하고 있을 정도다. 당시 가끔 함께 저녁을 먹을 때마다 바우라 여사(Mrs. Baura)는 불쌍하다는 표정으로 나를 보며 만날 일만 하면 언제 집에 가느냐며 애처로워하곤 했다. 바우라 여사의 남편인 바우라(Mr. Baura) 씨는 켈비네이터의 제조담당 기술임원(Executive Manufacturing Engineer)이었고, 히치콕(Mr. Hitchcock) 씨는 생산담당 기술임원(Executive Production Engineer)이었다. 두 사람은 케첨(Mr. Ketchum) 사장을 보필하며 우리에게 기술을 전수하던 책임자들이었다. 맨 처음 계약은 미들턴(Mr. Middleton) 사장과 했는데 계약 체결 후 미들턴 사장이 갑자기 암으로 세상을 등지는 바람에 후임인 케첨 사장과 더 많이 일을 했다. 이분들 외에도 켈비네이터의 많은 분들이 우리를 도와주었는데 모두들 참 좋은 사람들이었다고 기억한다. 그들은 우리를 진정으로 열심히 도와주었고 그것도 성공적으로 도와주었다. 이분들은 대부분 아직도 미시간(Michigan)의 그랜드 래피드에서 살고 있으리라 생각한다.

당시 주말에는 그들의 캐리지(Carriage)에 가서 가족들과 함께 즐거운 시간을 보내곤 했다. 한번은 바우라 씨 집에서 차로 30분 정도 떨어진 호숫가에 있는 캐리지에 갔다. 금요일 저녁에 가서 일요일 오전에 집으로 돌아오는 일정으로 자신의 가족들과 나를 데리고 함께 즐기다 돌아왔던 기억이 난다. 히치콕 씨는 특히 야구를 매우 좋아했다. 어느 일요일엔 자신의 아내와 나를 데리고 자동차로 네 시간을 달려 디트로이트 경기장까지 가서 야구경기를 관람한 적도 있다.

우리 일행이 업무든 연수든 방문하면 그들은 항상 모든 일정을 진심을 다해 살펴줬다. 그때 나는 보통 켈비네이터에 갈 때마다 우리 회사 엔지니어를 데리고 가서 두어 달 동안 현장에서 철저히 연수를 받도록 했다. 당시 미국 생활을 가장 힘들어했던 사람은 최병호였던 걸로 기억한다. 당시 그랜드 래피드엔 한국인이 거의 없었고, 따라서 동양 음식도 아예 찾아볼 수 없었다. 따라서 엔지니어들은 먹는 문제를 가장 힘들어했다. 최병호는 미국에 온 지 한두 주가 지나자 어떤 음식도 먹지 못할 정도가 되었다. 나는 지역 일대를 이 잡듯 뒤져 한국에서 근무하던 미군 장교와 결혼해 미국으로 건너온 아주머니 한 분을 찾아내 한국 음식과 비슷한 음식을 만들어 최병호에게 먹이기도 했다. 나중에는 한국에서 올 때 고추장을 갖고 와서 햄버거에 발라먹기도 했다. 이처럼 많은 고생을 하면서도 현장에서 많은 것을 익혀 공장을 건설한 이후 큰 문제없이 기계설비들을 가동할 수 있었던 점에 대해서 지금도 우리 엔지니어들에게 가슴 깊이 고맙게 생각하고 있다.

특히 케첨 사장과 바우라 씨 부부는 나를 아들처럼 친절하게 대해 주었다. 같은 천주교인이라서 이야기하기도 편했으며 훗날 기술제휴 조건도 우리에게 유리하게 양해해주었기 때문에 프로젝트를 성공적으로 마무리할 수 있었다. 그래서 강 대표님은 항상 켈비네이터와 협상할 일이 생길 때마다 나를 보내 일을 처리하도록 했다. 이때의 경험을 통해 신뢰가 생기면 무슨 일이든 서로 열심히 돕고 밀어주는 이치는 국경을 초월한다는 점을 실감했다. 신뢰는 역시 동서고금을 초월하는 만고불변의 만병통치약이었다.

삼성전자 냉기사업부장,
뜨거운 열정을 뿜어내다

컴프레서(Compressor) 공장은 삼성그룹 기계공장의 시초였다. 그전까지 삼성은 경공업에만 투자해왔기 때문이다.

품의서 한 장 없이 설립한 삼성그룹 최초의 기계공장

컴프레서 공장이 가동을 시작했을 무렵, 이병철 선대 회장님께서 용인 숙소에서 안양으로 가시는 길에 공장에 들르시곤 했다. 내가 안내를 해드리면 회장님께서는 이모저모 모두 참 신기해하셨다. 그땐 아침 8시에 공장 가동을 시작했는데 가동 시작 10분 전, 생산부장이던 내가 공장 중앙에 위치하면 일선 작업원(Operator)들은 각자 자신이 맡은 공작기계 앞에 서서 가동을 위한 사전점검을 했다. 5분 전에는 스위치를 켜 예열을 시작했고, 8시 정각 내가 “작업 시작” 하고 큰 소리로 외치면 일제히 안전구호를 외치며 작업을 시작했다. 소식 없이 오신 선대 회장님께서는 뒤에서 이 모습을 보시며 흐뭇한 미소를 지으시곤 했는데, 공장을 순시하시면서 이런 군대식 방법도 필요할 것 같다고 말씀하셨다.

공장 가동 후 3년이 지나 경영 감사를 나온 비서실 감사팀 직원들이 공장 건설 품의서를 찾은 적이 있었다. 그런데 나는 품의서를 쓴 기억이 전혀 없었다. 기억이 나지 않는 이유는 분명했다. 품의서를 쓴 적이 없기 때문이다. 아마 삼성에서 품의서도 없이 실무진에게 전권을 주어 신속하게 추진한 사업은 지금까지도 없을 것이다. 사업이 성공했으니 다행이지 만약 실패했다면 나는 삼성에서 존재하지 못했을 것이다. 그러나 당시는 이런 생각조차 못한 채 오로지 일만 했다.

이렇듯 수많은 역경을 딛고 공장 건설을 마무리 지은 후 기술을 심어 양산에 돌입했다. 품질 좋은 컴프레서를 생산하기까지는 이후에도 3년이 더 소요되었다. 처음에는 켈비네이터에서 반제품으로 수입해 조립을 하다가 한 품목 한 품목 국산화에 성공하면서 생산을 했기 때문이다. 무엇보다 주재료인 주물 공급이 관건이었다. 공급받는 정밀 주물의 품질을 맞추고 수량을 채우는 일은 구매와 제조기술을 담당하는 부하직원들에게 많은 고생을 안겨주었다. 더욱이 당시는 현대가 자동차 사업을 시작했을 때였다. 그동안 우리가 주물업체를 물심양면으로 도와 정밀 주물 기술을 발전시켜 놓았더니 현대는 기술 진전을 위한 아무런 노력도 없이 엔진용 주물을 공급받기 위해 우리보다 더 좋은 마진을 주면서 선수금을 뿌려댔다. 그러면서 우리 협력업체들을 자사의 협력업체로 끌어들였다. 생산량이 한정된 상태에서 수요가 많아지니 당연히 주물 수급에 심각한 문제가 발생할 수밖에 없었다. 게다가 내부적으로 재무관리부서에서 협력업체에 대한 자금 지원을 꼼꼼하게 따졌다. 즉, 손발이 묶인 채 뛰어야 하는 형편이었다. 그래서 초기에는 늘 주물 공급이 달려 생산라인을 순조롭게 가동할 수 없는 날이 많았다. 그런데도 선대 회장님께서 계속 공장에 들르셨기 때문에 나는 몰래 마지막 공정에 있는 주물을 다시 앞 공정에 걸어놓는 방법을 써서 공장이 정상적으로 가동되는 것처럼 보여드리기도 했다. 지금도 죄송한 마음인데 참 어처구니없는 짓이었다.

주물 수급의 어려움을 극복하기 위해 당시 구매부장이었던 박장길 씨가 정말 고생을 많이 했다. 공급량도 문제지만 자금 압박을 받는 업체는 항상 선수금을 요청했고 이를 주지 않으면 바로 공급을 중단했다. 이처럼 당시 주물시장은 전형적인 공급자 시장이었다. 그런데 문제는 수억 원의 선수금을 받은 후 곧바로 부도를 내는 경우가 적잖게 있었다는 점이다. 따라서 업체들을 까다롭게 챙겨 손실을 막자는 재무 쪽 얘기도 당연한 주장이었다. 그러나 한정된 주물업체를 놓고 현대자동차와 싸우려면 어쨌든 선수금을 주지 않을 수는 없는 실정이었다. 주물이 떨어져 발을 동동 구를 때마다 결국은 승인할 거면서 재무팀이 얼마나 애를 먹인 후에야 돈을 내주는지…… 당시 할 일이 태산 같은데 선수금을 받은 후 부도낸 업자들을 잡으러 돌아다니던 일을 생각하면 지금도 진절머리가 난다.

그러나 시간이 흐르면서 점점 이런 문제가 줄어들어 정상적으로 생산을 할 수 있게 되었는데 또 다른 내부의 적이 나타났다. 바로 냉장고 부서였다. 냉장고 부서는 그동안 일본의 마쓰시타와 산요에서 컴프레서를 수입해 사용하고 있었다. 그런데 이젠 우리가 컴프레서를 직접 생산하고 있는데도 자사 제품을 외면했다. 물론 초기 제품의 품질은 일본 것과 비교할 수 없는 수준이었다. 그러나 써봐야 문제점을 파악하고 개선해서 좋은 품질을 만들 수 있는 것 아닌가? 아무리 믿기 어려워도 품질 향상을 위해 자사 제품의 일정량은 쓰도록 결정해야 하는데 당시 본부장이었던 정 상무는 한사코 우리 제품을 외면했다.

심지어 나에게 냉장고에 문제가 발생하면 책임을 지겠느냐고 협박하듯 말하기도 했다. 나는 자신 있게 내가 책임지겠다고 말씀드렸다. 그러나 속으로는 나 역시 품질을 자신할 수만은 없는 상태였다. 말도 안 되는 답변을 한 것이었다. 왜냐하면 만약 문제가 일어나면 나는 물론 본부장도 책임을 면할 수 없었기 때문이다. 아무튼 이런 식의 실랑이가 지속되었지만 우리들은 계속해서 투쟁과 설득을 했고, 반년 정도가 지난 뒤 드디어 우리 컴프레서 제품을 우리 냉장고에 붙이기 시작했다.

핵심 부품 기술력을 높여 제품의 경쟁력을 높여라

생산 시작과 동시에 연구과제 역시 많이 발생했다. 소음(Noise), 진동(Vibration), 밀폐 모터(Hermetic Motor)의 기술 문제가 일어났고, 냉매 와이어(Wire), 전선 코드(Cord) 재질, 컴프레서와 냉장고 사이클의 매칭(Matching)에 대한 과제도 중요하게 대두되었다. 이런 과제들을 해결하는 과정은 훗날 냉장고 발전에 크게 기여했다. 이때 알게 된 사실은 어떤 가전제품이든 제품의 심장이 되는 부품은 자체적으로 개발하고 생산해야 한다는 점이다. 왜냐하면 본 제품 개발의 성패는 제품의 각종 성능들이 핵심 부품과 얼마나 잘 매칭되느냐에 달려 있기 때문이다. 당시 이와 같은 연구과제 해결을 위해 나는 나중에 중공업 기계사업을 하셨던 김 부장님, 설계를 담당했던 임병용 과장, 품질 담당 김규남 과장과 함께 실험실에서 허다하게 밤을 새웠다.

새로운 노하우를 알아내기 위해 미국 그랜드 래피드의 켈비네이터 공장 시험실도 자주 찾았다. 켈비네이터 사람들을 졸라 제품 개발을 주관한 자매회사 콜맨(Colman)의 앨라배마(Alabama) 공장에 자주 방문해 여러 기술적인 내용들을 공부하기도 했다. 또한 이곳 사람들과 후배들, 특히 임병용 설계 담당과 인맥을 연결해주기 위한 노력도 많이 했다. 사업 초기 1년 동안엔 혼신을 다해 라이프 테스트(life test) 기기를 만들어 각종 환경시험을 했다. 이를 통해 우리나라에서 밀폐 모터에 대해 가장 많이 알고 있는 사람으로 자부할 정도가 되었고 동료와 선후배들로부터 '컴프레서 맨(Compressor Man)' 이라는 별명을 얻기도 했다.

그 후에도 원가를 줄이기 위해 공정을 단축하거나 재질 개선을 통해 열처리를 하지 않고도 크랭크축(Crankshaft)을 초벌 가공한 후 연삭 마무리(Grinding Finishing)를 할 수 있도록 했다. 또한 일부 부품들은 가공 후 바로 사용할 수 있게 만들기도 했다. 이런 일들을 할 때는 최병호 과장과 박종량 과장의 노고가 많았다.

외주 발주처를 개발해 일부 가공까지 외주를 줌으로써 공정을 단축하기도 했고, 하이드롤릭 프레스(Hydrolic Press)로 쉘(Shell)을 생산하던 것을 포항제철(현 포스코)과의 협업을 통해 파워 프레스(Power Press) 작업으로 변경해 작업시간을 단축하기도 했다. 이 일은 김준 과장과 윤인탁 씨의 공로가 많았다. 또한 표준공구실을 만들어 각종 공구를 재생하여 공구 구입가를 크게 낮췄고, 각종 공구와 고정장치(Fixture)를 미리 맞추도록 지도해 작업시간을 단축하기도 했다. 이를 통해 생산성을 획기적으로 향상함은 물론 지금의 7~8백만 대 생산을 가능하게 만드는 기반을 탄탄히 다졌다.

돌이켜보면 나는 국내 정밀 주조와 정밀 가공에 있어 창시자인 셈이다. 또한 일본 파낙(Funnuc)에서 설비를 들여와 최초로 수치제어 가공을 시작했고, 표준공구실 및 표준계기실을 처음으로 만들어 가공 품질을 균일하게 만드는 계기를 만들기도 했다. 이런 성과들을 아무도 인식하지 못하는 가운데 이뤄냈다는 사실에 더욱 큰 자부심을 느낀다. 이와 같은 성과를 위해 초기에는 김준, 최병호, 윤인탁 등이 기획부터 주물을 해결하는 데 많은 고생을 했다. 기술제휴가 되면서 새로 영입된 손욱, 임병용, 김규남, 박종량 등도 수고가 많았다. 최성순과 유재욱 등은 밀폐 모터의 새로운 기술을 해결하느라 열정을 쏟았다. 모두 고마운 사람들이다. 이들의 고생으로 지금의 컴프레서가 탄생한 것이다.

또한 자재나 관리 같은 다른 부서와도 명콤비가 되어 일했다. 사실 전자사업은 무엇보다 금형이 중요하다. 그런데 사업 초기 강대표께서는 외주를 주면 될 것을 왜 꼭 금형에 자체 투자를 하느냐며 허락을 하지 않으셨다. 그래서 김연수 부장과 함께 일부 금형설비를 컴프레서 양산 설비로 처리해 들여와 컴프레서 공장에 설치한 다음 금형공장으로 옮긴 적도 있었다.

지금도 가끔 이 친구들을 만날 때마다 박장길 부장 얘기를 빼놓지 못한다. 구매부장이었던 박장길은 정말 부지런히 협력업체 현황을 파악했다. 당시는 중소업체와 업체 사장들의 능력이 열악해서 그랬는지 몰라도 업체들의 부도가 많이 일어났다. 부도가 나더라도 제품을 생산하는 데 문제가 야기되는 것은 반드시 방지해야 했고, 이를 위해서는 미리 업체들의 금형을 옮겨 대비해야 했다. 그런데 박장길 부장의 주도로 공교롭게 이런 대비를 완료하면 바로 다음날, 그 업체가 부도나는 일이 자주 일어났다. 그럴 때마다 나는 "박 부장 자네는 귀신이야, 귀신!" 하며 칭찬을 해주곤 했다.

공장 가동 초기에는 산소, 아세틸렌, 질소, 이산화탄소 등 각종 가스들이 관통하는 파이프가 공장 곳곳에 설치되어 있었다. 게다가 공장이 24시간 가동되고 있으니 마음 놓고 집에 가서 잠을 잘 수가 없었다. 그래서 야전침대를 사무실에다 놓고 1년 가까이 공장에서 거의 모든 숙식을 해결해야 했다. 이처럼 각종 안전 시스템을 만들면서도 많은 것을 배우고 익힐 수 있었다.

열심히 일하고 부지런히 노력하는 것도 중요하지만 모든 일에는 순서가 있다. 그중에서도 필요한 정보를 구하는 일이 가장 우선이다. 그런데 이 같은 정보는 다른 곳이 아니라 현장에서 직접 확인해서 확실히 알아내야 한다. 컴프레서는 무엇보다 정밀 주물이 가장 중요하기 때문에 나는 현장 방문을 통해 가장 먼저 물류 유통이 용이한 장소가 어디이며, 필요한 사항이 무엇인지 알아두기 위해 노력했다. 그 후 도면과 각 부품의 가공 기술들을 익혔고 이것들을 확보하지 못할 경우에는 기술제휴를 통해 해결했다. 따라서 누구와 기술제휴를 하는 것이 바람직한지 파악하는 일도 중요했다. 그런 다음 부가적인 재료의 구매처를 파악해 미리 준비해 두었다. 산업이 다르고 오랜 시간이 지났어도 어떤 사업이든 일을 시작할 때는 이와 같은 순서로 실행하는 것이 바람직하다.

작업과 품질의 표준화는 공구의 표준화로부터

공장을 처음 가동했을 때는 드릴이나 바이트 같은 대부분의 공구가 모두 스웨덴 제품이었다. 이 제품들은 미츠토요(Mitsutoyo) 같은 일본 제품보다 가격이 배나 비쌌다. 국산 제품은 아예 없었다. 게다가 품질이 형편없는 국내 주물에는 '찡' 이라고 부르던 불순물이 많이 내포되어 있어 드릴은 물론 홀더까지 부러지는 일이 자주 일어났다. 이로 인해 비싸게 산 드릴을 얼마 쓰지도 못하고 새것으로 갈아야 했다. 자연스럽게 공구 비용이 많이 지출되었고 이는 원가에 대한 상당한 압박이 되었다.

고심 끝에 나는 공장 내에 표준계기실과 표준공구실을 만들었다. 연필을 몽당연필이 될 때까지 쓰듯 공구를 재생해서 쓰기 위함이었다. 가공기계를 구입하고 정밀 가공 기술자를 뽑아 공구를 재생해서 사용하자 2년 내에 투자 경비가 빠졌다. 그 후 규모를 늘리자 원가를 크게 절감할 수 있었다. 뿐만 아니라 원가절감과 함께 가공기술을 높여 모든 공구의 프리세팅(Presetting) 체제를 구축함으로써 생산성을 향상시켰다. 이것이 삼성전자 생산기술실의 태동이다. 이 작품이 나오기까지는 박종량 과장의 노고가 참 많았다.

물론 처음에는 금형의 중요성을 인식하지 못해 금형에 대한 투자를 받지 못했다. 할 수 없이 나는 일부 금형 설비를 컴프레서 양산 설비로 도입한 후 추후 금형공장으로 이전했다. 물론 정상적인 절차는 아니었지만, 성과를 위해 때로는 불가피한 우회도 필요했다. 기계 관련 지식이 많이 부족한 조직이었기 때문에 그만큼 어려움이 많았지만 이를 극복하며 일을 진행해갔다.

최근 삼성전자가 스마트폰 사업을 놓고 미국의 애플과 치열하게 싸우며 경쟁 우위에 있는 상황에서 기술특허를 많이 갖고 있는 중국의 화웨이가 추격을 하고 있다. 과거 선배들이 사무실 야전침대에서 잠을 자며 일했듯 지금 삼성전자 직원들 역시 애플을 넘어 1등을 차지하기 위해 엄청난 노력을 하고 있을 것이다. 이런 노력은 상사의 강요로 할 수 있는 일이 아니다. 구성원들 스스로 열정을 발휘할 때 가능하다. 따라서 리더들은 자신의 역할이 무엇인지 깨달아 팀원들을 자발적인 몰입의 분위기로 이끌어가야 한다. 진정한 리더십은 자신의 일에 대한 전문지식보다 팀원들이 열심히 일할 수 있도록 만들어 성과를 창출하는 것이라 생각한다.

나는 예나 지금이나 제품이 경쟁력을 가지려면 제품의 심장이 되는 부품을 직접 만들고 소유하여야 한다고 생각한다. 이는 그저 단순한 생각이 아니라 나의 확고한 철학이다. 냉장고나 에어컨이라면 내부 생산체제를 운영해 컴프레서와 모터를 직접 만들어야 효율적이란 얘기다. 또한 냉장고는 컴프레서와 냉장고 사이클이 잘 맞아야 한다. 그래야 소음도 해결할 수 있고 효율도 수월하게 관리할 수 있다. 그런데 타사 컴프레서를 구매해서 냉장고를 만든다면 컴프레서와 냉장고 사이클을 매칭하는 일이 매우 힘들어진다. 또한 경쟁사 제품과의 차별화나 신제품 개발 현황의 보안을 지키는 일도 어려워진다. 초창기 일본 제품을 카피(Copy)하던 시절에는 원가절감이나 투자 최소화를 위해 어쩔 수 없이 부품을 외부에서 도입해 사용했다. 또한 당시에는 냉장고 시장 자체가 너무 작아 투자 가치에도 문제가 있었다. 그러나 이제 세계 최고를 지향하며 산업을 선도하는 입장에서는 핵심 부품을 자체적으로 보유해야 하는 이유가 더욱 명약관화(明若觀火)하다.

하지만 최종 의사 결정권을 갖고 있지 않던 나로서는 핵심 부품을 자체적으로 생산해야 한다는 철학을 지키는 일이 쉽지 않았다. 전통적으로 삼성전자는 금성과 달리 전자 부문의 입김이 셌다. 전자 부문 사람들이 CEO를 주로 맡고, 관리의 힘이 세고, 비서실까지 관여를 하다 보니 이로 인해 분명히 성과의 지연은 있었다. 하지만 설득을 통해 그러한 장벽을 뛰어넘었기에 지금까지 올 수 있었다고 생각한다.

컴프레서와 모터를 합쳐 부품사업부를 조직해 운영했지만 내가 다른 곳으로 전보되자 사업부 자체가 없어지기도 했다. 모터 사업을 팔아 치우기도 했고 생활가전 사업 전체를 매각하려는 시도도 있었다. 심지어 내가 7개월 동안 CEO 과정 교육을 받는 사이 에어컨 생산라인을 걷어내기도 했다. 이런 환경과 싸워온 일들은 지금 생각해도 정말 힘든 과정이었다. 경쟁사보다도 훨씬 늦게 사업에 뛰어든 회사로서 경영진이 모두 합심하여 매진을 해도 어려움이 많은데 이 지경이었으니 앞으로 전진하는 발걸음이 언제나 힘들 수밖에 없었던 것이다.

의식주인 생활가전을 통해 삶의 질을 높여라

나는 생활가전에 상당한 애착을 갖고 있다. 현직에 있을 때나 현직을 떠난 지 한참이나 지난 지금도 기회 있을 때마다 생활가전은 주부들에게는 없어서는 안 될 제품이자 사람들 입에 항상 오르내리는 제품임을 강조한다. 가전사업을 하기로 한 이상 제품들을 통해 소비자에게 좋게 평가받아야 한다고 생각한다. 생활가전 사업만큼 회사와 브랜드의 이미지를 올릴 수 있는 사업은 없기 때문이다. 또한 부품사업까지 겸하면 좋겠지만 그로 인해 본 사업이 좌지우지되면 안 된다고 생각한다.

세계를 무대로 영상사업을 했던 GE, 소니, 샤프, 또는 유럽의 여러 업체들은 부침이 계속되어 왔지만 백색 생활가전(Home Appliance) 업체인 월풀(Whirlpool)이나 일렉트로룩스(Electrolux) 같은 업체는 지금도 꾸준히 기복 없이 사업을 펼치고 있다. 생활가전은 인류의 의식주에 해당되는 사업이기 때문이다. 따라서 생활가전은 오락(Entertainment)에 속하는 영상제품과는 달리 반드시 영속되어야 할 사업이다. 그런데 한참 나중에 삼성전자 생활가전은 국내 사업만으로는 매출과 손익 측면에서 자꾸 밀리게 되었다. 수출을 하면 좋지만 그것도 '바람 수출' 때문에 애로가 많았다. 일례로 냉장고처럼 빈 공간이 많은 제품을 수출하려면 물류비용에 허수가 많이 생길 수밖에 없다. 따라서 소비가 이뤄지는 현지에서 직접 제조해야 물류 경쟁력을 가질 수 있다는 특수한 사정이 있다.

어쨌든 삼성전자가 반도체와 통신사업에 힘을 모으면서 생활가전에 대한 지원은 점점 줄어들었고 이에 따라 성과를 만들어내기 더욱 힘든 상태가 되었다. 그러나 그럴수록 삼성전자가 존재하는 한 생활가전 사업은 계속 유지 발전시켜야 한다는 나의 소신은 더욱 뚜렷해졌다. 오기도 생겼다. 나는 윗분들을 설득하면서 회사와 제품의 경쟁력을 높이기 위해 전력을 다했다. 제품 경쟁력의 핵심인 컴프레서와 모터 사업 분야를 위해 모든 역량을 집중한 것이다. 그러나 이후 전혀 다른 분야인 멀티미디어 본부장으로 옮겨 생활가전에서 손을 놓게 되고, 함께 뛰었던 동료 선후배들이 퇴직까지 하게 되자 사업 방향은 크게 바뀌었다. 모터 사업이 외주로 나가는 등 점점 사업이 이상한 방향으로 전개되었던 것이다.

이후에도 사업 책임자가 여러 번 바뀌었지만 성과는 진전되지 않았다. 밖에서 볼 때도 화가 날 지경이었다. 다행히 이건희 회장님은 생활가전 사업에 답답한 일이 생기면 나에게 전화를 주셨다. 그때마다 나는 현직에 있을 때 주장했던 주요 부품 내재화와 지속적인 개발을 통해 소비층에 필요성을 만들어주는 투자에 대해 말씀드렸다. 다행히 몇 년 전 이 회장께서 해당 책임자에게 투자를 과감하게 해줄 테니 1등을 해보라고 지시하셨다는 이야기를 들었다. 그 말에 그동안 나를 괴롭혔던 체증이 쑥 내려가는 기분이었다. 지금은 모터도 다시 자체 개발력을 갖추게 되었고 컴프레서 투자도 늘어났다. 새로 바뀐 현재 경영진이 핵심 부품은 자체 보유한다는 철학을 갖고 회사를 잘 이끌어가고 있는 것 같아 무척 기쁘고 흐뭇하다.

사실 생활가전 출신 후배들은 다른 사업을 하던 사람들, 어찌 보면 본의 아니게 방해만 하던 전자 출신들이 생활가전 사업을 이끌고 있다는 점을 우려해왔다. 그러면서 나에게 "생활가전 대부이신 이해민 사장님이 가만히 계시면 어떻게 하느냐?"고 걱정 섞인 말들을 많이 해왔다. 그러나 나는 그럴 때마다 밑의 기술자들이 신바람 나게 일할 수 있도록 환경을 만들어주는 경영자가 혁신의 강력한 주체가 되어야 하는데 지금 사장이 그런 경영자라고 생각한다고 말했다.

내가 멀티미디어 사업본부 본부장이었을 때 TV사업부 경영 혁신을 맡아 여러 어려움에도 불구하고 뚝심 있게 밀고 나가면서 일을 잘했던 사람이 바로 윤부근 사장이었다. 여기에 백색 가전에서 오랜 경험을 쌓았고 품질에도 일가견이 있으며 무엇보다 고객의 제품 신뢰 프로세스를 읽을 수 있는 서병삼 사업부장이 합류해 두 분이 콤비가 되어 생활가전 사업을 잘 이끌고 있어 안심이 된다.

뿐만 아니라 그동안 생산된 냉장고를 비롯해 여러 제품들이 계속 경쟁력 있게 출시되고 있어 선배로서 마음이 놓인다. 현재의 경영진과 후배들에게 고맙게 생각한다.

제품별로 차이는 있겠지만 이제 삼성전자의 제품들이 세계 시장에서 1등을 하는 것은 시간문제일 뿐이라고 생각한다. 그러나 생활가전과 전자제품을 함께 운영하기보다는 서로 성격이 다른 둘을 분리하는 것이 바람직할 수 있음을 유념했으면 좋겠다. 가능하다면 별도 회사로 만드는 것이 더 좋다고 생각한다.

나는 지금도 백화점에 가면 반드시 가전 코너에 들러 우리 제품을 들여다본다. 해외에 갈 때도 꼭 가전 코너에 방문해 우리 제품과 경쟁사 제품을 세심히 관찰한 후 현직에 있는 후배들에게 피드백(Feed Back)하는 일을 게을리하지 않고 있다. 이는 몸에 배어 자연스럽게 일어나는 습관인 것 같다.

요즘은 세상이 또 바뀌어 모든 것이 IT 쪽으로 전환되고 있기 때문에 가전제품의 미래 경쟁력을 위해 사물인터넷(IoT)의 필요성이 커지고 있다. 그래서 지금도 시간이 나면 이 분야 전문가들을 현직 후배들에게 소개하거나 클라우드(Cloud)에 대해 안내하고 있다. 또한 선진국에서 입수한 유익한 정보들을 가장 먼저 삼성전자에 전달하기 위해 노력하고 있다. 그 결과 현재 판매되고 있는 삼성전자의 스마트TV, 통신 단말기, 냉장고 등에 각종 소프트웨어와 솔루션을 클라우드로 연결해 소비자에게 제공하는 데 일익을 담당하고 있다.

럭비반 10년 선배를 피해 달아난 사연

내 앞에도 이미 유세종 씨가 산요(Sanyo)와의 기술제휴를 통해서 냉장고 생산을 했었다. 이때는 초기 중에서도 초기 단계로 반제품(SKD) 조립 수준이었다고 기억하는데, 척박한 환경에서 고생을 많이 하셨던 것으로 알고 있다. 다음에는 박경팔 사업부장이 소위 '구 냉기공장'에서 200리터 냉장고를 생산하고 있었다. 그러다가 내가 냉기 사업부장이 되자 박 사업부장은 새로 만든 열기 사업부장으로 전보되어 전자레인지와 마그네트론 사업을 들고 나가서 세계 1등으로 만들었다. 그 무렵 나는 컴프레서 프로젝트를 끝낸 후 가전본부 관리부장으로 일하고 있었다. 얼마 안 있어 다시 냉장고 사업부장으로 전보되면서 본격적인 사업 전개가 시작되었다. 나는 먼저 신 냉기공장 건설에 박차를 가했다. 구 냉기공장은 공장의 생산량도 문제였지만, 무엇보다 공정의 혁신이 이뤄져야 생산성을 올릴 수 있다는 생각 때문이었다.

건물의 변천 과정을 보면 삼성전자가 어떻게 발전했는지를 쉽게 알 수 있다. 초기에는 콘세트 건물, 그 다음에는 슬레이트 벽에 슬레이트 지붕, 이어서 1층짜리 벽돌 벽에 슬레이트 지붕, 그다음으로 일반적인 콘크리트 건물이 지어졌다. 신 냉기공장은 이 중에서 맨 마지막 단계인 콘크리트 건물로 지었다. 운동장 옆에 신 냉기공장을 짓기로 하면서 건설사는 삼성물산 건설부문으로 정해졌다. 그런데 그때까지 삼성물산 건설부문은 공장을 지은 경험이 한 번도 없었다. 그래서인지 신 냉기공장을 건설하던 중 화재가 일어나 책임자가 중간에 바뀌기도 했다. 어렵사리 완공된 후에도 비가 오기만 하면 위아래로 빗물이 넘쳐흘러 공장이 모두 물바다가 되어버리는 등 문제도 많았다.

그래서 하도 화가 나서 물산건설에 강하게 클레임을 걸었더니 물산건설 사장님께서 나를 만나러 직접 오신다는 것이었다. 나는 급하게 도망을 쳤다. 왜냐하면 당시 물산건설을 이끌던 사장님이 나의 고등학교 대선배, 그것도 럭비반 선배였기 때문이다. 예전부터 이분의 불같은 성격을 익히 알고 있었기 때문에 일단 피하는 게 상책이었다.

그러나 내 방에 오셔서 계속 기다리고 계신 분을 끝까지 만나지 않을 수는 없는 법. 30분 정도 지난 후에 찾아가 인사를 드렸다. 그러자 사장님은 문제를 일으켜 미안하다, 하지만 클레임을 걸기 전에 사장인 자신에게 자초지종을 먼저 이야기하면 좋지 않았겠느냐, 사고 방지를 위한 대책을 정확히 세우겠다는 등의 말씀을 하셨다. 나도 잘 알겠노라고 말씀을 드렸다. 여기까지는 좋았다.

그런데 얘기가 정리된 이후부터는 럭비반 선후배로 돌아가 바로 "이놈의 새끼! 네가 그럴 수가 있어!" 하는 말과 함께 발 공격이 시작되었다. 나는 재빨리 몸을 피해 밖으로 도망가면서도 "죄송합니다. 그래도 빨리 대책을 세워주셔야 합니다!" 하고 외쳤다. 그러나 사장님과 나는 모두 잘 알고 있었다. 이런 일은 그때뿐이라는 것을. 그리고 나중에는 언제 그랬느냐고 할 정도로 문제가 말끔히 해결된다는 것을…….

이병철 회장의 안목으로

건물을 짓고 난 다음에는 비가 새는 것을 고치기가 쉽지 않다. 처음부터 잘 지어야지 보수를 한다고 해도 쉽게 고쳐지지 않는다. 그래서 얼마 후 사업이 잘되어 시장 수요를 채울 수 없게 되자 곧바로 새로운 공장 건설 준비를 시작했다. 당시 나는 그룹 회장님의 지시를 받아 전국을 누비면서 공장 부지를 조사했다. 선대 회장님께서 공장 건설을 시작할 때 항상 강조하셨던 말씀이 있다. 제품과 부품의 유통이 용이할 것, 시장이 가까워야 할 것, 따라서 항만이나 공항이 가까이 있어야 할 것, 그리고 가능하면 수직적(Vertical)으로 사업을 전개할 것. 선대 회장님께서는 이 내용을 공부를 가르치듯 힘주어 말씀하시곤 했다. 따라서 공장 부지를 찾고 있던 내 머릿속에도 이 말씀이 각인되어 있었다.

전국을 돌아다니다가 광주(光州)에 이르자 '바로 여기다!' 하는 생각이 들었다. 당시 광주는 그동안 역대 정권 모두 개발을 소홀히 해 사업체들의 투자가 많지 않았다. 거리는 한적했고 공기도 맑았다. 어떤 지역이든 수송이 원활했다. 광양 항구가 가까워 향후 중국과의 교역이 유리했고 광주 공항이 가까이 있다는 점도 유리해 보였다. 또한 작업 인력을 구하기도 좋았다. 그동안 삼성그룹 역시 전주제지를 제외하고는 호남에 대한 투자가 없었기 때문에 삼성전자가 광주에 투자를 한다면 정책적으로도 바람직하다고 판단했다. 나는 경영진에게 보고하고 광주를 새로운 가전공장 부지로 확정했다.

공장을 지을 지역을 결정한 후에는 냉장고 공장을 벤치마킹하기 시작했다. 먼저 미국에 가서 와이트콘솔리데이트의 그린빌 냉장고 공장, GE의 루이빌 냉장고 공장을 꼼꼼히 살폈고, 이어서 뉴질랜드의 피셔앤페이클 공장과 일본의 마쓰시타, 도시바, 샤프 공장을 견학했다. 뿐만 아니라 이탈리아와 독일의 공장들도 방문해 각 공정들을 샅샅이 살피며 장단점을 파악했다. 이를 참고로 공장을 설계한 후 미니어처(Miniature)를 만들어 물류 흐름을 살폈다.

이전에 컴프레서 프로젝트를 할 때도 나는 무슨 수를 동원해서라도 전 세계 컴프레서 공장을 벤치마킹하기 위해 노력했다. 그리고 광주 냉장고 공장 건설을 위해서도 똑같이 먼저 선진 공장들을 벤치마킹한 후 설계에 착수하도록 했던 것이다. 이때는 설비팀의 조수환 부장과 팀원들의 수고가 많았다. 컴프레서는 공정 중에 가공 부분이 유독 많다. 따라서 공정의 지그(Jig)와 각종 도구들이 아주 많아 공장마다 노하우가 서로 다른데 이런 내용들은 아무리 기

광주 시장과 투자 협정서를 교환하는 저자

술제휴가 되어 있어도 가르쳐주지 않는다. 그러면 현장에서 인간관계를 좋게 만들어 개인적으로 알아내는 방법을 써야 했는데 이 역시 쉬운 일은 아니다.

그래서 나는 카메라로 사진을 찍은 후 호텔로 돌아와 정리하는 방법을 많이 활용했다. 촬영을 금지하는 곳에서는 스파이들이 사용하는 손 안에 딱 잡히는 아주 작은 독일제 카메라를 활용한 적도 많다. 이 카메라를 손에 쥐고 현장을 돌아다니다가 몰래 사진을 찍은 후 손가락으로 길이와 넓이를 대략 측정한 뒤, 호텔에 돌아와서 스케치로 도면을 만든 후 이튿날 다시 공장을 방문해 한 번 더 확인했다. 그 후 회사로 돌아와 몇 번씩 시험을 하면서 필요한 제품을 완성했는데, 이처럼 절실한 필요에 의해 카메라를 하나둘씩 장만하다 보니 어느새 종류별로 카메라가 7세트나 되었다. 당시 컴프레서 공장의 각종 지그와 프리세트(Preset) 도구들은 모두 이런 방식의 노력을 통해 만든 것들이다. 나는 지금도 그때 쓰던 카메라를 갖고 있다.

정개동 상무님과 일본 산요의 컴프레서 공장을 방문했을 때였다. 거기서 이우에 회장을 만나 공장 견학을 부탁했더니 정 상무만 허락하고 나는 안 된다는 것이었다. 당시 내가 냉장고 사업부장, 즉 전문 기술자라서 안 된다는 거였다. 이처럼 이우에 회장은 삼성에 단호했고, 특히 공장 견학조차 허용하지 않을 정도로 나를 경계했다.

이처럼 여러 고난을 이겨내고 드디어 전라도 광주에 냉장고 공장을 새로 건설했다. 그러자 마쓰시타와 샤프의 냉장고 사업부장들이 많이 부러워하며 견학을 요청해 훗날 허락을 하기도 했다. 광주공장 건설 직후에는 자동판매기와 쇼케이스(Show Case) 사업부터 내려보내며 초대 공장 책임자로 이 전무를 임명했다. 사실 나는 광주공장 프로젝트 전에는 호남 지방을 방문한 적이 한 번도 없었다. 그런데 광주공장을 통해 이 지역을 둘러보게 되니 이렇게 좋은 동네가 없다 싶을 정도였다. 곳곳마다 볼거리도 많고 먹을거리도 많았다. 전자를 그만두기 전에 이곳 책임자로 한 2년만 있다가 은퇴했으면 좋겠다는 생각까지 할 정도였다.

그런데 광주공장은 처음에는 자회사로 운영되었기 때문에 사업부장 관할이었다. 따라서 본사 대표이사인 나에게는 기회가 돌아오지 않았다. 그러나 지금도 이곳에 후배들이 있어 이 지역을 갈 일이 생기면 꼭 들러 공장이 어떻게 달라졌는지 확인한다. 이준식 대표, 최진호 대표, 서형근 대표, 배길성 대표, 이춘전 대표, 이상용 대표 등 역대 광주전자 대표들이 수고가 많았다. 이후에는 삼성전자로 소속이 바뀌어 대표 제도가 없어지고 공장 책임자가 된 것 같다. 아무튼 광주공장을 만드는 과정에서 여러 사람들의 고생이 많았고 지금도 이들에게 고맙게 생각하고 있다. 특히 채동석 부사장은 오랫동안 이 지역의 위수 사령관으로서 아주 많은 일들을 하셨고, 지금까지도 공장 발전을 위해 주변 관리를 잘해주고 계셔서 감사의 말씀을 어떻게 드려야 할지 모르겠다.

이즈음 있었던 일이 또 하나 기억에 남는다. 당시 자판기 사업부는 내 고등학교 10년 선배이신 김 상무께서 맡고 계셨다. 그런데 사업 손익이 좋지 않았다. 반면 내가 맡은 쇼케이스 사업은 이익이 나고 있었다. 따라서 나는 쇼케이스 사업을 제품 성격이 비슷한 자판기 사업 쪽으로 넘기면 두 사업 모두 활성화할 수 있겠다고 판단했다. 이 의견을 대표이사께 말씀드린 후 미국 출장을 다녀오자 사업 개편이 이뤄져 있었다. 그런데 내 의견과는 정반대로 자판기 사업부를 없앤 후 냉기사업부로 이관해 붙여놓은 것이었다. 그러면서 김 상무님을 국내영업으로 발령을 냈는데, 당시 김 선배님께 얼마나 송구스러웠는지 모른다.

사업 활성화를 위해 공장을 광주로 옮겨 새로 시작할 때부터 나는 생활가전 사업들을 차근차근 광주공장으로 이전해 나중에는 사업 전부를 이곳으로 옮기겠다고 계획하고 있었다. 사실 이런 생각에는 생활가전을 전자사업과 분리할 의도도 포함되어 있었다. 그런데 중간에 IMF 외환위기가 오면서 이전 작업은 일시 중단되었고, 훗날 다시 이전이 재개되었지만 이때는 여러모로 처음의 시도들이 많이 달라져 있었다.

냉장고 공장에는 세계에서 가장 업데이트된 공정들을 채택했다. 먼저 냉장고 캐비닛(Cabinet) 제작이 판금에서 조립까지 완전 자동으로 이루어졌다. 외부로부터 아웃소싱을 하던 내상 역시 압출기를 도입하고 스크랩(Scrap)을 재생 사용하여 자체 인라인(In Line)으로 연결하도록 했다. 또한 샤프(Sharp)와 피셔앤페이클(Fisher&Peykel)의 장점을 결합해 절연처리(Insulation)를 위한 발포기를 제작해 최신 공정을 만들었다. 생산도 다기종 혼영 생산체제를 도입해 당시로서는 최신의 공장을 만들었다고 자부한다. 이 라인의 설계에는 누구보다 조수환 부장의 노고가 많았다.

세탁기 공장도 냉장고 공장 옆으로 공간을 넓혀 아웃소싱 처리하던 탈수통을 내부로 끌어들여 인라인으로 연결해 바로 옆에서 생산했다. 이를 통해 원가는 줄이고 생산성은 높이는 신 생산체제가 채택된 공장을 만들었다. 청소기 라인도 모터를 인라인화해서 제품과 함께 생산하도록 했다. 내가 퇴직한 후에는 금형공장에도 머시닝 센터(Machining Center)가 도입되어 대형이면서도 정밀을 요하는 금형까지 모두 자체에서 자동으로 제작하고 있는 것으로 알고 있다. 이후에는 제2단지를 만들어 컴프레서 공장도 이곳으로 옮겼다. 당시에는 이 공장의 이름을 지역 주민들의 의견을 수용해 광주전자로 명명했으나, 지금은 삼성전자 생활가전 사업부 소속이 되어 삼성전자 광주공장이 되었다.

집념과 열정의 냉기사업부장

1980년 6월 나는 가전본부 관리부장이 되었다. 그해는 날씨가 정말 더웠는데 이 때문인지 냉장고가 불티나게 팔리고 있었다. 생산량이 수요량을 따라가지 못하자 영업부서로부터 물량 독촉을 심하게 받았다. 당시 판매본부장은 공급물량 부족에 따른 판매 애로에 대해 수차례 문제를 제기했다. 이에 강 사장이 직접 냉기사업부장에게 독촉 전화를 하는 일도 비일비재하게 일어났다. 그래서 사업부장이 생산라인을 직접 관장하면서 생산량을 촉진했는데 급하게 생산을 하다 보니 이번에는 소비자들의 불량 클레임이 폭주했다. 그러자 영업부서는 이제는 물량 부족보다 제품 불량 때문에 판매를 못하겠다고 푸념했다. 냉기사업부는 불량 챙기랴 물량 챙기랴 정신이 없었다.

바로 그때 인사철도 아닌데 느닷없이 나를 이사로 승진시키고는 부품사업부를 없앤 후 모터를 삼성전기로 보냈다. 또한 컴프레서를 냉기사업부로 합병시킨 뒤 나를 냉기사업부장으로 발령했다. 나는 곧바로 인수인계를 받은 다음 사업부 현황을 들여다볼 새도 없이 생산체제를 정비해야 했다. 불량으로 인해 실추된 회사 이미지를 회복시킬 대책을 바로 강구하지 않으면 안 될 상황이었기 때문이다.

성수기이었음에도 불구하고 나는 먼저 과감하게 생산라인을 일주일 정지시켰다. 그러고는 불량 개선을 위한 원인을 분석하고 대책을 강구하는 한편 차기 제품 개발에 박차를 가했다. 해가 바뀌자 대표이사가 정재은 사장으로 바뀌었다. 나는 81년 4월, 소비전력을 획기적으로 낮춘 신제품인 '독립문 냉장고'를 출시하면서 그동안 실추되었던 브랜드 이미지를 향상시키고 품질에 대한 신뢰를 회복하기 위해 불량 100퍼센트 교환정책을 펼 것을 주장했다. 회사가 손해를 보더라도 미래를 위해 필요한 정책이라고 확신했기 때문이다. 정 사장과의 상의를 통해 정책을 결정함과 동시에 생산라인에는 풀 프루브 시스템(Full Prove System)을 도입해 불량제품을 공장에서부터 절대로 반출될 수 없도록 강력히 통제했다.

독립문 냉장고를 개발할 때는 개발실을 새롭게 꾸며 거기서 잠을 자며 개발 일정을 앞당기도록 직원들을 독려했다. 나 자신도 개발자들과 함께 개발실에서 기거하며 힘을 쏟았다. 사실 1980년도는 불량 반품으로 인한 손실이 상당했고 이미지 실추는 더욱 컸다.

그래도 서비스를 통해 쓰던 제품을 새 제품으로 곧바로 바꿔주자 구겨졌던 이미지를 어느 정도 회복할 수 있었다. 그러나 신제품 개발을 위한 좋은 아이디어는 잘 떠오르지 않았다. 신제품에 어떤 기능을 추가하면 좋을까 하는 생각에 잠을 이루지 못할 정도로 고민해야 했다. 아이디어를 얻기 위해 관련 논문과 서적을 구입해 독파했고, 실력 있는 대학교수를 찾아가 의견을 나누기도 했다.

언제나 제품에 대한 생각이 뇌리를 떠나지 않을 정도로 몰두했더니 꿈에서도 냉장고가 나타나고, 일상 중에도 헛것처럼 냉장고가 나타나곤 했다. 이때의 힘든 현황을 일기처럼 기술한 것이 남아 있어 여기에 옮겨본다. 1980년 6월 중순의 무더운 어느 여름 아침이었다.

집념과 열정(1980. 6)

오늘도 굉장히 무더운 날씨다. 이른 아침임에도 푹푹 찐다.

아마 장마철에 습기가 많아서 더더욱 그렇게 느껴지는 모양이다.

서울 수원 간 고속도로는 언제나처럼 밀려 짜증을 더한다.

어제저녁도 엎치락뒤치락 잠을 제대로 이루지 못했다. 나는 벌써 석 달째 한 가지 문제에 골몰하느라 잠을 설치고 있다. 거의 매일 꿈을 꾸고 있다. 이제까지 없던 냉장고를 만드는 꿈이다.

어떻게 하면 세계에서 소비전력이 제일 적게 드는 냉장고를 만들 수 있을까? 그러면서도 한국 실정에 맞는 냉장고를 말이다.

활짝 열어젖힌 고효율 다목적 냉장고 시대

처음 냉기사업부장으로 발령을 받았을 때는 제품 제고와 적자가 많이 쌓여 사업부 전체가 큰 어려움에 처해 있었다. 나는 한창 성수기임에도 불구하고 냉장고 생산라인을 잠정 중단한 후 나부터 앞장서 사업부 전원을 전국 로드(Road) 판매에 투입해 제고 소진에 힘쓰면서도 동시에 품질 문제 해결에 온 열정을 불태웠다. 그러는 가운데 80년이 지나고 81년 3월부터는 82년형 신제품 개발에 모든 신경을 쏟아붓지 않으면 안 되었다. 우선 신 냉기공장 2층 제품 전시장을 미국 회사 사무실처럼 호화롭고 쾌적한 사무실로 개조했다. 당시로서는 파격적인 최고급 공간이었다. 이후 15명으로 팀을 조직해 신제품 개발에 전념하도록 했다. 물론 옆방에 침대를 마련해 숙식도 해결할 수 있게 했다. 팀원 모두의 휴가까지 반납받은 다음 개발 완료 후에 보내주기로 약속했다.

당시 우리나라 소비자들은 전기요금을 아끼기 위해 겨울에는 보통 냉장고를 사용하지 않고 포장해두고 있었다. 따라서 겨울에는 냉장고가 아예 팔리지 않았다. 성수기에도 소비전력에 잔뜩 신경을 쓰며 사용을 자제하던 시절이었다. 나는 이 점에 주목해 겨울에는 냉동실을 중단하거나 냉장실로 바꿔 사용할 수 있는 냉장고를 개발하기로 마음먹었다. 설레는 마음에 개발실장을 불러 개발을 지시했다. 하지만 돌아온 것은 일본 사람들도 못 만드는 제품을 우리가 어떻게 만드느냐는 김빠진 답변이 전부였다. 실망과 화가 치밀어 올랐다. 나는 오기가 생겨 일본 사람들은 필요가 없어서 만들지 않는 것이고, 우리 실력으로 충분히 가능하다고 본다며 더 강력하게 개발을 독려했다.

그러나 나 역시 아이디어를 찾지 못해 고심은 깊어졌고 뇌리에는 항상 이 문제가 맴돌았다. 제품과 관련된 꿈을 꾸면 꿈결에 본 내용들을 회사에 와서 시현해보기도 했다. 그러던 어느 후텁지근한 장맛날이었다. 출근하던 차의 에어컨이 약해 운전기사에게 바람 방향을 나에게 돌려달라고 말하는 순간 아이디어가 번뜩였다. 에어컨은 댐퍼(Damper)로 바람 방향을 조절한다. 그런데 에어컨 댐퍼나 간냉식 냉장고의 냉기 조절 댐퍼나 원리는 같았다. 나는 이에 착안해 냉동실 운전을 조정할 수 있는 다목적 냉장고를 구상했다.

회사에 도착하자마자 곧바로 모든 설계원들에게 이 원리를 설명했다. 제조기술담당 백시야 씨에게 새로운 댐퍼 샘플을 일주일 안에 만들도록 지시했고 컴프레서팀에겐 컴프레서의 효율을 높이면서 양쪽 사이클을 매칭하는 작업을 지시했다. 나의 기대에 부응해 백시야 씨는 가능성이 충분히 입증된 샘플을 재빨리 만들어냈다. 그러자 훌륭한 신제품의 가능성이 서광처럼 비추기 시작했다. 나는 이것을 최성순 설계실장에게 보여주며 다목적 냉장고를 개발하도록 지시했다. 그 후 1년 만에 최 실장은 다목적 냉장고 개발을 완료해냈다. 이때의 경험을 통해 어떤 아이디어가 떠오르면 지체하지 말고 실천해 결과물을 얻어내야 한다는 사실을 실감했다. 이것저것 검토하며 시간을 지체하기보다 직접 실천하면서 문제점을 찾고 보완해가야 성공에 더 쉽고 빠르게 이를 수 있는 것이다.

다음해 2월, 이병철 회장님께서 냉장고 신제품 생산라인을 방문해 신제품에 관한 설명을 들으며 크게 칭찬해주셨던 일은 우리 사업부 전원에게 잊지 못할 추억이 되었다. 신제품은 대 히트를 쳤다. 또한 당시 200리터 기준으로 소비전력이 보통 56킬로와트였는데 27킬로와트까지 내릴 수 있었다. 바야흐로 다목적 냉장고 시대를 활짝 연 것이다. 이 냉장고를 통해 시장은 눈부시게 넓어졌고 소비전력 감소로 에너지 절감에도 크게 일조했다. 이 공로를 인정받아 나는 국가로부터 철탑산업훈장을 수여받았다.

지금도 개발을 위해 피땀 흘리고 있는 후배들에게 꼭 전해주고 싶은 말이 있다. 목표를 정하고 심원(深遠)하게 집념을 불태우면 길은 반드시 열린다. 꿈에서 계시를 받을 정도로 우리의 두뇌는 얼마나 관심을 갖고 집념을 불태우느냐에 따라 기적을 만들어 내기도 한다. 그때를 회상하자 당시 함께 고생했던 후배들이 뇌리를 스친다. 아직도 모두의 이름과 얼굴이 생생하게 기억나면서 보고 싶다는 생각에 가슴이 뭉클해진다. 다시 한 번 모두에게 감사를 드린다.

한편 나는 품질 관리를 위해 모든 협력업체의 출하검사를 강화했다. 당시 우리 회사는 수입 검사를 생략해도 될 정도로 업체에서

생산성 및 품질 향상으로 국가로부터 산업훈장과 메달을 진의종 국무총리로부터 수여받는 저자

부터 원류 관리를 철저히 실시했다. 이처럼 81년 4월 출시한 신제품 다목적 냉장고의 대 히트로 사업부 경영 상태를 정상으로 돌려놓을 수 있었고, 제조공정 중 단열 부분인 우레탄 훠밍 체제를 개선해 냉기 손실을 최소화했다. 냉장고 사용 전력비를 줄이기 위한 노력을 지속하자 83년형 신제품 '독립문 냉장고'의 전기 효율성은 더욱 좋아졌다. 이를 통해 국가 전기 소비량을 획기적으로 줄인 공로로 다시 동탑산업훈장과 최고경영자상을 수여받을 수 있었다.

나는 모든 아이디어는 우리 주위에 널려 있으며 조상들이 만들어놓은 데서 새로운 아이디어를 발견할 수 있다고 생각한다. 이것이 바로 유신(維新)이다. 내가 만든 다목적 냉장고와 특허를 받은 HM 사이클도 이미 나와 있는 것에 약간의 변형을 가함으로써 새로운 기능을 갖도록 만든 것일 뿐 전혀 새로운 것은 아니다. 메릴랜드대학에서 더블 튜브(Double Tube) 겉에 반 튜브를 접합한 후 콘덴서의 온도를 활용해 냉각기 얼음을 녹이는 기능을 만든 것도 결과적으로는 이 대학 논문을 이용해 구조를 약간 변경한 것에 불과하다.

내가 자동차 냉기 방향 조정 댐퍼에서 얻은 아이디어로 냉장고 댐퍼를 개조해 냉기량을 조정하도록 한 것도 마찬가지다. 이것이 냉장고의 클린 백(Clean Back)과 내가 특허를 갖고 있는 HM 사이클을 탄생시켰다. 삼성전자 쉐프 냉장고가 지금 세계 최고 시장점유율을 갖게 된 원동력 역시 여기서부터 비롯되었다고 생각한다. 그때까지의 냉장고들은 모두 켈빈(Kelvin)이 처음 만든 사이클에서 전혀 변화된 적 없는 사이클을 따르고 있었는데 HM 사이클로 인해 다시 변형이 이뤄져 새로운 사이클이 탄생된 것이다. 나는 이 점에 대해 상당한 자부심을 갖고 있다.

나중에 내가 멀티미디어(Multimedia) 부문을 맡았을 때는 전체 시장 상황도 어렵고 TV를 중심으로 한 각종 전자제품 시장은 더욱 어려웠기에 불가피하게 구조조정을 대폭 실시할 수밖에 없었다. 즉, 오디오(Audio) 사업부는 중국 해주로, VTR 사업부는 인도네시아로, 개발이 항상 뒤쳐지던 하드디스크 드라이브(Hard Disk Drive) 사업부는 미국 산호세로 옮겨 사업을 하도록 했다. 생산을 대부분 해외에서 할 수 있도록 공장을 이전한 것이다. 내가 대표로 있을

中國 蘇州에 복합단지 조성

삼성전자 10만평 규모… 전자레인지·냉장고등 생산

삼성전자가 중국 수저우(蘇州)에 자본금 4천2백50만달러를 들인 현지 합작법인을 설립, 지난해 수립했던 이 지역 전자 복합단지화 계획에 본격 착수했다.

삼성전자는 14일 중국측 현지 합작 파트너인 香雪海電器公司와 삼성지분 80%의 소주삼성유한공사(SSEC) 설립에 관한 계약식을 현지에서 가졌다.

이 법인은 수저우시내 10만여평의 부지에 총1억4천1백여만달러를 투자, 99년까지 전자레인지 95만대·냉장고 75만대·에어컨 30만대·세탁기 30만대등 모두 6백만대 규모의 백색(白色)가전제품 일체를 생산하게 된다.

이에 따라 소주삼성유한공사는 중국측 합작社가 보유한 생산시설과 판매망을 인수, 냉장고와 전자레인지를 다음달부터 생산해 삼성 상표로 판매에 나선다.

삼성은 특히 유통망을 대폭 강화, 수저우市가 위치한 장쑤(江蘇)省과 중국시장 전역에 진출하며 세탁기·에어컨 공장도 조기 완공할 계획이다.

수저우市 개발사업은 싱가포르 최대 국영기업인 케펠그룹이 주도, 부지 2천만평에 2백억달러를 들여 「제2의 싱가포르」를 건설하는 대규모 프로젝트로 삼성그룹이 지난해 컨소시엄으로 참여키로 케펠측과 계약했었다.

삼성은 이번 수저우 생산계획이 구체화됨에 따라 톈진(天津)의 컬러TV공장(연산 1백20만대)·VCR공장(1백만대)및 후이저우(惠州)의 오디오공장(연산 60만대)과 함께 대규모 현지 생산체계를 갖추게 됐다.

<李重九기자>

중국 복합단지 진출 계약서에 서명 중인 저자

때 삼성전자의 공장들이 가장 많이 해외로 진출했다고 해도 과언이 아닐 것이다. 나중에 후배들이 규모를 키우긴 했지만 진출 자체는 내가 대표로 있을 때 모두 이뤄졌으니 말이다.

선대 회장님 덕분에 터득하기도 했고, 이후에 직접 느끼기도 한 사실이지만 책임자를 정할 때는 사업을 최초로 시작하는 사람과 사업을 지키고 발전시키는 사람을 확실하게 구분하는 것이 바람직하다고 생각한다. 이런 점에서 나는 항상 새로운 사업을 전개하는 역할에 배치되어 일을 했던 것 같다. 처음 백색 생활가전 사업을 시작할 때부터 컴프레서 공장 건설, 신 냉기공장 건설, 광주공장 건설, 해외공장 진출이 그랬다. 이후 미국 법인이 다시 공장을 건설해 멕시코로 사업을 이전한 것은 물론 중국 베이징, 천진, 소주, 해주 등의 공장과 태국, 말레이시아, 인도네시아, 인도 등의 동남아시아 공장, 그리고 스페인 바르셀로나, 헝가리, 슬로바키아, 영국 등에 공장을 세울 때도 나는 최초로 사업을 일궈내는 역할을 담당했다. 이런 일들을 통해 고생도 많았지만 경험도 많이 쌓을 수 있었다. 돌이켜 생각해볼 때 어떻게 이렇게 많은 일을 이루었는지 나 자신이 감탄스럽기까지 하다.

패밀리즘 전도사,
미국 현지에 삼성전자를 안착시키다

1983년 10월, 나는 삼성전자 미국 제조법인(Samsung International Incorporation LTD. 이하 S.I.I.)의 법인장으로 발령받았다. 선대 회장이신 이병철 회장님의 호출을 받고 비서실로 달려가니 회장님 옆에는 소병회 비서실장이 있었다.

삼성그룹 최초의 해외 제조법인장

"내가 자네를 충분히 교육시키지 못했지만 미국 가서 열심히 잘해야 한데이."

회장님께선 이런 말씀을 시작으로 내게 몇 가지를 당부하셨다. 첫째, 사업을 새롭게 전개하기 위해 공장 부지를 선택할 때는 최대한 미래를 생각해서 충분한 규모의 부지를 확보할 것. 둘째, 유통이 편리한 공항이나 항구가 가깝게 위치하고 있는 곳을 찾을 것. 셋째, 용수 및 인력 수급이 용이한 환경을 선택할 것. 넷째, 가능하면 사업을 수직(Vertical) 계열화하여 전개할 것이었다. 또한 비서실장에게 직접 지시해서 구한 관련 서적들을 나에게 건네주시며 미국의 노동법과 노조에 대해 열심히 공부할 것을 지시하셨다. 끝으로 삼성으로서는 첫 해외 진출이라는 점을 각별히 유의하라고 당부하셨다.

나는 이 말씀을 그때는 물론 이후에도 좀 더 깊게 해석하려 노력했다. 예를 들어 미래를 대비해 부지를 충분히 확보하라는 말씀은 무슨 일을 하든지 꿈을 원대하게 꾸며 미래를 계획하고, 이루고자 하는 규모에 맞게 당차게 시행하라는 뜻으로 새겼다.

"회장님, 죄송합니다만 미국 발령을 거둬주십시오."

하지만 당시 나는 선대 회장님의 말씀을 듣고 난 뒤 어려운 말씀을 드려야 했다. 어머니를 모시고 살고 있는데 아무리 생각해도 어머니의 연세와 건강 상태로는 미국까지 모시고 가는 건 무리였기 때문이다. 다른 방편을 구하기도 마땅치 않았기 때문에 개인적으로는 좋은 기회였지만 마다할 수밖에 없는 형편이었다. 내 말을 들은 회장님은 형제가 어떻게 되느냐고 물으셨다. 두 형님이 있고 제가 막내라고 대답하자 회장님께서는 형님들도 계시고 막내면서 왜 그러느냐며 역정을 내셨다. 그래도 불가피한 사유를 차근차근 말씀드렸는데, 말을 끊지 않고 경청하신 회장님께선 결국 내 요청을 거절하고 그대로 발령을 내셨다.

사실 당시엔 내가 미국 공장 책임자로 발령받은 이유를 알 수 없었다. 왜냐하면 기계 전공자로 줄곧 생활가전 사업을 관장해왔는데 느닷없이 전자 쪽인 TV공장을 맡게 되었기 때문이다. 정재은 사장이나 정 공장장 등 회사 내부에서도 내가 미국으로 발령받은 배경과 이유를 잘 모르는 것 같았다. 선대 회장님이 비서실장과 상의하신 후 직접 지시를 내려 비서실에서 발령을 내린 걸로 추측이 되긴 했다. 선대 회장님은 평소 유능한 최고경영자는 해당 분야를 잘 모른다고 해도 유능한 재목을 정확히 파악하고 스태프들을 활용해 탁월한 성과를 내는 사람이란 말씀을 자주 하셨는데 이런 생각으로 나를 발탁하셨던 것은 아닌가 싶었다. 그렇게 선대 회장님의 뜻을 짐작한 나는 여러 어려운 여건이 있다고 해도 최선을 다해야겠다는 마음을 먹게 되었다.

첨단기술 심장부에 꽂은 대한민국 삼성 깃발

S.I.I.는 우리나라 기업으로는 최초로 미국에 건설한 대규모 공장이었다. TV 수상기를 생산하고 법적으로는 미국 지사였다. 뉴욕에서 80번 국도를 타고 뉴저지를 거쳐 펜실베이니아 쪽으로 약 1시간 반을 달리면 숲이 우거진 목가적 풍경의 록스버리 타운십(Ruxbury Township) 내의 레지우드(Ledgewood) 시가 나타난다. 이곳에 있는 73에이커의 넓은 대지 위에 삼성전자 TV공장이 세워졌다. 이 공장이 완공된 것은 1984년이었다. 처음 내가 부임했을 때는

조용한 시골마을 산마루에 부지공사가 한창 진행되고 있었다. 나는 부지 근처 46번 도로 옆 홀리데이 인에 여장을 푼 후 선발대로 가 있던 김순 부장, 권영무 부장, 그 외 몇몇 과장들과 저녁을 함께 먹으며 현황을 들었다.

공사는 인근 뉴저지에 근거를 둔 칼슨(Calson)이란 건설회사와 계약을 체결해 진행하고 있었다. 공사가 좀 더딘 것 같았는데 하나하나 들여다보니 완벽을 기하며 건설하기 때문이었다. 우선 도로를 만들고 부지와 근처에 조경공사를 한 다음 주요 건물인 빌딩 공사를 추진하고 있었다. 이를 보며 우리나라와는 반대로 기초를 충분히 다진 후 건물 부지와 빌딩 공사를 하는 것이 올바른 프로세스라고 생각했다. 산마루턱을 깎아 부지를 마련하다 보니 비가 올 때를 대비해 물의 흐름을 감안한 인공 연못(Pond)을 만들어 물을 비축하는 한편 유수의 완충 작용을 모색하기도 했다. 돈은 좀 들지만 완벽에 가까운 설계와 공사로부터 배울 점이 많았다. 공장 진입로의 이름은 지역 정부의 허락을 받아 '삼성길' 이라 명명했다.

직원들은 건설회사와 합의할 사항이 아직 많이 남았다고 했다. 권 부장은 지금은 토지공사 중이며 건물공사는 별도로 계약해야 한다고 말했다. 나는 계약은 나중에 변호사들과 협의해 처리하도록 한 후 일을 추진하는 과정에서 발생한 어려운 점들을 파악하기 시작했다. 그리고 현지에서 활동하던 재미교포 노동변호사와 칼슨(Calson)의 건설 책임자를 찾아가 앞으로 해야 할 일을 확인했다. 당시 건설사 사람들은 타협이 불가능할 정도로 일방적으로 요구만 하는 태도를 보였다.

예를 들어 공사는 무조건 지역 건설사를 써야 하고 노동자 역시 반드시 지역 사람들만 고용해야 한다고 주장했다. 내가 공사비와 인건비가 비싸도 그렇게 해야 하느냐고 반문하자 그것이 현지의 법이기 때문에 따라야 한다는 것이었다. 그러나 이와 반대로 당시 각 지방 정부들은 산업체 유치를 위해 해외법인에 많은 혜택을 주고 있었다. 이를 알고 있던 내가 주정부를 찾아 도움을 요청했더니 담당 공무원이 우리 회사와 건설사 관계자들을 한자리에 불러놓고 중재를 해주었다. 이를 통해 많은 문제점들을 해결할 수 있었다.

건물공사 계약 체결도 아주 까다롭게 진행되었다. 공사를 할 때도 모든 것을 철저히 확인하며 꼼꼼하게 진척해갔다. 확실히 언뜻 보기에는 다소 느린 듯했지만 추후 하자가 거의 없도록 진행했고 결국 완공 시기는 늦어지지 않는다는 것을 알 수 있었다. 무엇보다 우리나라 공장들은 바닥이 울퉁불퉁해서 항상 수선하느라 애를 먹는데 미국 건설사는 수평계를 갖고 철저히 확인하며 수평과 수직이 잘 맞도록 마무리를 완벽하게 했다. 이를 통해 완벽한 공사를 위한 전문성과 자세는 하루아침에 이뤄지는 것이 아니라는 것을 알 수 있었다.

건물이 완공된 후 생산라인 공사를 시작했다. 이때는 가격과 공사 기간을 고려해 우리나라의 운반기계 인력을 데려와 공사를 했다. 그러자 역시 문제점들이 우후죽순처럼 터졌다. 회사 근처 집을 임시로 렌트해 두 달 동안 투숙시켰는데, 지역 업체를 쓰도록 되어 있는 법규를 피하기 위해 주민들이 이 사실을 모르도록 여러 주의를 시켜야 했다. 더욱이 한국에서 질서의식이 부족한 사람들이 대부분이었기 때문에 이들을 관리하고 감독하는 일에 많은 어려움이 있었다. 예를 들어 당시 이 지역에는 사슴이 많이 살았는데 주정부는 가을 특정 기간 외에는 사슴 포획을 전면 금지하고 있었다. 그런데 우리나라 인부들이 사슴을 잡아먹은 뒤 고기를 냉장고에 보관하고 또 그중 일부를 나에게까지 갖고 왔던 것이다. 사슴 고기를 보고 깜짝 놀란 나는 인부들을 모두 집합시켜 따끔하게 주의를 준 후 모든 증거들을 완벽하게 정리해서 땅에 묻도록 했다.

이처럼 여러 어려움을 이겨내며 드디어 예정 시한 안에 공사를 마무리하고 생산에 들어갔다. 생산이 시작되면 골치 아픈 일이 줄어들까 싶었지만 생산인력 수급, 주정부로부터 받을 혜택 마련, 직원 교육, 현지 경영자 스카우트, 인사과장 차출, 직반장 등의 채용과 교육 등 애로가 한두 가지가 아니었다. 역시 남의 나라에 와서 여러 법규를 공부하면서 일을 하는 것은 여간 어려운 게 아니었다. 그러나 이 과정을 통해 배우는 것도 참 많았다.

이 프로젝트를 성공리에 마치면 앞으로 다른 여러 나라로 불려 다니며 새로운 공장을 건설하고 새로운 시장에 진출하는 일이 많아지겠구나 하는 생각도 했다. 그리고 정말로 훗날에는 내 생각대로 책임자가 되어 여러 나라에 수많은 공장을 건설했고 새로운 사업 진출을 위해 전 세계를 뛰어다녀야 했다.

나의 된장 냄새는 당신의 치즈 냄새보다 강하다

공장 기반을 닦기 위한 노력을 하다 보니 몇 개월이 후딱 지나갔다. 그래도 어느 정도 한숨은 돌릴 상황이 되자 내가 살 집을 마련할 여유가 살짝 생겼다. 나는 현지에서 채용한 총무직원을 데리고 우리나라 복덕방 격인 리얼티(Realty) 회사를 방문해 유태인들이 많이 살고 교육환경이 비교적 좋은 리빙스턴(Livingston)에 있는 뉴저지 주 케인(Kane) 주지사의 집 근처에 집을 얻었다.

그런데 퀴퀴한 치즈 냄새 때문에 도저히 집 안으로 들어갈 수가 없었다. 그러자 총무과 직원이 태연한 표정으로 다 방법이 있으니 걱정하지 말라는 것이었다. 총무과 직원은 도배와 내부 페인트 도색을 위해 본사에서 파견된 시설 쪽 사람들을 집에 일주일가량 먼저 투숙시켰다. 그러면서 된장찌개를 계속 끓여 먹도록 했다. 그러자 집 안 깊숙이 배어 있던 느끼한 치즈 냄새가 감쪽같이 사라지는 것이었다. 나는 된장 냄새가 지독한 치즈 냄새보다 강한 줄 미처 알지 못했다.

이후 가족들을 한국에서 데려오기 위해 거꾸로 서울 본사로 출장을 와서 비자 등 여러 준비들을 시작했다. 그런데 가장 큰 문제는 어머니께 어떻게 충격을 덜 받으시게 말씀을 드리냐는 것이었다. 차마 입이 떨어지지 않아 차일피일 미루던 나는 결국 가족들과 함께 미국으로 출발하기 전날, 누님과 함께 어머니에게 차분히 자초지종을 설명하며 3년 동안 누님 댁에서 기거하셔야 한다고 말씀을 드렸다.

당시 내가 어머니를 모셨던 데는 그럴만한 이유가 있었다. 일찍 상처를 한 후 큰형님은 재혼을 하셔서 당시 형수가 두 번째 형수였는데 무엇보다 살림살이에 여유가 없으셨다. 작은형님 댁은 경제적으로는 괜찮았지만 작은형수 성격이 어머니를 모시기에는 어려움이 있었다. 게다가 얼마 후 아르헨티나로 이민을 떠나기로 되어 있었다. 이에 따라 막내인 내가 어머니를 모시고 있었는데 나까지 미국으로 가게 되었던 것이다. 어머니도 함께 미국으로 가시는 방법도 생각해봤지만 당시 건강 상태로는 불가능했다. 또한 무리해서 모시고 간다고 해도 우리 가족 역시 현지 사정을 몰라 헤맬 텐데 어머니를 잘 모실 수 있을지 걱정도 컸다.

그래서 누님과 오랜 의논 끝에 내가 다시 귀국할 때까지만 누님 댁에 계시기로 결정하고 어머니께 말씀드렸던 것이다. 어머니께선 맞벌이 공무원인 누님 내외를 도와 누님 댁에서 조카들을 키우시기도 했기 때문에 당시로선 최선의 방법이었다. 그러나 어머니는 막내 가족들이 미국으로 간다는 얘기에 충격을 받아 쓰러지셨다.

다행히 어머니께서는 얼마 후 정신을 차리셨다. 그 후 마음에 내키지는 않지만 막내아들 앞길을 막을 수는 없어 잘 다녀오라 하신 다음 다시 몸져누우셨다.

나는 결국 작은형님의 셋째 딸 경애가 간호사로 있던 부천성모병원에 어머니를 입원시켜 드리고 가족들을 데리고 미국으로 건너올 수밖에 없었다. 이후에도 거의 매일같이 국제전화를 통해 어머니의 병환을 확인했고, 고등학교 동기로 사업을 하고 있던 친구 배기풍에게 어머니를 자주 찾아뵈며 소식을 전해달라고 부탁했다.

그 후 어머니 건강이 다행히 점점 좋아지고 있다는 소식을 듣던 중이었다. 강력한 허리케인이 뉴저지를 강타했다. 그때가 6월쯤이었는데 허리케인이 미국 동부 전역을 습격해 케네디 공항이 폐쇄될 정도로 엄청난 비가 쏟아졌다. 공항뿐 아니라 다른 모든 공공시설도 폐쇄되었는데, 심지어 아침 일찍 주지사로부터 공장 가동을 중단하라는 소식이 도착할 정도였다. 바로 그때 서울에서 비보(悲報)가 날아왔다.

어머니와의 슬픈 이별과 2킬로미터 상여 행렬

어머니께서 위독하시다는 소식이었다. 바로 전날 병문안을 다녀온 기풍이로부터 어머니 기분이 좋으셨다고 들었는데 이게 무슨 소리인지 알 수가 없었다. 나는 미국 생활에 적응도 되지 않은 집사람을 아이들 학교 문제로 남겨둔 채 혼자 집을 나섰다. 아내와 어린 두 아들도 걱정되었지만 집에서 학교는 5분 거리였기 때문에 그나마 다행으로 생각할 뿐이었다.

뉴욕 부근 공항들은 전부 폐쇄되었기 때문에 할 수 없이 자동차를 타고 시카고로 가서 비행기를 탔다. 그런데 도쿄에서 서울로 오는 비행기 바로 옆 좌석에서 우연히 꽃동네 오웅진 신부님을 만났다. 오 신부님께선 오래전부터 작은형님과 형수를 잘 알고 계셨고 이 때문에 나와도 몇 번 만났던 사이였다. 신부님께서는 도쿄에 다녀오시는 길이었는데, 내가 어머님께서 위독해 급히 귀국한다고 말씀을 드리자 어머니의 쾌유를 위해 기도하시겠다고 해주셨다.

그러나 얼마 후 김포공항에 도착한 나는 어머니께서 방금 운명하셨다는 소식을 들어야 했다. 옆에 계시던 오 신부님께서 건넨 조의금을 받아든 채 급히 택시를 타고 병원에 도착하자 벌써 전자 직원들이 와서 장례에 관한 제반 일들을 돕고 있었다. 조금 있으니 정재은 사장님께서 직접 총무과 직원들을 데리고 오셔서 여러 가지 일들을 지시하셨다. 당시 정 사장님은 이틀이나 장례식장을 방문해주셨다. 정 사장님을 비롯한 많은 분들 덕분에 나는 정신없는 가운데서도 반포성당에서 장례미사를 잘 마칠 수 있었다.

어머니를 고향인 남양 아버님 묘소에 합장해 모셨다. 나중에 알

반포성당에서의 어머님 장례미사

게 된 사실이지만 서울에는 TV부문 직원들이, 장지에는 생활가전 부문 직원들이 진을 친 채 모든 장례 절차를 빈틈없이 진행해주었다. 이뿐만이 아니다. 고등학교 럭비반 동료들이 운구는 반드시 자기들이 해야 한다며 어머니의 마지막 가시는 길을 도왔고 다른 동문들도 운구 행렬을 따랐다. 그 뒤는 대학 동기들이 따라주었다. 이때 친구들과 선후배들에 대한 고마운 마음은 이루 말을 할 수가 없었다. 운구 행렬이 거의 2킬로미터가 이어지니 시골 사람들은 도대체 누구의 운구 행렬인지 궁금해 했다.

"사기섬 옥룡이 처의 상여라고 하네. 옥룡이 처가 그리 고생을 했는데…… 참으로 훌륭한 분이셨지. 이곳에서 이분처럼 자식들을 잘 키운 사람 없어. 그러니 돌아가시면서도 저렇게 호강을 하시는 거야."

남양 산소에서의 운구 행렬

"옥룡이 옆으로 돌아오는구먼. 죽어서 금의환향하며 많은 사람들의 환영을 받는구먼."

동네 사람들의 이야기 소리에 그만 애써 참던 울음이 터지고 말았다. 그 후 내내 울음을 참을 수가 없었다. 만감이 교차했다. 어머니께서는 가족들과 함께 이곳을 떠나 서울로 이사를 하셨고 해방과 동란을 거치며 자식들을 위해 당신을 돌볼 겨를도 없이 희생하셨다. 그 모습이 계속 머리를 스쳐 지나갔다. 장례 당일에는 신남리 사람들 전체가 일을 하지 않고 산소 작업을 돕느라 야단법석이었다. 이렇게 삼우제까지 마친 뒤 나는 큰형님에게 비석을 세우는 일 등의 마무리를 부탁드린 후 미국으로 귀임했다. 어머니는 많이 좋아지시는 듯했지만 내가 미국으로 떠난 지 6개월 만에 병원에서 돌아가신 거였다. 그래서 지금까지도 내게는 내가 어머니를 돌아가시게 한 것 같은 죄책감이 존재한다.

천국에서 환히 웃고 계실 어머니를 생각하며 어머니의 어떤 면면들이 나에게 전달되었을까 생각해본다. 어머니는 무엇보다 이건 해야 된다 생각하시면 어떻게든 반드시 실행에 옮기시는 분이셨다. 그것도 좌충우돌하지 않고 주위를 살피며 슬기롭게 실행하셨다. 어머니는 할아버지 슬하를 벗어나지 못하던 우리 집을 서울로 이주시켰다. 당시 상황으로는 상당히 어려웠을 뿐만 아니라 여자로서 완고한 시댁 어른에 맞서 이기신 것이다. 핀잔과 구박을 많이 받으셨지만 가족을 위해 옳다고 생각하셨기에 마침내 '남양 탈출, 서울 입성' 작전에 성공하실 수 있었다.

남양으로 피난을 갔을 때 어머니는 서울과 남양을 오가며 필요한 물건들을 머리에 이고 나르셨다. 특히 큰형님의 미래를 위해 재봉틀을 옮겨오셨던 일은 지금도 결코 잊지 못한다. 큰형님께선 늘그막까지 양복점을 운영하시면서도 이 씽거 미싱을 사용하셨다. 어머니는 휴전 후에도 남양에서 수원 오목리를 매주 여덟 시간 이상씩 걸어 왕복하며 배급 식량을 타오셨다. 갓난쟁이 조카 원주가 경기를 일으킬 때는 뽕나무를 베어 굼벵이를 잡아 먹이셨고, 자식들과 조카들의 공부를 위해 자주 학교를 찾아 선생님들과 머리를 맞대고 의논하셨다. 자식들이 공부를 할 때는 절대로 먼저 주무시지 않고 옆에서 바느질을 하시면서 끝까지 함께해주셨다. 동란이 났을 때는 자원해서 군부대에 들어가 환자들을 돌보며 봉사하셨다. 연로하신 후에도 어머니께서는 잠시도 가만히 쉬지 않으셨다. 주위에 빈 공간이 있으면 밭을 일궈 어린 손자들을 데리고 나가 농사를 지으셨고, 집안일은 물론 주위에 필요한 일이 생기면 언제나 앞장서서 궂은일을 맡아 처리하면서 부지런한 생활을 이어가셨다.

어머니는 무엇보다 교육열이 강하셨다. 조선 시대에 태어나 일제 시대와 해방과 6.25를 거친 어머니께서는 오직 교육만이 이 나라를 지킬 수 있고 집안을 일으킬 수 있다고 생각하신 것 같다. 그래서 돌아가시기 전에도 "할 수 있으면 너희들 자식은 최고 학부까지 공부를 시켜라"는 유언까지 남기시지 않았나 생각한다. 어머니 배 속에서 태어나 어머니 밑에서 오랫동안 성장하며, 또 어머니의 생활을 보며 지낸 나는 어머니의 유전자(DNA)뿐만 아니라 생각과 생활 태도 등을 저절로 습득할 수 있었던 것 같다.

요즘 나는 서예를 배우고 있는데 특히 조선 시대 사대부 집안 여자들이 사용하던 한글 글씨체를 자주 쓰고 있다. 그런데 이 글씨체가 바로 어머니가 자주 쓰시던 서체와 똑같다. 어머니는 가끔 아버지나 자식들에게 소식을 전하고 용기를 북돋아주는 편지를 붓에 먹물을 묻혀 세로쓰기로 써서 보내시곤 했다. 노년이 된 내가 돌아가신 어머니와 똑같은 글씨체로 붓글씨를 쓰고 있다는 생각에 가슴이 뭉클해진다.

어머니를 닮아서 그런지 나의 손주 사랑도 큰 편인 것 같다. 집사람 말을 빌리면 좀 유별난 모양이다. 그러나 유별나다고 해도 좋고 짝사랑이라고 해도 좋다. 나 역시 어머니처럼 내 도리는 해야겠다고 생각하기 때문이다. 그래서 자주 손주들에게 전하고 싶은 생각을 책이나 편지를 통해 전달하고 있다. 최근엔 미국과 홍콩에서 공부하고 있는 손주 녀석들에게 모국어인 한글을 어떻게 잘 사용할 수 있게 할까 고심하고 있다. 아무래도 서툰 우리말 대신 영어를 많이 쓰는 환경이기 때문이다.

그래서 손주들을 위해 서점에 들러 쉽고 재미있게 한글을 공부할 수 있는 책을 찾아보고 있다. 우리나라에서 주문 후 한두 달이나 지나야 받아보는 어려움도 있지만, 큰손녀 우진이에게는 그동안 《핑(Ping)》, 《리버 보이(River Boy)》, 《선물(Present)》 같은 책들을 보냈다. 앞으로 아이들이 성장하는 동안 더욱 적극적으로 책을 보내리라 다짐해 본다. 고국의 할아버지로부터 책을 받으면 소감과 각오가 다르게 다가오지 않을까 기대하기 때문이다. 또한 이런 것들이 어머니의 가르침을 따라가는 작은 노력이 되길 바란다.

귀양지계의 전략, 패밀리즘(Familism)

어머니를 천국으로 보내드린 후 미국으로 돌아오자 다시 긴박한 삶이 시작되었다. 본격적인 생산을 시작하기 전, 나는 변호사와 회계사 등 각 분야 전문가들에게 자문을 받으면서 여러 가지 제도를 준비했다. 밤잠을 설치며 일을 했지만 시간이 부족할 정도였다. 더욱이 미국은 노조 결성을 돕는 변호사와 결성을 막는 변호사가 각각 전문적으로 따로 있었는데, 이들이 교분을 나누며 서로 돕고 있는 모습을 보며 어리둥절하기도 했다.

처음에는 주영만 부회장이 조지아에서 데려온 사람을 공장장으로 임명했다. 그런데 여러 문제들이 자주 발생했다. 한번은 인사과장인 탐 디믹(Tom Dimmick)이 내 방에 와서 공장장이 직원 한 명을 해고하라고 지시했는데 해당 직원의 잘못이 없어 보인다고 했다. 따라서 만약 공장장 요구대로 해고를 하면 큰 문제가 생길 것 같다는 것이었다. 실제로 직접 현장을 찾아 파악해보니 사원의 잘못이라기보다 직반장인 포맨(Forman)과 제조기술 쪽의 잘못으로 보였다. 한국에서 파견 나온 제조기술자는 자신이 볼 때 숙련도가 어느 정도 올라가자 해당 직원에게 최대 공정시간(Tact Time)을 줄여 공정을 운영하도록 구두로 지시했는데, 직원이 계속 종전대로 일을 했던 것이다. 제조기술자와 포맨이 같은 지시를 세 번씩이나 했는데도 말이다. 그러자 화가 난 공장장이 인사과장에게 직원의 해고를 지시했던 것이다.

그런데 해고 위기에 빠진 직원에게 직접 이유를 들어보니 어이없는 현상을 찾아낼 수 있었다. 포맨과 제조기술자는 구두로 계속 지시하면서도 작업 지도서는 종전과 똑같이 걸어놓고 일을 시키고 있었다. 우리나라에서 자주 봐왔던 모습을 미국에서도 발견한 것이다. 그런데 이 직원의 행동은 바람직한 것이었다. 일선에서 일하는 사람들은 아무리 머리가 좋고 영리해도 자기 스스로 옳다고 생각해서 마음대로 일을 해서는 안 된다. 어떤 경우든 반드시 작업지도서에 입각해서 일 처리를 해야 한다. 그렇게 해야 나중에 생길 수 있는 문제점을 미리 막을 수 있기 때문이다. 따라서 오히려 이 사원은 해고가 아니라 표창을 해야 할 훌륭한 직원이었다. 이처럼 법과 규정에 따라 작업지도서대로 일하는 훌륭한 점을 이곳 미국 직원들로부터 볼 수 있어 기뻤던 기억이 있다.

이후 헤드헌터를 통해 GE 생산부장 경험자를 다시 공장장으로 발탁했고, 탐 디믹 인사과장과 함께 회사의 체제를 구축하고 주정부의 협조를 받아 직원교육을 실시하면서 순탄하게 생산에 돌입할 수 있었다.

나는 미국에 오자마자 우리보다 먼저 미국에 진출한 일본 업체들이 현지 공장을 어떻게 운영하고 있는지 조사하기 위해 현지 기자들로부터 여러 자료들을 입수해 읽었다. 한편 쿵푸 영화를 통해 일본 자동차회사가 겪은 미국에서의 착오를 생각하기도 했다. 이를 통해 나름대로 패밀리 스타일(Family Style)을 경영에 도입하기로 마음먹은 후 끈기를 갖고 하나하나 실행에 옮기기 시작했다. 그리고 이와 같은 가족주의 경영을 패밀리즘(Familism)이라 이름 붙였다.

미국에서 한국적 스타일은 통하지 않는다. 그렇다고 마냥 미국식 방법으로 하면 능률이 떨어진다. 이를 극복하기 위해 새로운 방식인 패밀리즘을 도입한 것이다. 패밀리즘은 미국식과 한국식의 혼합으로 생각할 수 있다. 가족이란 단위에서는 상호 신뢰와 존경이 바탕을 이룬다. 서로 신뢰하고 존경하는 풍토가 자연스럽게 조성되면 상호 간에 원활한 소통(Communication)이 가능해진다. 이것이 내가 표방하는 가족주의의 모체다. 나는 노조가 없는 경영을 펼쳤다. 가족 간의 대화에 왜 제3자(The Third Party)가 필요한지 의문이 들었기 때문이다.

우선 한 달에 한 번 열리는 조회 때, 나는 정신 훈화처럼 사원들에게 일방적으로 종용하는 한국식과 달리 지난달 실적을 소개하고 회사 경영에 대한 의문사항에 대답했다. 조회가 끝난 후에는 직원들의 생일파티를 열었는데 회사 식당에서 사장부터 일선 직원까지 똑같은 식사를 했다. 식당 안에 다이렉트 라인(Direct Line) 건의함을 설치해 직원들의 의견을 허심탄회하게 접수한 후 조회 때마다 그에 대한 회신을 발표하기도 했다.

사실 미국과 한국의 가족주의는 근본부터 다르다. 극단적으로 이야기하자면 미국에서는 부모들이 자식을 버리고 이혼하기도 하지만 한국 부모들은 자식을 생각해 이혼을 못하는 경우가 많다. 또한 한국의 관혼상제는 한 가족만이 아니라 많은 사람들이 관계되는 공적(Public) 행사지만 미국에서는 어디까지나 사적(Private) 절차다. 그래서 처음 직원들에게 가족주의를 심어줄 때는 어려움이 많았다. 예를 들어 장례 같은 경조사가 생기면 특별휴가를 준 후 내가 직접 직원들의 집을 찾아갔다. 그러면 현지 직원들은 내 행동을 무슨 정책적인 꿍꿍이가 있어서 그러는 게 아닌가 하고 오해하기도 했다. 그러나 나는 현지 문화와 달리 직원들이 경조사를 당하면 우리나라에서처럼 직접 방문하여 예의를 갖추는 것이 어떨까 싶어 실행했을 뿐이었다.

맨 처음 인사과장인 탐 디믹의 아버지가 돌아가셨을 때 장례식장(Funeral Home)에 방문했는데, 장례식을 치르는 내내 참 난감했다. 가까운 친지들만 모여 있는 곳에 낯선 동양 사람이 계속 앉아 있으니 모두들 나만 쳐다보고 있는 것 같았다. 탐이 경황이 없어 소개를 해주지 못하니 도리가 없었다. 더욱 난감한 것은 마지막 작별 인사를 위해 줄을 서서 돌아가신 분의 이마에 키스를 하는 일이었다. 나도 줄을 섰고 내 차례가 돌아와 할 수 없이 시신의 이마에 키스를 한 후에야 밖으로 나올 수 있었다. 그렇게 장례식이 모두 끝나자 장지까지 갈 사람과 거기서 헤어질 사람들이 나뉘어 인사를 했고, 그제야 탐이 다가와 고맙다고 인사를 건넸다. 의외였다며 방문해주셔서 감사하다고 말하며 가족과 친지들에게 나를 소개했다. 어색함이 줄어든 나는 내친김에 펜실베이니아의 장지까지 따라가 조의를 표했다. 솔직히 유족들은 별로 고마워하지 않는 느낌이었다.

그러나 이런 일이 생길 때마다 계속 참석해 희로애락을 나누자 직원들이 진심을 느끼며 내게 더 다가오기 시작했다. 그러자 나만

S.I.I. 현지 종업원과 함께한 야유회

이 아니라 포맨 이상의 직위를 가진 직원들도 동료들의 경조사에 동참했다. 이에 따라 직원들 간에 돈독한 유대가 쌓이기 시작했다. 이런 행동이 직원끼리 어려움을 서로 나누고자 하는 순수한 의도임을 차츰차츰 인식한 것이다. 역시 진심은 미국에서도 통했다. 이후 가족주의는 더욱 탄력을 받아 완전한 성공을 거두게 되었다. 심지어 나중에는 내게 자신의 이혼에 대해 의논하러 오는 직원들까지 생겼다. 또한 주말을 이용해 직원 가족들과 함께 인근 공원으로 나들이(Picnic)를 가기도 했다. 이를 통해 재미있는 시간도 갖고 직원 가족들에게 회사에 대한 좋은 이미지를 심어주기도 했다.

당시 미국 경영자들은 종종 나의 가족주의와 일본의 가족주의의 차이점에 대해 질문했다. 그때마다 나는 자신 있게 둘 사이의 근본적인 차이를 설명했다. 일본의 가족주의는 미국에서도 일본 체제를 벗어나서는 생존할 수 없다는 생각을 전제로 했기에 모든 것을 일본식으로만 진행하려고 했다. 그러나 나는 미국인 직원들의 우수한 점은 긍정적으로 키워나가야 한다고 생각했다. 즉, 밝은 면을 더 밝게 해서 어두운 면을 없앤다는 귀양지계(貴陽之計)의 원리가 나의 가족주의의 핵심 방침이었다.

귀양지계는 《손자병법》에 나오는 말로 '양(陽)을 귀하게 돋보여 음(陰)을 제거한다'는 이 동양 철학을 서구식 경영 방법에 적절히 혼합시킨 것이 나의 가족주의라고 볼 수 있다. 한번은 선대 회장님께서 이건희 회장과 함께 공장을 순시하신 후 "내가 수많은 공장들을 돌아다녀 보았지만 이곳 직원들처럼 진심 어린 환영을 받아보기는 처음이다"라고 말씀하신 적이 있다. 나는 선대 회장님 말씀이 인사치레의 괜한 말씀이 아니었다고 생각한다. 직원들의 환영은 이곳 가족주의 경영이 완전히 성공했다는 징표였다. 노조 결성 투표에서 직원들이 무노조 프리 유니온(Free Union)을 위해 회사 편에 서서 90퍼센트 이상의 찬성투표를 해준 것 역시 가족주의 경영의 성과라고 확신한다. 이런 결과는 미국 역사상 처음이자 마지막이었기 때문에 나는 이 투표 결과를 평생의 자부심으로 삼고 있다.

미국 현지 공장은 처음에는 GE에서 OEM(Original Equipment Manufacturing)으로 주문받아 납품하는 제품을 생산했다. 생산을 시작한 지 얼마 되지 않았지만 신뢰를 쌓아 사업을 순조롭게 진행할 수 있었다. 지역 주민들과도 좋은 관계를 유지하기 위해 지역의 모리스 카운티 대학(Morris County College)과 협의해 우리 회사의 직원교육을 협조 받았다. 대학교수들의 지원을 받아 우리 주재원과 가족들을 위한 영어교육 프로그램을 진행하기도 했다. 또한 교육 경비 일부를 협조 받으며 주정부와도 꾸준히 관계를 유지했다. 조그만 도시이기 때문에 현지 주민들과 유대를 좋게 갖는 것도 중요하다는 생각에 분기에 한 번씩 대학 강당을 빌려 주민 초청 문화행사를 개최하기도 했다. 주민들 중 상당수가 우리 회사 직원들이기도 했기 때문에 문화행사의 필요성은 더욱 컸다. 주로 줄리어드 음대에서 공부하고 있는 한국 유학생이나 졸업 후 뉴욕이나 뉴저지에 머물고 있는 졸업생들을 초청해 한미 문화 교류의 장을 마련했는데, 그러면 문화행사가 많지 않은 조용한 지방도시 주민들은 뜨겁게 호응하며 고마움을 표시했다.

미국 직원들도 감동시킨 패밀리즘의 마법

이렇게 3년 정도를 지내던 중 사건이 터졌다. 생산 과정에서 포맨들이 직원들을 엄격하게 다루었다는 이유로 주위에서 호시탐탐 기회를 노리던 스틸 웍스(Steel Works) 노조가 우리 현장 직원들과 접촉해 주정부에 노조 결성 신고서를 제출한 것이다. 주정부로부터 이를 통보받은 후 변호사를 불러 대책을 강구하자 한 달 동안 직원들을 대상으로 서로 캠페인(Campaign)을 하면서 선거를 치러야 한다는 것이었다. 나는 단단히 각오를 한 후 캠페인을 준비했다. 그리고 그동안 회사 분위기가 어수선해지면 품질 좋은 생산을 할 수 있을까 걱정하며 본사와 서울 비서실에 이 사실을 보고했다.

나는 나름대로 노조를 이길 대책을 강구하며, 매일 작업 전 직접 모든 직원과 토론(Debate)을 하기 시작했다. 토론 준비를 위해 과거 미국의 많은 기업들과 노조들이 저지른 비리, 직원들이 노조를 결성해 받은 혜택, 반대로 비노조 기업에서 직원에게 주는 혜택 등을 비교한 자료를 찾아 거의 달달 외울 정도로 공부를 했다. 그렇게 준비한 후 직원들과 질의응답 시간을 가졌다. 물론 비서실에서 파견된 직원들이 뒤에서 지켜보는 가운데 토론을 실시했는데, 그러자 당장 다음날 본사에서 국제전화가 왔다. 그런 일을 왜 벌이고 있느냐, 당장 관두라는 말이었다.

서울에서는 이 토론을 종업원과 내가 격렬히 싸우는 것으로 이해했던 모양이었다. 미국 문화를 모르는 사람들은 충분히 그렇게 생각할 수 있었다. 그러나 미국인들은 자신의 주장을 당당히 펴며 자기 의견이 바르다고 생각하면 격렬히 저항한다. 반대로 상대의 설명을 충분히 듣고 자신도 알아보고 수긍이 되면 언제 그랬냐는 듯 고개를 숙이고 들어온다. 우리나라 사람들처럼 흑백논리로 미리 결정한 채 일방적으로 자기주장만 하고, 상대편 이야기는 들은 척도 하지 않는 모습과는 전혀 다르다. 따라서 나는 미국에서는 토론이 반드시 필요하다고 생각했던 것이다. 이렇게 보름 정도 치밀하게 준비한 자료를 근거로 나의 주장을 강력히 펼치며 토론을 지속하자 직원들의 생각이 회사 쪽으로 점점 기울어지기 시작했다.

KOREA'S NEWEST EXPORT: MANAGEMENT STYLE

ITS U. S. PLANTS ARE RUN BY EGALITARIANS WHO TAKE PRIDE IN BEING MORE FLEXIBLE THAN THE JAPANESE

Hai Min Lee sits in the employee cafeteria at Samsung International Inc.'s northwestern New Jersey television assembly plant and eats brown rice from a plastic container. Wearing a blue Samsung uniform, the president leaves the immaculate, glass-enclosed lunchroom with its mountain view to go to his Spartan office, which overlooks the parking lot.

Lee's unassuming air is characteristic of the egalitarian management style South Korean companies have been quietly exporting to their U. S. subsidiaries since the early 1980s. Names such as Lucky-Goldstar, Samsung, Hyundai, and Daewoo, which once appeared only on foreign-made TVs, microwave ovens, and refrigerators, now are appearing on the doors of U. S. factories.

The Koreans, who have displayed a Japanese-like knack for exporting products to the U. S., are mimicking another Japanese strategy: building a stateside manufacturing base. Korean companies have invested only $200 million in U. S. plants, compared with $2.6 billion spent by the Japanese. But the Korean investment could swell to $5 billion in the next decade, says the Korea Economic Institute of America

SAMSUNG USA'S PRESIDENT LEE IN THE COMPANY LUNCHROOM

not get their feet stuck in concrete."

Koreans have yet to be as efficient as the Japanese in operating U. S. plants. The average American worker at a Korean-run plant produced $94,000 in goods in 1984, well above the $87,000 produced in comparable plants owned by U. S. companies. But that's far from the $155,000 produced by American workers at Japanese-run plants, according to the U. S. Bureau of Economic Analysis.

Management experts predict the gap will close. One reason: Korean managers

공장 식당에서 현지 직원들과 함께 대화하면서 식사 중인 모습이 미국 일간지에 대대적으로 보도되었다.

그렇게 한 달 동안 노조와 싸우느라 잠도 못 자고, 더욱이 막중한 책임감과 스트레스로 내 생애 이런 경우가 다시는 없을 것이라는 생각이 들 정도의 난관을 뚫은 후, 드디어 결전의 날을 맞이했다. 주정부 노동부 직원의 입회하에 스틸 웍스(Steel Works)와 함께 투표와 개표를 진행했다. 결과는 나도 깜짝 놀랄 정도였다. 90퍼센트 이상의 몰표로 노조의 두 손을 들게(Beat) 만든 것이다. 미국 역사상 유례없는 결과로 회사원 찬성표를 얻어 노조를 이긴 것이었다. 주정부 관리가 현장에서 선거 결과를 발표하는 순간, 직원들 대부분은 서로 얼싸안고 엉엉 울면서 기쁨을 나눴다. 나는 지금도 그때의 장면을 잊을 수 없다.

한편으로 '이렇게 될 걸 왜 노조를 끌어들였을까?' 하는 생각도 들었다. 나중에 알고 보니 극소수 직원들이 스틸 웍스의 꾐에 빠져 노조 결성에 관한 서류에 서명한 것이 눈덩이처럼 불어나 투표까지 이르렀던 것이었다. 이후 노조 결성에 동조했던 직원들은 스스로 사표를 내고 회사를 떠났는데, 이런 모습은 우리나라와는 많이 다른 현상이다. 캠페인 기간 중 회사의 설명과 주장을 들은 후 대부분의 직원들은 회사 측 동조로 돌아섰지만, 그들 중에서도 일부는 회사에 끼친 손해에 대한 책임감과 동료들에 대한 미안한 마음으로 스스로 회사를 떠난 것이다. 이 일을 통해 손실도 있었지만 회사가 얻은 좋은 효과도 많았다. 직원들은 회사를 더욱 신뢰했고 더 열심히 일했다. 경영진 역시 직원들과 대화를 체계적으로 많이 나누며 발전 방향을 함께 모색할 수 있었다. 그러자 생산량과 품질 모두 크게 향상되었다.

미국 일간지는 물론 한국 4대 일간신문도 나의 패밀리즘(Familism)을 대서특필했다. 본사 비서실 또한 직원들과의 관계와 무노조 운영에 관한 나의 경영에 신뢰를 보냈다. 무노조 운영의 성공으로 이후 나는 뉴저지의 병원 원장 모임 등 많은 기업체로부터 초청을 받아 무노조 운영에 대한 경영 노하우를 여러 차례 강의하기도 했다. 뉴욕에 있는 한미 경제인 연합회 오찬 패널로 초청받아 패밀리즘을 통한 무노조 운영 사례에 대해 질의응답을 가진 적도 있다. 아침마다 한 시간가량 전 직원들과 사장이 질의응답을 통해 궁금증을 직접 해소하고, 직원 입장에서 노조가 결성되면 받을 수 있는 혜택과 무노조 회사가 직원들에게 줄 수 있는 혜택을 비교하며, 무엇보다 같은 인간으로 서로 신뢰하며 함께 일하는 것은 분명히 미국식 토론 문화에서는 성공 확률이 매우 높은 방법임에 틀림없다.

사장은 자꾸 바뀌어도 가야 할 길은 반드시 간다

이 무렵부터 나는 S.I.I.에만 전념하기보다 서울에서 요청하는 그룹 일을 위해 정보 조사를 하거나, 본사의 중국 진출을 위해 미국 영주권자 신분으로 중국으로 출장을 가고, 미국의 제조 경쟁력이 떨어질 것을 대비해 멕시코 진출을 준비하는 등 많은 시간을 다른 일에 쏟았다. 이는 S.I.I.의 사업이 어느 정도 안정되었다는 반증이기도 했다. 이후 멕시코에서 생산이 시작된 다음에는 샌디에이고에 숙소와 사무실을 마련해 뉴저지 공장과 멕시코 SAMEX 공장을 보름씩 오가며 회장님 지시에 따른 그룹 업무를 소화했다.

당시는 대표이사가 1년마다 바뀌는 등 본사 조직이 약간 불안정한 시기였다. 그런데 그즈음 대표이사로 취임한 한 사장이 미국 공장을 방문해 밖에서 아웃소싱을 받고 있는 불량품 수리작업(Gray Good)을 내부로 들여와 생산라인 옆에서 실행하라고 지시하시는 것이었다. 나는 그건 안 될 일이라고 말씀드렸다. 지금 이뤄지는 일은 어디까지나 잠정적이며, 신속히 품질을 높여 이런 일을 빨리 없애야 하고, 직원들이 보는 가운데 수리작업을 하게 하면 안 된다는 내용으로 불가능한 이유를 설명했다. 그랬더니 화를 버럭 내시며 "전자 사장이 나이롱 뽕으로 딴 자리인 줄 아느냐, 사장이 하라면 하라"고 고함을 쳤다. 나는 직접 대들 수는 없어 사장님과 함께 온 송 기획실장에게 현장을 모르면서 이야기하지 않도록 사장님을 똑바로 모시라고 말했다. 아무튼 이 일은 들어드릴 수 없으며 이곳의 책임자를 정하셨으면 맡겨주신 후 결과를 지켜봐달라고 말씀드리고는 같은 상태로 사업을 유지했다.

그 후 연말이 되자 또다시 사장이 바뀌었고 곧바로 멕시코 공장 준공식이 있었다. 이번에는 안 사장을 모시고 준공식을 거행했는데 참석하기로 한 주지사가 시작 시간이 30분 이상 지났는데도 나타나질 않았다. 우리는 잔뜩 열불이 났지만 현지 사람들은 마냐나(Maniana)의 관습에 따라 대수롭지 않게 생각했다. 결국 준공식이 한 시간 이상 지체되자 내 방에서 기다리고 있던 안 사장이 잘 참던 화를 내셨다. 지나고 보니 이런 일들도 우리 회사가 사업을 글로벌하게 추진하는 과정 중 하나였다고 생각한다.

그러더니 1년 후에 사장이 또 바뀌었다. 다시 강진구 사장이 삼성전자 대표이사로 오셔서 멕시코 공장을 방문하셨는데, 방문 첫날 "본사에서 이쪽에 전화기 공장을 만든다고 들었는데 장소로 안내해 달라"는 것이었다. 내가 "그런 얘기를 들은 바도 전혀 없고 어딘지도 모른다"고 하자 강 사장님이 의아해하시며 "여기에다 전화기 공장을 건설해서 미국 시장에 진출하겠다고 하는데 자네 생각은 어때?" 하고 물으셨다. 영문을 모르는 내가 전화기라면 무슨 전화기를 말씀하시는 것이며, 어느 시장을 위한 것인지 질문을 드리자 OEM으로 만들어 미국 시장에 보낼 것이라고 하셨다. 내가 다시 어느 회사 OEM인지 물었더니 아직 결정이 안 되었다는 것이었다.

그래서 나는 "이제 삼성이 하청업을 할 때는 지나지 않았느냐?"고 반문하며 "그것도 납품처가 결정도 안 되었는데 부지 매입은 또 무슨 일이냐, 우리가 앞으로 60만 평짜리 공장 부지를 갖게 되는데 다른 곳에 부지를 또 가질 필요는 무엇이냐"라고 말씀을 드렸다. 덧붙여 시장이 있는 다른 지역이라면 몰라도 이곳에 전화기 공장을 만들 필요가 있겠느냐고 주장했다. 그러자 강 사장께서 화를 내시며 "무슨 이런 일이 다 있느냐, 현지 법인장도 모르는 부지 매입이 있을 수 있느냐"고 말씀하셨다. 그래서 이런 일은 서두를 일이 아닌 것 같다고 말씀드리며 차근차근 준비하고 있던 스왑(Swap) 자금을 동원한 멕시코 공장 부지 매입 계획을 설명드렸다. 끝으로 이 계획이 실행되면 통신사업을 위한 별도의 부지 매입은 필요 없으며 OEM사업 역시 좀 더 검토한 후 시작해도 늦지 않을 것 같다고 보고를 드렸다. 그러자 강 사장은 당장 본사 전화 연결을 지시하셨고 기획부서로 연결해 드리자 역정을 내시며 현지 법인장도 모르는 부지 매입이 무슨 일이냐며 단박에 없던 일로 만드셨다. 이후 이 계획은 완전히 사라졌다.

이보다 한참 전이었던 미국 법인 설립 초기에도 사건이 하나 있었다. 현재 정재은 조선호텔 명예회장께서 삼성전자 대표이사로 재직할 때였다. 정 사장님이 S.I.I.에 방문하셔서 갑자기 "이곳 진출은 잘못된 것이 아니냐, 실제로 제조 원가 경쟁력이 전혀 없지 않느냐, 혹시 이병철 회장이 오셔서 물으시면 사실대로 보고 드리라"는 것이었다. 눈치를 보니 미국 진출이 잘못된 판단이었다는 취지로 보고하라는 말씀이었다. 처음에는 도대체 이런 이야기를 왜 지금 나에게 하는지 이해하지 못했다. 미국에 처음 진출할 때부터 충분히 검토한 후 결정을 했을 텐데 말이다. 나중에 알게 된 사실은 당시 이건희 부회장이 미국 진출의 필요성을 주장하며 장소를 이곳으로 결정할 때 정 사장께선 반대를 하셨던 것 같고, 선대 회장께서는 누구 결정이 옳은지 아직 판단을 내리시기 전이었던 것 같다. 이런 상황에서 중간에 있는 나는 누구 편을 들 수도 없는 참 곤란한 입장이었다.

그러나 당시 나는 삼성전자는 어차피 미국에 진출해야 하며 초기 TV라인은 간단해서 언제든지 옮길 수 있고, 지금 자리는 제조를 멕시코로 옮겨도 물류창고로 쓸 수 있다고 판단했다. 특히 지금 공장은 미국 동부시장을 관장하는 물류기지로도 아주 훌륭하다고 생각하고 있었다. 왜냐하면 공장 부지가 80번과 46번 도로에 동서로 걸쳐 있고 여러 도로들이 남북으로 뚫려 있어 물류기지로서 최고의 위치였기 때문이다.

그리고 때마침 원가 경쟁력을 확보하기 힘들어 멕시코로 공장을 이전할 계획을 갖고 있었다. 그런데 멕시코 정부가 재정적으로 파산 지경이라 미국 씨티뱅크와 부채 변제를 위한 스왑 자금이 발동되어 멕시코가 땅을 내놓으면 씨티뱅크는 장기 저리로 대지 대금을 상환받는 조건이 합의 직전이었다. 우리로서는 공장 부지를 거의 무상으로 확보할 절호의 기회였다. 이는 미국 소재의 제조법인이 있기에 가능한 일이었다. 멕시코에 투자하는 근거가 미국 쪽에 있어야 했기 때문이다.

거기에다 당시에는 마퀼라도라 비즈니스(Maquilladora Business), 즉 미국과 멕시코 국경 부근에 트윈 시티(Twin City)를 만들어 무역자유지역을 형성해 멕시코 정부는 일자리를 창출하고 미국 정부는 불법 이민을 줄이려 노력하고 있었다. 이를 위해서는 멕시코 국경지역의 경제를 일으킬 필요가 있었다. 미국의 샌디에이고와 멕시코의 티후아나(Tijuana), 그 외 국경지대에 형성된 도시들을 놓고 우리는 구체적으로 부지 후보를 검토했다. 결국 물류 등 여러 면을 고려해 티후아나로 선정한 후 씨티뱅크의 스왑 자금을 활용해 티후아나의 엘푸로리도(Eljurorido)에 50만 평 규모의 땅을 확보하기로 결정했다.

그리고 우선 오데이메사 공장지대에 있는 공장을 빌려 생산시설을 옮겨 이전하기로 했다. 그런데 이런 일들이 일어나기 두 달 전쯤 선대 회장님께서 미국을 방문하셔서 이 문제에 관한 의견을 내게 물어보셨다. 나는 "우리가 미국 뉴저지 주 레지우드에 땅을 확보한 것은 선견지명이 있었던 것 같습니다" 하고 솔직히 말씀을 드렸다. 그러면서 어차피 이제는 미국 내라면 어느 지역이든 제조원가 경쟁력은 다른 나라에 비해 떨어지지만 미국 시장을 포기할 수는 없으니 제조는 멕시코로 옮기고 이곳은 물류창고로 쓰겠다고 말씀드렸다. 내 말을 들은 선대 회장님은 "그래. 그게 괜찮겠구나" 하시며 동의를 해주셨다. 나는 내친김에 "향후에는 물류기지도 여러 군데 확보해야 하는데 지금처럼 한창 미국 경제가 어려워 땅값이 저렴한 시기에 이렇게 좋은 땅을 확보한 것은 잘한 일 같습니다"라고 말씀드렸다. 이어서 멕시코 쪽의 마퀼라도라 비즈니스에 대해 설명을 드리며 곧바로 일을 추진하겠다고 해 구두 승인을 받아냈다. 이 성과에 힘입어 곧바로 일을 추진할 수 있었던 것이다.

이렇게 해서 본사의 전권 위임 하에 S.I.I.를 근거로 티후아나에 SAMEX를 탄생시켰다. 이 성과는 S.I.I.가 계속 존재해야 할 충분한 이유를 보여줬다. 이때도 느꼈고 요새 더 느끼는 점은 우리나라는 시장이 좁기 때문에 무슨 사업이든 글로벌하게 전개하는 것이 좋은데, 자리에 앉아 기획만 하기보다는 진출하고자 하는 시장을 방문해 직접 부딪히며 경험을 쌓고 필요한 정보를 알아가는 일이 정말 중요하다는 사실이다. 물론 지금은 편하게 책상 앞에 앉아 인터넷 검색을 통해 유용한 정보를 많이 찾을 수 있다. 하지만 아무리 그래도 현지에 가서 느끼며 파악하는 것과는 다를 수밖에 없다.

친구를 회장님으로 모시고 일하는 방법

몇 년 후 선대 회장님께서 치료를 위해 뉴욕 암센터를 다녀오시는 길에 공장에 들르셨다. 이때는 이건희 부회장께서 수행을 하셨는데, 나는 현장 순시를 안내했다. 평소 틈날 때마다 나는 우리 그룹이 어떻게 창업되었고 현재 세계에서 어떤 위치에 있는지 등을 직원들에게 설명했었다. 이런 학습효과와 불편한 몸을 이끌고 와주셨다는 감사함 때문인지 미국 직원들은 공장을 방문한 회장님을 뜨겁게 환영했다. 순시를 마친 후 선대 회장님께서는 이건희 회장을 비롯한 모든 참석자들에게 "진정으로 하는 이야기인데 사업을 시작한 후 수많은 사업장을 둘러보았지만 오늘 처음으로 진정한 마음으로 나를 반겨주는 직원들을 만났다"고 말씀하셨다. 그러면서 "직원 한 사람 한 사람의 눈을 통해 진정한 마음을 보았다. 이렇게 사람 관리를 잘하는 사람을 중용해서 써야지 왜 여기다 썩히느냐, 본사 공장장으로 보내는 것이 좋겠다"라는 말까지 덧붙이셨다.

그러자 몸 둘 바를 몰라 하는 나를 보고 이건희 부회장께서 "저도 심도 있게 이 사람을 보고 있는 중입니다" 하고 답변했다.

이처럼 공장에 방문하신 선대 회장님께 좋은 말씀을 들을 수 있었던 데는 직원들과 내가 함께 펼친 가족주의의 성공적 안착이 큰 몫을 했다고 본다. 이후 직원들과의 대화를 통해서도 보여주기 식으로 환영했던 것이 아니라 진심으로 환영과 감사의 인사를 한 것임을 확인할 수 있었다. 이처럼 미국 직원들은 정말 순수했고, 믿고 들어주는 자세가 몸에 배어 있었다. 아무튼 이 일을 계기로 나 역시 더욱 열심히 일해야겠다고 결심을 했다. 그러나 거꾸로 이 날 일이 훗날 이건희 부회장이 회장이 되신 이후 나와 약간의 갭(Gap)을 만든 이유가 된 듯도 하다.

이후 선대 회장님은 돌아가셨고 이건희 부회장이 회장이 되어 미국을 방문했다. 그날은 눈이 많이 내리는 토요일이었다. 뉴욕에 있는 삼성물산 사무실에서 연락을 보내왔다. 회장님께서 뉴욕에 도착하셨는데 곧 병원에 입원하실 예정이라고만 말하고 우리 공장 방문 이야기는 전혀 없었다. 그런데 다음날인 일요일 저녁, 다시 물산 사무실로부터 '월요일인 내일 회장님께서 S.I.I. 공장을 방문하실 거라' 는 소식을 받았다.

난감했다. 공장지대는 완전 벽촌이라 식당도 마땅치 않았다. 회사 식당은 식사를 취급하지 않고 커피만 제공했기 때문에 직원들은 각자 점심 도시락을 싸와 먹고 있었다. 따라서 우선은 회장님께서 오시면 식사를 어떻게 해야 할지부터 고민이었다. 나는 우선 자동차로 20분 거리에 있는 식당을 점심 장소로 예약했다. 이후 주재원들에게 새벽 일찍 출근해 현관과 생산라인을 정리하도록 당부했다. 휴일이라 미국 직원들을 출근시켜 청소와 정리를 시킬 수도 없었다. 사실 나는 있는 그대로의 모습을 보여드리고 싶기도 했기 때문에 주재원들만 몇 명 출근시켜 사업장을 정리하며 방문을 준비했다. 브리핑 장소로 선대 회장님께서 오셨을 때 사용했던 쇼룸(Show Room)을 쓰고 싶었으나 정비할 인력을 동원하기 어려워 내 방 옆 회의실을 브리핑 장소로 꾸몄다.

나는 물산 뉴욕사무소에 연락해 이런 상황들을 사전에 보고해 줄 것을 요청했다. 특히 회장님께서 호텔에서 출발하시면 곧바로 연락해달라고 부탁했다. 맨해튼에서 공장까지 적어도 한 시간 이상 소요되기에 그 정도 시간이면 마무리 준비를 충분히 할 수 있다고 생각했던 것이다. 그런데 다음날인 월요일 새벽 일찍 출근해 회사 입구의 눈을 치우고 현장을 살피고 있을 때였다. 아무 연락도 없던 신 부장에게서 아침 8시에 전화가 왔다. 회장님께서 지금 우리 공장 현관에 도착하셨다는 거였다. 갑작스런 소식에 생산라인을 정리하다가 옷도 제대로 갖춰 입지 못한 채 부랴부랴 현관으로 뛰어갔더니 안색이 흐린 얼굴로 회장님께서 서 계셨다. 분명히 출발할 때 연락을 준다고 했으면서 도착한 후에야 전화를 주다니…… 그렇다고 회장님 앞에서 신 부장에게 화를 낼 수도 없는 일이었다. 곧바로 회장님을 모시고 내 방으로 안내했지만 벌써 회장님의 심기는 뒤틀려 있었다. 지시하는 말씀마다 억양이 좋지 않았다.

어쨌든 내 방 바로 옆 조그만 회의실로 회장님을 안내한 후 전날 밤 주재원들과 함께 작성한 차트를 펼쳐 설명을 드리려고 했다. 그러자 회장님께서 "회장에겐 이런 식으로 브리핑할 필요 없다. 바로 현장으로 안내하라"며 화를 내셨다. 그래서 함께 공장을 한 바퀴 돈 다음 다시 회의실로 모셔서 지시사항을 들으려 했더니 방금 전엔 필요 없다던 브리핑을 다시 하라고 지시하고는 브리핑이 끝나자 점심을 먹으러 가자고 하셨다. 공장에서는 식사가 마땅치 않아 예약해둔 근처 식당으로 안내하겠다고 말씀드리자 "무슨 소리를 하느냐? 직원들과 같이하겠다"고 하셔서 결국 회장님은 현장 직원들과 간단히 샌드위치로 식사를 마친 후 뉴욕으로 돌아가셨다.

지금 생각해봐도 참 어처구니없는 일이었다. 수행 직원들과 물산 뉴욕사무소 직원들이 왜 미리 연락을 주지 않았는지 그때나 지금이나 이해가 되지 않는다. 다른 그룹들도 그렇겠지만 특히 삼성그룹에서는 회장이 움직이면 동선에 따라 철저하게 사전 준비하는 게 당연지사였다. 그러니 이런 일은 분명히 상식을 벗어나는 일이었다. 나중에 들었지만 당시 미국 비서실장 격인 물산 사무소 부회장이 이건희 회장을 많이 언짢게 하는 편이었는데 아마 그래서 생긴 일이 아닌지 추측할 뿐이었다. 어쨌든 이는 분명히 잘못된 처사였고 그로 인해 다른 사람들도 피해를 입게 된다는 점을 인식하지 못했단 사실이 안타까웠다.

다음날 뉴욕 아스토리아 호텔에서 회장님을 모시고 대담이 이뤄졌다. 당시 내가 미국 현지에서 제일 상사였기 때문에 의전에 따라 회장님 맞은편에 앉았다. 그 외에도 뉴욕이나 뉴저지에 주재하는 모든 임원들이 참석해 대담을 시작했다. 그런데 여기에서도 회장님의 심기가 좋지 않았다. 본인 자리에 앉자마자 손가락으로 나를 가리키며 자리에서 일어나라고 한 뒤 "저 사람이 장본인이다. 하도 일들을 못해 내가 일본에서 이나미아 상담역을 데려왔는데 이 사람을 쫓아내지 못해 안달들이다. 그중에서도 저 사람이 이 일을 주동하는 장본인이다"라고 하시는 것이 아닌가? 그런데 당시 나는 이나미아란 사람이 누구인지도 몰랐다. 대담이 끝난 후에야 회장님이 일본 도시바 상담역이었던 이나미아란 사람을 데려와 경영 고문을 시켰는데, 사장들이 이 사람을 활용할 생각을 하지 않고 배척하고 있다는 사실을 파악할 수 있었다.

나중에 우리나라에 돌아와서 알게 된 사실은 이 사람 성격이 독특해서 회장님과 이야기를 나눌 때 여러 사장이나 임원들을 곤란하게 만든 적이 여러 번 있었던 모양이었다. 또한 항상 거만한 자세를 보였고 대화도 껄끄럽지 못했던 것 같다. 그러자 주위 사람들은 당연히 이 사람과의 만남을 꺼려 했고 어쩔 수 없을 때만 마지 못해 만나는 형편이었다. 참다못해 사대부고 10년 선배이자 전자 영업본부장이셨던 김 전무께서 회장님을 찾아가 이런 사실을 말씀드리며 이 사람을 돌려보내는 게 좋겠다는 충언을 드렸더니 회장님이 몹시 화를 내셨다는 얘기도 들었다. 그 후 김 선배께서는 사표를 내시고 회사를 그만두셨는데, 아마도 이 사건의 영향인 것으로 보였다. 아무튼 회장님은 나를 본보기 삼아 사장들에게 경고를 주시는 듯했다.

한때 선대 회장님께서는 이태희 이사를 삼성전자 기획실에 앉히신 후 전 세계 공장들을 순회하도록 하신 적이 있었다. 당연히 이 이사가 S.I.I. 공장에도 방문했는데, 현황을 설명하며 공장 안내를 하는 중간에 이 이사가 넌지시 현지 공장장을 교체해야 할 것 같다는 말을 전했다. 공장에 처음 방문한 사람이 이런 이야기를 한다는 게 의외였다. 그래서 자세히 알아보니 좀 전에 공장장과 처음 만났는데 자신에 대한 이야기를 어디서 들었는지 화장실로 쫓아와서는 회사와 현지 사장인 나에 대한 불만을 토로하더란 것이다. 불만의 핵심은 현장 포맨들은 물론 인사과장 등 관리 쪽 직원들의 인사를 공장장인 자신이 담당하는 게 좋은데 현지 사장인 내가 허락을 하지 않는다는 내용이었다. 이 사람은 미국 총괄 부회장이 조지아 미국 공장에서 스카우트한 사람이었다.

이후 나는 공장장을 유심히 관찰했다. 그러자 현지 직원들은 물론 인사과장이나 포맨들과도 자주 충돌하는 모습이 보였다. 더는 안 되겠다고 생각해 이 사람을 내보냈다. 이후 퇴직이 예정되어 있던 GE TV공장의 생산 제너럴 매니저(General Manager)였던 클레이(Mr. Clay) 씨에 대해 알아보기 시작했다. GE 사람들을 통해 알아보니 평판이 매우 좋았다. 나는 영입을 결심한 후 GE 측에 정식으로 요청을 했고, 얼마 후 우리 조직에 합류한 클레이 씨는 많은 성과를 냈다. 클레이 씨는 나중에 멕시코 티후아나로 공장을 옮긴 후에도 공장장으로 오랜 기간 근무하다가 멕시코인 공장장에게 업무를 인계하고 은퇴했다.

SAMEX를 설립하다

미국 뉴저지에 공장을 세울 때는 솔직히 처음부터 승산이 있어 보이진 않았다. 단지 먼 미래와 세계 최대의 시장을 보고 진출했던 것이다. 그러나 우리가 선택한 뉴저지 주 모리스 카운티 레지우드 시의 공장 부지는 미래 물류기지로 더할 나위 없는 요지였다. 미국에서도 가장 큰 뉴욕이라는 시장과 미국 중동부를 남북으로 연결하는 고속도로가 십자형으로 이곳을 통과하기 때문이었다.

여기에 공장을 짓고 3년 정도 TV와 전자레인지 생산라인을 깔아뒀지만 일차적으로는 컬러 TV를 생산했다. 그것도 처음에는 OEM으로 제품을 생산해 GE에 공급했기 때문에 큰 어려움 없이 공장을 운영할 수 있었다. 물량도 크지 않았고 GE의 펜실베이니아 공장에서 CRT(Cathode Ray Tube, 브라운관)를 구매해 생산했기 때문에 GE와도 상당히 협조적인 관계였다. 그러나 이 정도 작은 규모로 공장을 계속 운영할 수는 없었다. 여러 비용을 검토해보니 이곳에서의 생산은 아무래도 승산이 없었다. 처음 진출했을 때는 미국 경기가 좋지 않아 실업률이 높기 때문에 인력 수급에 어려움이 없었고 인건비도 그리 높지 않았다. 하지만 아무리 그래도 미국의 인건비는 저개발 국가와는 비교할 수 없는 수준이었다. 제품 가격 역시 멕시코에서 들어오는 제품들과 비교할 수 없을 정도로 높았다.

이에 따라 나는 공장을 멕시코로 이전하기로 마음먹었다. 미국의 어느 지역에서 생산을 하더라도 멕시코와 같은 개발도상국과 원가 경쟁은 불가능했다. 당시는 미국 경기도 나빴지만 멕시코 경기는 더 나빴다. 국경을 넘어 미국으로 불법 입국하는 멕시칸들이 넘쳐나 여러 가지 피해를 일으키고 있었다. 이에 따라 양국은 국경 부근에 트윈 시티(Twin City)를 개발하기로 협정을 맺은 후 소위 마킬라도라 비즈니스(Maquilladora Business)를 추진하기로 협정을 맺었다.

이에 따라 미국 샌디에이고와 멕시코 티후아나, 엘파소와 후아레스, 더글러스와 멕시칼리 간에 서로 자유롭게 왕래하고 취업하며 무관세로 무역을 할 수 있게 되었다. 우리는 지형 조사를 통해 미국 시장에서 물류 유통이 유리한 점 등의 제반 여건을 검토하여 멕시코 티후아나 오테이 메사(Otay Mesa)의 공단 건물을 3년 임차했다. 부스타멘토(Mr. Bustamento) 씨 소유의 공장을 빌린 것이다. 이후 이곳에 일차적으로 TV라인을 설치했다. 법적으로는 미국의 S.I.I.가 투자하는 방식을 취했다. 미국에 근거를 둔 회사만이 마퀼라도라 사업을 통해 멕시코로 진출할 수 있었기 때문에 S.I.I.를 근간으로 하는 자회사로서 멕시코 티후아나에 SAMEX를 설립한 것이다.

같은 시기 금성사에서 사명을 바꾼 LG는 멕시칼리에 공장을 세웠는데 여러 요건이 불리해져서 나중에는 폐쇄하기도 했다. 뉴저지 공장은 계획대로 동부 지역을 담당하는 창고와 A/S 주무실로 변경됐는데, 현재도 제조를 하지 않는 대신 창고와 A/S 기능을 담당하는 회사로 존재하고 있는 것으로 알고 있다.

나는 멕시코에 공장을 세운 후 작업 인력을 구했다. 그런데 젊고 어린 여자 직원들은 많았지만 직업관이나 책임감이 너무 부족했다. 아무런 통보도 없이 회사를 그만두는 직원들도 부지기수였다. 조사를 해보니 아직 스무 살도 안 된 여직원들이 남편도 없이 아기를 낳는 경우가 많았고, 이 때문에 혼자서 육아를 해야 하므로 부득이하게 퇴사가 빈번하게 일어나는 것이었다.

나는 이와 같은 현상을 막기 위해 여직원들이 육아를 하면서도 안정감 있게 근무할 수 있는 뒷받침이 필요하다고 생각했다. 이에 시 정부의 협조를 받아 공장 옆에 간이 유아원을 개설했다. 직원들

SAMEX 공장 건설 당시 부스타멘토(Mr. Bustamento) 씨가 부지를 설명하는 중이다.

멕시코 현지 컨설턴트와 회의 중인 저자

SAMEX 공장 건설 중 종업원들과 함께

이 아이들을 데리고 출근해 점심시간에도 잠깐 아이들을 보고 퇴근 시간에는 함께 귀가할 수 있도록 한 것이다. 유아원이 생기자 주위의 다른 회사 직원들도 우리 회사 근무를 원할 정도로 인기가 높아졌다. 이에 따라 충원은 원활해지고 퇴직률은 줄어들어 생산라인을 원활하게 운영할 수 있었다.

또한 장기적 관점으로 향후 공장을 확장할 때를 대비해 엘푸로리도(Elfrorito)에 50만 평 규모의 부지를 확보했다. 스왑 자금을 활용해 미리 구입해 놓은 것이다. 당시 이곳은 수만 명의 빈민들이 천막을 쳐놓고 살던 지역이었다. 따라서 인력 수급이 매우 쉬웠다. 또한 다른 여건들도 대단위 공장으로 발전시킬 만한 곳이었다. 사실 멕시코에는 우리보다 먼저 소니나 마쓰시타 같은 일본 업체들이 진출해 있었다. 그러나 이 회사들은 모두 크게 발전하지 못한 채 점점 부실해지고 있었다.

그러나 삼성은 대단위 전자단지로 확대하는 데 성공했다. 전자를 중심으로 전기, 전관, 코닝이 전부 이곳에 진출해 1개 단지 내 공장으로는 멕시코에서 가장 큰 공장으로 확대되었다. 수원 매탄동 단지 같은 전자 복합단지가 멕시코에 만들어진 것이다. 멕시코 진출 과정에서도 나는 선대 회장님께서 말씀하신 부지 선정 원칙들을 기억하고 준수하려 노력했다. 그 결과가 SAMEX의 성공으로 이어졌다고 확신한다.

작년에 샌디에이고로 휴가를 갔다가 오랜만에 멕시코 공장을 방문했다. 가장 먼저 본 것은 미국으로 나가는 커버드 스마트 TV들이 줄을 지어 컨테이너에 실리는 모습이었다. 내가 재직할 때 매니저로 채용했던 사람들 중 몇 명은 중역이 되어 있었다. 주재원들은 이곳도 근무 여건이 많이 변해 예전보다 어려워졌다고 말했다. 주재원들 대부분은 자녀교육 때문에 아내가 아이들을 데리고 귀국한 후 티후아나에서 홀로 생활하고 있었다. 미국이 불리해지니 트윈 시티(Twin City)의 혜택을 대폭 축소한 탓도 있었다. 그래도 여전히 삼성 멕시코 공장은 현재까지 규모 면에서는 멕시코에서 가장 큰 해외투자 법인이고 손익 면에서도 많은 흑자를 내는 공장이다. SAMEX의 현재 임원들 중에 이와 같은 사실을 아는 사람이 없어 안타까웠지만 나라도 기록을 남겨야겠다는 생각에 이 내용을 분명히 밝혀둔다. 여건이 많이 변해 현지 직원들의 생활 수준과 교육 수준이 높아졌고, 이에 따라 직업관도 달라지고, 근무 만족도도 높아졌다. SAMEX가 이곳에서 제일 크고 잘나가는 회사가 되자 이직률도 낮아지고 직원 구하는 일도 매우 쉬워졌다. 이런 면을 볼 때도 SAMEX는 대단히 잘한 일임에 틀림없다.

사실 SAMEX가 이런 모습으로 발전하기까지는 많은 난관을 헤쳐 나가야 했다. 특히 초기에는 무엇보다 작업원의 이직률이 너무 높아 생산성을 올리기 위한 연구가 많이 필요했다. 멕시코 사람들은 가족 중심적 사고가 매우 강하기 때문에 명절이 되면 고향에 가서 한 달 이상 쉬다가 오는 경우도 많았다. 직장에 별로 신경을 쓰지 않기 때문이었다. 사표도 내지 않고 한 달 이상 쉬다가 먹을 게 떨어지면 회사 앞을 기웃거리는 사람들도 많았다. 그러다가 일손이 달려 아쉬운 주재원들의 부름을 받아 다시 회사에 나오는 웃지 못할 일도 빈번했다. 이와 같은 문제를 극복하기 위해서는 교육이 필요했다. 나는 자아 정립을 돕고 비전을 심어주는 교육 과정을 마련해 직원들이 건강한 자아상과 올바른 직업관을 가질 수 있도록 도왔다.

또한 사업을 하다가 문제가 생겼을 때 해결 방안을 알아두기 위해 시와 주정부 담당자들과 주기적으로 접촉했다. 노조의 움직임이 있을 것을 대비해 미리 노동변호사와 노동 담당 공무원들을 알아두었고, 마퀼라도라 비즈니스를 원활히 활용하기 위해 샌디에이고와 티후아나의 해당 업무 담당자들과도 평소부터 가깝게 접촉했다. 이런 노력들을 통해 편하게 도움을 주고받을 수 있는 관계를 유지할 수 있었다.

그러나 멕시코 직원들을 잘 이끌기 위해 가장 중요한 문제는 이곳의 문화를 제대로 파악하는 것이었다. 처음 SAMEX에서는 영어로만 소통했다. 멕시코 사람을 매니저나 비서로 뽑을 때도 영어와 스페인어의 듀얼 랭귀지(Dual Language)를 구사할 수 있는 사람을 채용했다. 그러니 당연히 비싼 인건비를 지불해야 했는데 그래도 소통을 제대로 하긴 힘들었다. 시간이 조금 지난 후에는 멕시코 사

멕시코 고문변호사인 세르반테스(Mr. Cervantes) 씨 부부와 함께

람과 미국 사람 사이의 미묘한 감정을 파악했다. 우리나라 사람들이 대부분 일본 사람을 미워하듯 멕시코 사람들은 미국 사람을 증오하고 있었다. 이 문제를 놓고 클레이(Mr. Clay) 공장장과 상의하자 미국인인 자신은 진작부터 그런 점을 알고 있었다고 실토했다. 어쩔 수 없이 나는 영어를 잘하는 멕시코 사람 중에 적격자를 찾아 클레이 공장장을 대체하도록 했다.

한편 장기적인 관점에서 미래를 위해 미국이나 일본 회사에서 근무하고 있는 멕시코 현지인들 중에서 유능한 인재들을 인사, 제조기술, 또는 현장 지도자로 스카우트한 후 교육을 시켰다. 작년에 이곳에 갔을 때 만난 임원들 중에는 이때 내가 뽑아 교육을 시켰던 사람들도 있었다. 이들은 내가 공장을 방문하자 반갑게 찾아와 인사를 하며 데킬라를 선물하기도 했다.

또한 바쁘고 힘들었지만 나는 우리나라 직원들과 함께 스페인어를 공부하기 시작했다. 자신들 말로 지시하고 협조를 요청해야 더 잘 먹힐 것이라 생각했기 때문이다. 우선 매월 조회 때는 인사 과장에게 미리 조회사를 전달한 후 스페인어 번역을 요청했다. 그것을 다시 영어 철자로 바꿔 몇 번씩 연습한 다음 스페인어로 조회사를 했다. 그러자 현지 직원들은 매우 좋아하며 나에게 한 발짝 더 다가왔다. 여기에 변호사와 컨설턴트들을 고문으로 임용해 현지 사회 대응을 위한 협조를 받았다. 이 사람들 중 세르반테스(Mr. Servantes) 씨와 미카엘(Mr. Michael) 씨와는 아직까지도 친구처럼 연락하며 지낸다.

다행히 SAMEX는 지금까지 잘 운영되고 있다. 하지만 어디까지나 이 공장은 멕시코가 아닌 미국 시장을 위해 만든 것이기 때문에 향후 두 정부의 관계에 따라 얼마든지 거래 여건이 변할 수 있음을 염두에 두어야 한다. 앞으로도 이런 점을 바탕으로 공장 규모 유지나 자동화에 대한 복안과 대책을 세워야 할 것이다. 이제는 인건비가 싸다고 옮겨 다니는 일은 삼가야 한다. 대신 시장 여건에 맞춰 진출하되 선진국이든 후진국이든 효율화를 단행하여 챙길 수 있을 때 최대로 챙겨 최대의 이익을 창출할 수 있는 자동화에 더욱 힘써야 한다.

만만디보다 무서운 멕시칸의 마냐나(Maniana)

멕시코에는 마냐나(Maniana)라는 말이 있다. 우리나라 사람들의 '빨리빨리' 와는 정반대인 멕시코인들 특유의 문화를 일컫는 말이다. 조금 뒤도 마냐나, 몇 시간 뒤도 마냐나, 내일도 마냐나, 한 달 뒤도 마냐나…… 멕시코 사람들은 정말 급한 게 없는 것 같다. 마냐나가 생활화된 이들과 일하려니 속 터지는 상황이 수시로 벌어질 수밖에 없었다. 따라서 일을 지시하면 제때 보고받는 적이 없는 이 문화를 어떻게 개선하느냐 하는 것이 멕시코 진출 초기의 중요한 과제였다.

멕시코에는 권위를 누리는 문화가 전혀 없다. 자기 집 옆에 부자가 대궐 같은 집을 짓고 살아도 돌을 던지는 사람이 한 명도 없다. 거꾸로 옆집에 사는 가난한 이웃이 남루하게 옷을 입고 있어도 개의치 않는다. 누구를 만나든 서로 포옹하고 양쪽 뺨을 비비며 친분을 과시한다. 그러다가도 권투나 축구경기를 할 때는 악착같이 끈기를 발휘한다. 또한 매우 가족 중심적이다. 이곳 사람들의 뿌리가 오래전 동양에서 이주한 민족이라 그런 것 같기도 하다. 아무튼 이처럼 상반된 특징들을 동시에 갖고 있는 멕시코 사람들의 문화를 이해하기란 참 힘든 일이었다.

마냐나를 이야기할 때 빼놓을 수 없는 에피소드가 한 토막 있다. 앞서 간단히 소개했던 SAMEX 공장 준공식 때였다. 나는 바하

캘리포니아(Baja California) 주지사와 티후아나 시장을 준공식에 초청했다. 본사에서는 안시환 사장이 출장을 와서 참석해 있었다. 그런데 아침 9시에 준공식을 시작하기로 하고 준비를 모두 마쳤는데 주지사가 늦는 바람에 제시간에 시작할 수가 없었다. 하는 수 없이 안 사장을 내 방에서 기다리게 한 후 시작할 때 모시러 오겠다고 말씀을 드렸다.

9시 30분이 지나서야 주지사가 도착했다. 그런데 지각을 한 주지사가 무대 앞으로 입장할 생각은 하지 않고 식장 이곳저곳을 돌아다니며 초청을 받아 참석한 VIP들과 인사를 하기 바빴다. 먼저 와 있던 시장이 들어가지 않고 밖에 있는 게 보이자 자신도 딴청을 피우는 것이었다. 그래서 직원을 시켜 시장에게 먼저 입장하라고 안내했는데, 이번에는 시장이 주지사와 함께 들어가겠다며 늑장을 부렸다. 알고 보니 두 사람은 동창 친구지간이었다.

그래도 상식적으로 하급자인 시장이 먼저 입장한 후 상급자인 주지사가 들어가는 것이 마땅한 순서라 생각해 재차 입장을 권했지만 시장은 계속 고집을 부렸다. 주지사 역시 시장이 먼저 들어간 다음 들어가겠다며 버텼다. 실랑이가 이어지면서 한 시간이나 늦게 준공식이 시작되었는데 이런 기막힌 풍경을 안 사장이 이해할 리가 없었다. 중간에 낀 내가 진땀을 빼며 설명을 드리자 옆에 있는 멕시코인 컨설턴트는 우스워 죽겠다는 표정으로 나를 쳐다봤다. 나는 안 사장께 멕시코 특유의 마냐나와 권위 문화를 설명했다.

"여기서는 이런 일이 비일비재합니다. 한 시간 지체는 아무것도 아닙니다. 지금 한번 보세요. 여기 모인 하객 중 어느 한 명이라도 준공식이 늦어진다고 불평하는 사람이 있습니까?"

그럼에도 시간을 엄격하게 지켜왔던 안 사장으로서는 이해가 되지 않음은 물론 본사 사장이 여기까지 왔는데 자신을 기다리게 한 것이 못마땅한 느낌이었다. 그러나 나는 우리가 남의 나라인 멕시코에 와서 사업을 하는 이상 어쩔 수 없이 이곳 문화를 존중해야 한다고 생각했다. 이에 따라 안 사장님보다 현지의 VIP들을 더 고려해야 했던 것이다.

나는 영원한 삼성
생활가전맨

1990년 나는 미국에서 돌아와 신규 프로젝트인 에너지 사업을 관장하게 되었다. 사업을 위해 먼저 매탄동 단지 입구에 있는 창고 건물을 개조해 태양광 사업과 배터리 사업을 위한 파일럿(Pilot) 공장을 만들었다. 그 후 배터리 시작 라인을 약 1년에 걸쳐 건설했고, 경력 기술자들을 채용해 함께 신제품을 연구했다.

귀국 후 다시 가전사업을 맡다

그런데 얼마 후 다시 가전사업을 맡게 되면서 나는 에어컨 사업의 부활을 위해 에어컨의 심장인 로터리 컴프레서 공장 건설을 위한 프로젝트를 시작했다. 이 프로젝트는 에어컨 사업을 하려면 기필코 해내야 하는 사업이자 세월아 네월아 하면서 해서는 안 될 시한이 못 박힌 사업이었다. 늦어도 3년 안에는 생산에 돌입해 해외 수입에 대처해야 했다. 그렇지 않으면 절대로 원가 경쟁력을 가질 수 없는 실정이었다. 외국이 아닌 국내 경쟁력을 위해서도 반드시 빠른 시일 내에 해결해야 할 과제였다.

'일에 대한 열정은 즐거움을 만들고, 즐거움은 일을 하며 만나는 어떠한 고난도 극복할 수 있게 한다.'

'어떠한 일이든 혼신을 다하면 반드시 찾고자 하던 해결 방법이 나온다.'

나는 이 두 문장을 로터리 컴프레서 공장 건설 프로젝트를 시작하며 가슴속에 깊이 새겼다. 우선 기술을 갖고 있지 못했기 때문에 해외 선진사로부터 기술을 도입해야 했다. 이전 몇 년 동안 선임자들이 계속 기술 도입을 시도했지만 매번 실패했고 이에 따라 윗선으로부터 다그침을 받고 있는 상황이었다. 이런 상황에서 삼성전자 사장단은 풀지 못하고 있는 신규 사업을 해결할 적임자로 나를 주목했고, 회장단과 비서실을 설득해 미국에 있던 나를 본사로 귀임시켰던 것 같다.

발령을 받자마자 기술을 제휴할 해외 라인을 찾기 위한 계획을 세워 실천에 옮기기 시작했다. 그런데 로터리 컴프레서 사업에서 GE를 위시한 미국의 컴프레서 제조업체들은 이미 일본 업체들에 기선을 제압당한 상태였다. 이에 따라 특허와 기술, 품질 모두 뒤처진 미국 업체들은 다음 버전인 스크롤(Scroll) 타입 컴프레서를 개발해 생산하고 있었다. 그렇지만 GE를 포함해 냉장고와 에어컨을 생산하는 미국 업체들은 여전히 왕복 동식과 로터리 컴프레서를 함께 사용하고 있었기 때문에 로터리 컴프레서를 필요한 양만

큼만 일본 업체들로부터 수입하고 있었다. 나중에 알게 된 사실이지만 미국 시장은 그때부터 시스템 에어컨을 주로 사용하기 시작해 로터리 타입보다 더 큰 용량이 필요했고, 이에 따라 끝물인 로터리 컴프레서를 일본 업체에 내주고 스크롤 타입을 개발했던 것이었다.

먼저 우리는 산요 등 일본 업체들을 대상으로 기술 제휴를 타진했다. 하지만 일본 업체들은 삼성이 장차 갖게 될 힘을 두려워해 아무리 좋은 조건을 제시해도 완강히 거절했다. 할 수 없이 미국에서 유일하게 로터리 컴프레서를 생산하고 있던 월풀(Whirlpool)을 타깃으로 삼았다. 나는 미시간 주 헌팅턴(Huntington)에 있는 월풀 라이센시 오퍼레이션 사무소(Licensee Operation Office)를 방문했다. 그러나 월풀 관계자들은 상담을 요청한 우리들을 만나주지도 않았는데, 나는 포기하는 대신 말도 되지 않는 일을 벌였다. 시카고 시내에서 텐트를 사다가 월풀 사무실 앞마당에 텐트를 치고 거기서 숙식을 시작한 것이다. 그러면서 매일 오전과 오후 한 번씩 사무실을 노크했는데, 화요일에 시작한 노숙이 4일째가 되던 금요일 오전, 드디어 비서가 나와서 나를 디렉터에게 안내했다. 디렉터는 내가 자리에 앉자마자 사무적으로 말했다.

"당신 부탁을 들어주려는 것이 절대 아니다. 이런 일은 난생처음 보는데 도대체 어떤 사람인데 이렇게 막무가내인지 얼굴이라도 보고 싶어 불렀다."

나는 개의치 않고 자기소개를 한 후 방문 목적을 설명했다. 그러자 디렉터는 딱하다는 표정으로 자사의 로터리 컴프레서는 경쟁력이 떨어져 경영진들마저 5년 후 공장을 폐쇄하기로 결정했다고 했다. 그러면서 미안하다는 말과 함께 로터리 컴프레서는 경쟁력이 없으니 스크롤 쪽으로 가는 것이 좋을 거라 충고를 했다. 그러나 나는 향후에는 스크롤도 검토해야겠지만 현재 한국 시장에서는 로터리가 반드시 필요하다고 생각했다.

기필코 다른 방법을 찾아내겠다고 다짐하며 귀국길에 오른 나는 일본 도쿄 사무소에 들러 일본 업체의 기술자들을 소개해줄 수 있는 사람을 섭외해줄 것을 부탁했다. 그리고 귀국한 후 얼마 지나지 않아 도쿄 사무소로부터 산요 총무과장이었던 조(Cho) 상을 소개받았다. 나는 이 사람을 먼저 픽업해야겠다고 마음먹은 후 미팅을 했다. 미팅 결과 조 상은 유능한 기술자들을 끌어올 만한 적격자였다. 이에 먼저 조 상을 채용한 후 곧바로 기술자 영입 작업을 시작했다. 조 상은 산요에서 주로 총무로 일했지만 인사 쪽과도 충분한 교신이 가능했기 때문에 필요한 인재들을 섭외하는 데 큰 어려움이 없었다. 더욱이 그는 산요에 다닐 때 럭비팀에서 운동을 했던 럭비선수 출신이라 나와 마음이 잘 통해 함께 일하기 편했다.

그런데 기술자를 영입하기 위해 총무 경험자를 먼저 영입하는 과정에서 나는 윗선은 물론 동료와 부하직원들에게 많은 비난을 받았다. 이런 사람을 굳이 영입할 필요가 있냐는 논리였다. 즉, 남의 회사 사람을 빼내 비밀을 활용하는 것에 대한 도덕적인 비난이 아니라 불필요한 사람을 뽑아 높은 인건비를 지출하는 것에 대한 재정적인 비난이었다. 그러나 내게는 기술자들을 직접 영입할 수는 없고 이 사람을 통해서만 영입할 수 있다는 확신이 있었다. 따라서 이 사람을 비롯해 꼭 필요한 사람에 들어가는 비용은 밑지지 않는 투자라고 생각했다. 이런 믿음을 통해 쏟아지는 비난을 강력히 막아내면서 프로젝트를 계속 밀고 나갔다.

그러나 일본 업체 출신 기술자, 그것도 과장급 이상의 인재를 영입하는 일은 매우 어려웠다. 더욱이 당시 일본의 가전사업은 우리와는 비교할 수 없을 정도로 수준이 높았기 때문에 막 발돋움을 시작한 한국 회사에서 이들을 스카우트하는 일은 그리 호락호락한 일이 아니었다. 또한 일본 사람들은 비록 회사를 그만두더라도 회사를 배신하지 않으려는 자세가 투철했기 때문에 접촉 대상이 된 기술자들은 계속 뜸을 들였다. 회사 입장에서도 영입하려는 인재는 물론 그의 가족들까지 일본에서 우리나라로 집을 옮겨와 살 수 있는 조건을 만들어줘야 했기 때문에 투자 경비가 매우 크다는 점이 부담스러웠다. 그러나 나는 미래 사업을 위한 투자라는 확신에 따라 윗분들의 허락을 받아 전격적으로 영입 작업을 실행했다. 기술 제휴가 이뤄질 수 없는 상황이므로 기술을 만들어낼 수 있는 엔지니어들을 영입해 로터리 컴프레서를 개발하는 방법을 선택한 것

에어컨(Aircon) 고문이었던 토미가와 씨와 함께

이다. 그렇게 이미 합류한 조 상을 통해 로터리 컴프레서 설계 경험이 있는 쇼지(Shoji) 상, 품질 경험자 하세가와(Hasegawa) 상, 에어컨 제조기술 경험자 토미가와(Tomigawa) 상을 영입하는 데 성공할 수 있었다. 안팎으로 어려운 환경에서 기술적으로 한창 무르익은 젊은 과장급 기술자들을 세 명이나 영입한 것은 프로젝트 성공의 주춧돌을 얻은 쾌거였다.

그러나 이들과 함께 제품 개발에 착수하자마자 곧바로 문제가 터졌다. 기술자들이 자신들이 일본 업체에서 개발해 생산 중인 제품을 그대로 제시할 수는 없다며 난색을 표했던 것이다. 그러면서 우리가 쓸 수 없는 도면이라도 먼저 내놓으면 이것을 밑천 삼아 품질을 낼 수 있는 제품으로 환생시키겠다고 했다. 우리에게 먼저 도면을 내놓으라는 얘기였다. 이해는 되었지만 난감했다. 도면을 만들지 못해 자신들을 영입한 회사에 도면을 내놓으라니…… 그러나 포기할 수는 없었다. 나는 어떤 것이든 도면만 주면 개발은 이뤄질 수 있다고 생각하고 도면을 구할 수 있는 방법을 찾았다.

역시 도면을 구할 방법은 있었다. 당시 금성사가 인수했다가 실패한 미국 로터렉스(Roterex)의 로터리 컴프레서 사업 전체를 우리 회사가 인수한 것이다. 이후 설비들은 모두 폐기 처분하고 회사에 남아 있던 도면들만 일본에서 영입한 기술자들에게 건넸다. 나는 이들과 협력하여 무용지물이 되어버린 도면을 다시 사용할 수 있게 환생시켰다. 동시에 GE에서 영입한 슬레이턴(Mr. Slayton) 씨와 협의해 공장 규모와 시설을 정하고 설비 도입을 결정했다. 이로써 마침내 로터리 컴프레서 공장을 탄생시킨 것이다. 또한 이 과정에서 수동으로 제품을 만든 후 수차례의 시험을 거쳐 우리가 원하는 사양(Specification)을 찾아 제품 도면을 완성할 수 있었다.

어려운 고비는 이게 끝이 아니었다. 품질을 높이기 위해 각 부문의 가공 공차를 찾아내는 일, 이 치수를 내기 위해 양산 치구를 만들어내는 일을 해야 했다. 이 역시 밤을 새워가며 셀 수 없는 실험을 하자 마침내 해결할 수 있었다. 힘든 과정 끝에 드디어 로터리 컴프레서 제품을 탄생시켰던 것이다. 이처럼 좋은 품질의 제품이 계속 생산되자 회사는 매년 설비용량을 늘려야만 했다. 이때 영입한 세 명의 기술자는 승진을 거듭해 지금도 삼성전자에서 중역으로 일하고 있다.

요즘 20~30대들이 이해할 수 있을지 모르겠으나 이때는 공장에 야전침대를 놓고 생활하며 한 달에 단 하루만이라도 집에 가서 가족들과 식사할 수 있다면 얼마나 좋을까 하는 생각도 가당치 않을 정도로 열심히 일했던 시절이었다. 이 과정을 통해서 체득한 철학이 있다. 내가 필요해서 하는 일, 내가 하고 싶어서 하는 일은 어떠한 역경도 헤쳐 나갈 수 있다는 것이다. 또한 해결 방법을 찾아내는 것 역시 어려움과 힘듦을 느끼지 못하며 체면 같은 것도 없이 오로지 목표를 향해 맹진할 수 있다는 것이다.

냉장고의 용량이 커짐에 따라 로터리 컴프레서는 리시프로(Recipro)를 대신해 냉장고에도 적용됨은 물론 앞으로도 스크롤과 리시프로와 함께 계속해서 발전될 것이다. 한 나라만 생각하면 분명히 한계가 있다. 그러나 전 세계 시장을 선진국, 중진국, 후진국으로 분류해보면 아무리 기술이 발전하고 제품이 달라져도 지역이 바뀔지언정 제품과 기술은 수세기 동안 존속한다는 사실을 알 수 있다. 따라서 처음 새로운 제품을 도입할 때는 제품만이 아니라 기술에 대한 전이 프로그램이 반드시 필요하다. 나는 사업을 처음 시작할 때부터 우리 회사가 외국 선진기업으로부터 기술을 도입했듯 일정 규모 단위로 라이센서 역할을 할 수 있는 자료를 계속 준비하도록 해왔다. 이를 통해 지나간 제품과 기술을 후진국에 팔 수 있도록 하기 위해서이다. 그러고 보면 제품보다 부품이 더 재미있고 실속 있는 비즈니스가 될 수 있다는 생각도 든다.

삼성전관 부산공장 고질병 퇴치 작전

1992년 1월 3일, 신라호텔에서 열린 그룹 시무식을 마치고 회사로 가던 도중 나는 전화로 신규 발령을 받았다. 삼성전관 부산공장 공장장이 된 것이다. 다음날 곧바로 부산으로 내려가 공장장으로 취임했는데, 곧바로 노사회의에 임해야 했다. 그리고 그제야 알게 되었는데 직전 공장장과 사원 측 대표들 간에 협의가 결렬되어 사원들의 파업이 예상되자 급하게 공장장을 바꿨던 것이다.

이런 배경을 모른 채 취임한 나는 평상적인 임금 관련 노사회의로 생각하고 회의에 참석했다. 그런데 공장장실에서 회의 개시를 기다리고 있자니 시작 10분 전부터 갑자기 밖에서 노동가 합창과 응원하는 소리가 시끄럽게 들려왔다. 창밖을 내다보니 회의장으로 오는 길 양쪽에 직원들이 줄지어 서 있고, 머리에 투쟁이라는 글씨가 적힌 빨간 띠를 두른 사원 대표들이 노동가를 부르면서 회의장으로 오고 있었다.

깜짝 놀란 나는 인사담당 임원과 총무담당 임원을 불러 도대체 어떻게 이런 일이 있을 수 있느냐고 다그쳤다. 밖에서는 일부 임원도 사원들과 함께 노동가를 부르고 있었다. 나는 해당 임원을 불러 야단을 치며 당장 사원들을 해산시켜 작업장으로 보내고 대표들만 회의장에 입장시켜야 회의를 열겠다고 했다. 그러자 조 이사가 그러면 큰일 난다고 하면서 이런 일은 지난 5년 동안 계속되었던 일이므로 있는 그대로 받아들이고 회의를 시작해야 한다고 했다.

그때 나는 미국에 있는 동안 많이 변한 우리나라의 노사관계를 처음으로 실감했다. 물론 1987년부터 우리나라의 여러 산업들이 과격한 노조들의 어지러운 분쟁으로 얼룩지고 있다는 것은 알고 있었다. 그렇다고 해도 이런 상태로는 생산성을 떠나 노사 간의 신뢰도 없는데 어떻게 회사를 운영할 수 있느냐 되물으며 나는 고집을 꺾지 않았다. 내가 계속 회의를 시작하지 않자 사원 측 대표들은 파업을 종용하며 모두 공장 뒷산으로 사라져버렸고, 임원들이 밤새도록 이들을 찾아 겨우 자리에 앉혀 회의를 시작할 수 있었다. 하지만 자신들의 주장을 그대로 들어줄 수 없는 이유를 설명이라도 할라치면 사원 측 대표들은 들을 생각도 하지 않고 회의실을 뛰쳐나가 파업을 이끌었다. 뿐만 아니라 노조를 정식으로 구성하겠다고 위협을 가했다. 조업이 중단된 상태로 계속 이런 일들이 반복되며 며칠이 지나갔다.

나를 포함한 경영진들은 곤혹의 구렁텅이에 빠져 강한 스트레스를 받을 수밖에 없었다. 이런 상태로는 도저히 정상적인 공장 운영이 될 수 없다고 판단한 나는 회의를 다음 달로 미룬 후 대책을 강구하기 시작했다. 우선 지금까지 일어난 사건들을 철저히 조사해 주동자들을 파악했다. 또한 사원 중에서 주동자들에게 동조하는 사람이 얼마나 되는지 추정했다. 아울러 회사가 사원에게 제공하는 혜택과 사원 측이 요구하는 조건과의 차이를 파악해 요구를 어디까지 들어줄 것인지 고민했다. 이를 통해 동종업체의 전반적인 수준과 우리 회사가 주는 혜택의 수준을 비교한 후 적절한 수준으로 조정해 사원들의 요구를 부분 수용했다. 그러고 나서야 회사의 들뜬 분위기를 가라앉힐 수 있었다.

그러나 이는 어디까지나 잠정적인 미봉책이었기 때문에 향후를 위해서는 근본 뿌리를 정리하지 않으면 안 되었다. 나는 점진적으로는 직원 대상 교육을 강화하는 한편, 그동안 격렬한 분쟁을 주동해 온 여덟 명의 직원을 정리하는 것이 바람직하다고 판단했다. 이들은 사규를 명백히 어겼고 근무를 태만히 했으며 무엇보다 사고를 냈기 때문이었다. 이에 따라 여덟 명의 해고 사유를 잘 정리해 징계위원회에 올린 뒤 징계 해직을 결정했다. 그러면서도 이면으로는 내가 직접 나서 해고당한 직원들을 다른 회사로 취직시켰다. 그러자 극도로 어수선하던 공장에 차츰차츰 안정이 찾아왔다.

이 일을 통해 나는 오랫동안 잘못된 생각을 행동으로 옮겨 나름대로 실익을 챙기는 맛을 본 사람들은 그 맛으로부터 벗어날 수 없다는 새로운 사실을 확인했다. 또한 이런 사람들을 하루라도 빨리 조직과 분리하는 것이 다른 구성원들에게 도움이 된다는 사실도 실감했다.

오랫동안 시위를 주도해 온 여덟 명을 뒤탈 없이 깔끔하게 정리한 것이 1년 7개월 동안 이 공장에서 내가 했던 일 중에서 가장 큰 공적이었다. 이는 무리하게 해고만 밀어붙인 것이 아니라 회사를 나간 뒤에도 문제를 일으키지 않도록 직업을 알선해주었기 때문에 얻은 결과였다. 또한 노사문제를 완전히 해결한 것은 아니지만 많은 대화를 통해 제도를 보완함으로써 회사 분위기를 이전보다는 한결 부드럽게 만들 수 있었다.

공장 뒷산에 포진되어 있던 군의 대포 사격장을 이전시킨 것도 중요한 공적 중 하나였다. 사격장 문제는 선대 회장님에게서 이전부터 들었던 얘기였는데, 사격 훈련이 이뤄질 때 브라운관을 생산하면 불량이 엄청나게 쏟아졌기 때문에 사격장을 옮기는 것은 공장의 숙원사업이었다. 내가 공장장으로 재임할 당시 군사령관과 군단장을 잘 설득해 사격장을 옮길 수 있었던 것은 나와 회사 모두에게 행운이었다. 이 부대의 군단장이 사대부고 럭비반 선배였고, 선배님을 통해 군사령관과 알게 된 후 우리 회사의 제품 불량이 국가 경제에 얼마나 피해를 끼치는가에 대해 설명을 드리자 고맙게도 이전을 결정해주셨던 것이었다. 실제로 사격장 이전을 이끌어냄으로써 제품의 품질을 현격하게 올릴 수 있었다.

부산공장 공장장으로 있을 때 그전에는 못하던 술이 많이 늘었다. 사원 대표들과 회사 경영과 사원들에 대한 혜택에 관해 자주 만나 소통을 했는데, 아무래도 저녁에는 자연스럽게 술자리로 이어졌기 때문이다. 휴일이나 퇴근 후에는 사원 대표들이 통도사에서 떠온 약수나 뒷산에서 캐온 미나리와 소주를 들고 혼자 있는 나를 찾아오기도 했다. 그러면 가져온 푸성귀로 끓인 찌개를 안주 삼아 밤늦게까지 술자리를 함께했다.

술 먹는 일이 참 힘들었지만 싫다는 내색을 못한 채 사원 대표들이 주는 술잔을 계속 받아 마셨는데, 이런 일들이 부임 내내 이어졌다. 그러다 술을 이기지 못하고 쓰러져 해운대 병원에 실려 갔다가 새벽에 퇴원한 적도 세 번이나 있었다. 어쨌든 이렇게 사원 대표들과 가까워지자 어떤 문제라도 서로 이야기할 수 있게 되었고 웬만한 문제는 미리 대화를 통해 해결할 수 있었다. 또한 매년 개최하는 노사회의 역시 규정에 따라 원만하게 치를 수 있었다.

사람이 서로 신뢰를 쌓는 일은 원칙만으로 이루어질 수는 없다. 사람마다 다른 특성을 잘 파악해 미리미리 원만한 관계를 이루어놓고 오랫동안 관계를 유지하면서 신뢰를 만들어야 한다. 그런데 비서실 노사관리 팀원들은 문제가 있을 경우 실무자를 비난할 뿐, 윗사람들에게 실무자들이 열심히 노력하고 있는 사항은 빼놓고 문제점만 보고하곤 했다. 실제로 내 앞에서 비서실 부장이 현지 공장장인 이사를 마구 욕하며 발길질을 하는 일도 있었다. 그때 나는 강력하게 화를 내며 이곳은 내가 책임질 테니 다시는 오지 못하게 경고를 했다. 이 때문에 비서실에서 내가 노사관리를 잘못하고 있다고 보고를 하기도 했던 것 같다. 그러나 내가 책임을 지고 관리하자 노사문제는 어느 정도 안정을 되찾았다. 1년 7개월이라는 짧은 기간이었지만 여러 문제점을 해결할 수 있어서 기뻤다. 그 후 다시 삼성전자로 발령받아 수원으로 복귀했는데, 이 점으로 볼 때도 나를 삼성전관 부산공장으로 보냈던 것은 노사문제를 해결하기 위한 의도였음이 분명해 보였다.

우리나라 교육 문화에 관한 고언

돌이켜보면 미국 S.I.I.에 있을 때 스틸 웍스(Steel Works) 노조를 상대로 회사 노조 결성을 막아냈던 경력 때문에 내가 삼성전관 부산 공장장으로 차출되었던 것 같다. 처음 부산에 갔을 때 직원들은 일방적인 주장만 했고, 서로가 서로를 믿지 못하며 싸우고 있었다. 언제부터 그랬는지는 모르겠지만 이런 문화로는 회사든 노사관계든 도저히 발전할 수 없겠다는 생각이 들 정도였다. 나 자신을 포함해 우리나라 사람들은 남의 말을 듣고 함께 문제를 풀어갈 생각을 하기 전부터 자기의 이익을 먼저 결정해 놓고 상대방 말을 들을 생각을 전혀 하지 않는 문제가 심각하다. 언제부터 이렇게 되었을까? 왜 이렇게 되었을까? 나는 유치원에 다니는 어린이들 교육제도부터 바꾸고 엄마 아빠들을 재교육시켜 질서를 중요시하고 남을 배려하며 사람들에게 관용을 베푸는 지도자들을 양성해야 40~50년 후에라도 국가 전체가 바로 설 수 있으리라 생각한다.

우리는 역사를 알고 있다. 몽골 제국의 칸(KAN)이 어떻게 세력을 넓히고 오랫동안 국가를 통치할 수 있었으며, 로마 제국이 어떻게 영토를 확장하고 오랫동안 세력을 유지했는지 알고 있다. 이는 무엇보다 통치자의 관용 덕분이라고 생각한다. 단일 민족을 주창하며 남의 종교를 인정하지 않고 정복당한 사람들을 등용하지 않는 무관용의 통치는 쉽게 망하고 금세 사라졌음도 우리들은 모두 알고 있다. 그런데도 우리들의 통치자, 정치가, 경영자들은 이러한 관용을 베풀지 못하고 있고 교육제도를 처음부터 고치려는 의지를 전혀 갖고 있지 않아 보인다. 나는 그 이유를 잘 모르겠다.

또한 정말 아이러니한 것은 이러다가도 우리는 어려운 상황을 만나면 어떻게든 잘 극복해서 위기를 탈출한다. 한국동란을 잘 극복해 현재의 경제로 발돋움한 것, 오일 쇼크(Oil Shock)를 두 번이나 극복한 과정, IMF 외환위기의 어려움을 헤쳐 나온 경험, 또한 유럽연합(EU)에서 조사한 국가별 혁신도에서 우리나라가 혁신국가 1위로 평가받고 있는 점을 어떻게 해석해야 하는지 헷갈리기도 한다.

그러나 분명한 것은 지금처럼 하면 현재 수준으로 사는 것은 문제가 없을지 모르나 세계적인 선진국으로 발전하는 일은 영영 불가능하다는 점이다. 나는 이 부분이 가장 우려된다. 현시점에서 선진국으로 진입하려면, 아니 우리나라 사람들이 선진 국민이 되려면 어린 시절 교육부터 다시 돌아보고 고쳐나가야 하지 않을까? 그렇게 하여 먼 훗날 50년 정도가 지난 후에 새 교육을 받고 자란 세대가 지도자가 되어 우리나라의 모든 부문이 선진국으로 바뀔 것 같다. 그런데 현재 우리 국민들의 현실을 볼 때는 밑바닥까지 떨어져 동란 직후처럼 어려움에 처해봐야 변화의 필요성을 느끼지 않을까, 그래서 강한 지도자가 이끄는 대로 따라오지 않을까 걱정이 깊어진다.

확실히 지금 상태로는 선진국은 될 수 없고 선진국 바로 밑까지만 가능하다고 생각한다. 우리 역사를 보면 국가가 어렵고 사회가 힘들 때마다 훌륭한 지도자가 나와 민중을 이끌었다. 사실 이런 역사는 참 불행한 역사다. 잘될 때 더 잘되기 위해서는 지도자와 국민이 한 방향으로 움직여야 한다. 그러나 지도자와 국민이 같은 방향으로 움직이는 모습을 자본주의 사회에서 보는 일은 정말 어려운 것 같다. 왜냐하면 사람들이 너무 이기적이기 때문이다. 먹고사는 데 문제가 없으면 명예욕을 억제할 수 없어 이기적으로 변하기 때문이 아닐까? 슬프게도 현재로서는 해결책이 없어 보인다. 그러나 나는 포기하지 않고 앞으로 이 문제를 심도 있게 연구할 것이다.

초심과 학습으로 신경영 적임자로 거듭나다

전관에서 전자로 복귀한 직후에 나는 직전에 담당했던 태양광과 배터리 신규 사업을 다시 맡았다. 이때도 기술자 확보에 전념하면서 임시로 만든 공장에 배터리 프로젝트를 위한 시작 생산라인을 구축해 원통형 2차 배터리를 생산하기 시작했다. 나중에 이 사업은 전관에서 이름을 바꾼 삼성SDI로 이관된 후 본격적으로 사업을 하게 된 시초가 되었다. 그렇게 1년 동안 신규 프로젝트 사업을 론칭시킨 후에는 세 번째로 가전본부장으로 발령을 받아 다시 생활가전 사업을 담당하게 되었다. 이후에는 대표이사로 승진하면서 냉기사업부, 에어컨 사업부, 세탁기 사업부, 컴프레서 사업부, 모터 사업부를 모두 관장하게 되었다.

이때가 바로 이건희 회장님이 회장직을 맡고 5년이 지나 자식과 마누라를 빼고 모두 바꿔야 한다고 주창하며 제2의 창업을 선언했을 즈음이다. 당시 회장님은 각 계열사의 대표이사와 주요 임원들을 대동해 전 세계를 누비며 교육과 혁신에 박차를 가했다. 덕분에 나 역시 세계관을 더욱 넓힐 수 있었고 선진 사업의 패턴과 신기술의 트렌드를 읽는 안목을 기를 수 있었다. 실제로 뉴욕 피시 마켓(Fish Market)의 새벽시장을 경험하면서 이곳 사람들이 어떻게 일을 하는지 확인했고, 남대문 새벽시장이 어떻게 형성되어 있으며, 그곳에 종사하는 젊은 여성들이 어떻게 사업을 일으키고 있는지 관찰했다. 또한 사나흘씩 직접 체험하면서 삼성생명의 생활설계사들이 얼마나 어렵게 고객을 유치하는지, 우리 회사의 A/S 기사들이 고객에게 어떻게 서비스를 하는지에 대한 살아 있는 지식들도 많이 얻었다. 얼마나 많은 사람들이 곳곳에서 고생을 이겨내며 살아가고 있는지 몸으로 느낀 것이다.

또한 일류 제품을 써봐야 일류 제품을 만들 수 있다는 생각에 최고급 제품들을 구입해 직접 써보기도 했다. 그룹 안에는 거의 모든 사업 분야들이 있었기 때문에 계열사를 떠나 서로 관심을 갖고 좋은 의견을 교환했다. 예를 들어 호텔에 머물 때도 서비스 방식에서부터 운영 형태까지 면밀히 관찰한 후 해당 회사에 피드백을 해주었다. 길을 걸을 때는 쇼윈도의 형태조차 예사롭게 지나치지 않으며 고객의 관점에서 고찰해보는 습관을 키웠다. 이때 익힌 습관에 따라 회사를 나온 지금도 내게는 이런 행동들이 버릇처럼 남아 있다.

회장님과 함께 세계 곳곳을 돌아보다가 일본 후쿠오카에 도착했을 때였다. 회장님 주재 교육을 막 마쳤을 때 본사로부터 연락이 왔다. 큰 문제가 생겼다는 것이다. 우리 회사 냉장고 설계차장이 LG전자 창원 냉장고 공장에 들렀다가 이 회사 사람들에게 잡혀 검찰에 이송되었다는 날벼락 같은 소식이었다. 곧바로 귀국해 회사에 도착하니 저녁 6시쯤이었는데, 먼저 사건 경위부터 파악했다.

열 절연을 위해 냉장고에 우레탄 훠밍을 할 때 캐비닛 접합부에 있는 틈을 막아주는 테이핑 기계를 취급하는 무역업자가 있었다.

이 사람은 주로 LG에 납품을 하고 있었는데, 테이핑 기계의 효능이 좋으니 삼성전자도 설치하라며 우리 직원들에게 권유를 했다. 그러면서 이미 LG 측에도 다 이야기해서 승낙을 받아 놓았으니 LG 창원 공장에 설치되어 있는 기계를 직접 보여주겠다고 했다. 이에 우리 직원들은 별생각 없이 무역업자의 안내에 따라 LG 창원 공장에 들어갔는데, 정문을 통과해 공장 안의 기계 앞에 갈 때까지 아무런 제지를 하지 않던 LG 직원들이 우리 직원들이 해당 기계 앞에 도착하는 순간 잡아 경찰에 넘겼다는 이야기였다.

LG의 농간에 완전히 넘어간 결과였다. 다음날 나는 여의도 LG 본사를 방문해 당시 LG CEO였던 부회장을 만나 자초지종을 설명했다. 그러면서 이전에 LG 직원들이 우리 반도체 공장에 들어왔다 잡혔지만 훈방해 보내준 일을 이야기하며 정중하게 사과하고 서로 없던 일로 하기로 한 후 웃으며 헤어졌다. 그런데 다음날 아침이 되자 조간신문에 일제히 대문짝만한 기사들이 실렸다. 이 사건을 파렴치로 몰아 삼성전자의 산업 스파이들이 기술을 훔치러 LG 공장에 몰래 침입했다가 적발되었다는 내용이었다. LG의 언론 플레이가 분명했다. CEO끼리 약속한 사항을 다음날 뒤집는 것을 보며 인간에 대한 비애를 느끼지 않을 수 없었다.

물론 이건희 회장님의 명성에 누를 끼친 셈이 되어 회장님에게 꾸지람도 많이 들었다. 어찌 그리 기술이 없어 그런 것까지 도둑질을 하려고 했느냐는 말씀이었다. 참기 힘들 정도로 자존심이 상했으나 일단 사태를 수습하기 위해 해당 차장을 인사 조치할 수밖에 없었다. 명백하게 이 사건은 테이핑 기계를 파는 무역업자의 속임수에 당한 사건이었다. 실제로 기계가 작동하는 것을 보지도 못했을뿐더러 볼 필요도 없는 사안이었다. 단지 해당 직원의 순간적인 판단 착오 때문에 일어난 해프닝이었을 뿐이었다.

이후에도 회장님께서는 뼈를 깎는 혁신의 의지를 강조하셨고 그룹의 모든 경영진 역시 나부터 바꾸자는 분위기가 계속되었다. 이에 따라 그룹에서는 '제1기 CEO 교육과정'을 개설했다. 나는 구 부사장과 함께 자원해서 7개월 기간의 교육에 들어갔다. 처음 3개월은 창조관에 들어가 교육을 받았고, 이후 4개월은 해외로 나가 교육을 받았다. 나는 교육받을 해외지역으로 일본을 선택했다. 당시 같이 교육을 받은 사람 중에 본부장 직급은 나 한 명뿐이었다. 일본으로 떠나기 전 나는 교육에 집중하기 위해 나를 보좌하던 김 전무에게 본부장 권한을 모두 위임했다.

사실 특별한 교육은 없었다. 학습자가 자율적으로 일본 전 지역을 돌면서 스스로 교육과제를 선택한 후 보고 듣고 느끼면서 살아있는 학습을 실행하는 방식이었다. 나는 도쿠가와 막부시절 일본의 젊은 청년들의 세계관, 이들이 구미를 방문해 새로운 문물을 받아들인 후 메이지 유신을 이뤄냈던 과정, 그리고 이런 것들이 현재 일본 산업에 준 영향들을 알고 싶었다. 이에 따라 메이지 유신 주역들의 고향을 돌아보고, 일본제철과 지방자치단체 등을 방문해 관련 자료를 수집하고 연구한 후 논문으로 작성해 회사에 제출했다. 지금도 나는 이때 공들여 썼던 논문을 소장하고 있다.

역시 그 당시 일본 젊은이들의 세계관은 대단했다. 애국심도 뜨거웠고 사명감 역시 충만했음을 느낄 수 있었다. 물론 우리에게는 죽일 놈들이었지만 이들의 충성심, 미래에 대한 사명감, 할 일에 대한 실천력은 자신의 죽음과 바꿀 정도로 크고 높았다. 나는 이런 정신은 죽일 놈들이나 역적이라고 할지라도 반드시 배워야 한다고 생각한다. 또한 일본어와 일본의 가정문화를 배우기 위해 후쿠시마에 있는 쯔네이시 조선소 부회장 댁에서 홈스테이(Home Stay)를 하기도 했다.

당시 쯔네이시 부회장은 이건희 회장이 대단하다고 말하면서 "당신들은 일본을 점령하러 왔느냐, CEO 직급을 현업에서 7개월씩이나 빼서 일본을 공부하기 위해 보내다니 이는 일본 어느 기업에서도 생각하지 못하는 일"이라는 것이었다. 생각해보니 일리가 있는 말이었다. 그래서 나는 시간을 헛되게 보내면 안 되겠다고 다짐하고는, 일본에 있을 동안에는 회사에 연락도 전혀 하지 않으며 내가 정한 공부에만 열중했다.

그렇게 일본 일정이 끝나기 일주일 전쯤 오사카에서 집사람에게 오랜만에 전화를 했다. 그랬더니 집사람이 CEO 교육에 들어간 사람들은 명예 퇴직될 예정이라는 소문이 자자하다며 걱정을 하는 것이었다. 이런 소문에 집사람 혼자서 마음고생을 좀 심하게 한 것 같았다. 나는 염려하지 말라는 위안과 함께 집사람에게 오사카로 와서 금요일 오후부터 일요일까지 3일 정도 함께 지내자고 말했다. 얼마 후 비행기를 타고 온 집사람은 나와 함께 오사카와 교토를 즐겁게 관광한 후 귀국했다. 어차피 집사람이 자비로 비행기 표만 사서 오면 숟가락 하나 더 놓는 것뿐이니 문제될 게 없었지만, 동료들은 다른 사람들 눈치를 보느라 이러지를 못했다.

절체절명의 위기에서 구한 삼성의 에어컨 사업

얼마 후 우리나라로 돌아와 보니 많은 것들이 변해 있었다. 특히 에어컨 사업이 절체절명의 위기였는데, 비서실과 사장의 지시에 따라 8개 에어컨 라인을 다 걷어내고 명맥만 유지하도록 1개 라인만 남겨 놓은 상태였다. 놀랄 일이 벌어진 것이다. 당장 계산으로만 약 500억 원 이상이 날아가다니…… 생산라인을 다시 구축하는 동안 제품을 생산하지 못해 시장을 잃는 손해와 경쟁사에 뒤처져 이를 복구하는 데 들어갈 엄청난 시간과 기회의 손실 등을 생각하니 하늘이 캄캄해졌다.

CEO 과정에 들어간 사람들은 퇴직을 하게 된다는 소문과 달리 가전본부장으로 다시 복귀한 나는 김 전무의 사표를 받았다. 그리고 바로 대표이사로 승진했다. 승진 직후 나는 설계실장이었던 임병용 부장을 불러 3개월 안에 에어컨 8개 라인을 완전 복구하도록 지시했다. 350억 정도로 예상되는 소요비용은 전혀 신경 쓰지 말라고 했다. 임 부장은 불철주야로 고생하며 임무를 완수해 기한 안에 에어컨이 다시 정상 생산되도록 만들었다. 나는 곧바로 임 부장을 이사로 승진시키면서 에어컨 사업부장으로 발령 냈다. 내가 받은 교육이 조금만 더 길었다면 자금 손실은 고사하고 삼성전자에서 에어컨 사업 자체가 없어질 뻔했는데, 이 위기를 무사히 극복한 것이었다.

생산라인 복구 후에는 일본 도시바에서 제조기술 부장으로 오래 일했던 도미카와 씨와 GE의 로터리 컴프레서 설계실장 출신의 슬레이턴(Mr. Slayton) 씨를 영입해 에어컨 사업 중흥을 위한 박차를 가했다. 만약 이때 조금이라도 일이 늦어졌거나 잘못되었다면 지금의 무소음 에어컨은 볼 수 없었을 것이다. 그때를 생각하면 지금도 아찔해진다. 이런 과정을 거치면서 나는 나와 함께 일했던 직원들이나 함께 수고했던 협력업체 사장들의 인성과 됨됨이를 완전히 파악할 수 있었다. 처음 가전사업에서 손을 뗐을 때 어떤 사람들은 내가 당신을 언제 보았냐는 자세로 돌아섰다. 그러다 내가 돌아오자 놀라서 찾아오더니 또다시 떠나자 완전히 안 볼 사람처럼 차갑게 변했다. 그 후 다시 세 번째로 돌아오자 기가 질리는 모습을 볼 수 있었다. 그런데 네 번째로는 대표이사까지 되어 돌아오자 나를 '불사조' 라고 부르기도 했다.

세 번째로 맡게 된 가전사업부

냉장고는 컴프레서와 냉장고의 사이클이 잘 맞아야 소음이 줄어들고 효율이 올라간다. 그런데 이 부품들을 타사 또는 경쟁사로부터 들여와 새 제품을 개발하면 개발 현황을 사전에 노출시킬 수밖에 없다. 또한 경쟁사의 제품과 차별화하기도 힘들다. 이는 모든 가전제품에 해당되는 얘기다. 따라서 제품을 카피(Copy)해서 만들 때는 어쩔 수 없다 하더라도 세계에서 선두를 달리는 회사라면 궁극적으로 제품과 부품사업을 수직적으로 영유해야 한다. 물론 전체 부품을 소유해야 한다는 이야기는 아니다. 사람의 심장에 해당하는 핵심 부품을 말하는 것이다. 이런 이유로 나는 초창기부터 삼성전자에서 부품사업을 시작하고자 노력했고, 그 결과 컴프레서, 모터, 마그네트론을 자체 생산하면서 동시에 냉장고, 에어컨, 세탁기, 전자레인지 등의 제품을 생산할 수 있었다.

이처럼 제품의 경쟁력은 핵심 부품에서 나온다는 철학을 갖고 삼성전자 생활가전 사업을 이끌어오는 과정에서 어려움이 참 많았다. 초창기에는 항상 일본 제품을 카피해서 신제품을 만드는 실정이다 보니, 일본에서 새 제품이 나올 시기가 되면 아키하바라 시장에 가서 제품을 사다 베끼느라 여념이 없었다. 사실 이때는 자체 개발에 대한 개념이 아예 없었다. 그러니 연구개발(R&D)에 대한 투자도 약했고 사람을 키우는 투자는 더욱 미진했다. 나는 이런 현실을 안타깝게 생각하며 어떻게 하면 우리도 우리의 특허를 가진, 우리만의 기술이 들어간 제품을 만들 수 있을까를 항상 고민했다.

그래서 아이디어가 생기면 곧바로 현장의 제조나 생산기술자들과 샘플을 만들어 실험해보는 일을 즐겼다. 이렇게 해서 댐퍼를 개조해 다목적 냉장고도 만들었고, 냉장고의 에버(Ever)를 개조해 역사이클을 이용한 클린 백(Clean Back) 냉장고도 만들었고, 결국엔 HM 사이클까지 만들었던 것이다. 나의 영문 이름 이니셜을 딴 HM 사이클에 대한 특허는 삼성전자와 내가 공동으로 보유하고 있으며, 현재 삼성전자의 대형 냉장고는 모두 이 HM 사이클로 되어 있다.

미국 퍼듀 대학교에서 열린 제47차 미국 A.I.A.T.C 에서 HM 사이클을 설명하는 저자

HM 사이클을 완성한 후 미국의 어플라이언스(Appliance) 사로부터 초청을 받아 퍼듀 대학교(Purdue University)에서 열린 '제47차 Annual International Appliance Technical Conference'에서 HM 사이클에 관한 발표를 한 적도 있다. 전 세계 곳곳에서

모인 가전업체 관계자, 교수, 기자들 앞에서 상세한 사진과 함께 HM 사이클을 소개했던 것이다.

나는 한번 어떤 생각에 몰두하면 문제가 해결되기 전에는 여기서 벗어나지 못한 채 개발실과 현장에서 팀원들과 즐겁게 밤을 새운다. 그런데 삼성전자는 금성과 달리 전자 부문의 입김이 강하다 보니 생활가전 사업에 대한 이해가 부족한 사람들로 인해 그동안 사업 운영에 많은 역경을 만났다. 즉, 전자 부문 사람들이 CEO를 맡아 관리를 강하게 하고 비서실까지 관여를 하다 보니 생긴 어려움이 많았다는 뜻이다. 물론 끈질긴 설득을 통해 역경을 이겨내고 지금까지 올 수 있었다고 생각한다.

솔직히 현직에 있을 때 나는 회장님을 자주 만나는 것을 꺼려 했

퍼듀 대학에서 HM Cycle 학술지 발표 후 기자와 질의응답을 나누는 중인 저자

다. 회장님께서 부르시기 전에 내가 먼저 요청해서 만나 뵙는 일은 없었다. 이 때문에 회장님으로부터 "가끔 찾아와서 현장(Field) 이야기를 해주면 좋으련만 왜 자꾸 나를 피하느냐?"는 꾸지람을 들은 적도 몇 번이나 있다. 그러나 그룹 안에 내가 회장님 근처에 나타나는 것을 싫어하는 견제 세력이 존재하고 있었기 때문에, 오직 일을 통해서만 회장님을 만나기로 마음속으로 결정하고 실천에 옮겨왔다. 사실 회장님을 만나게 되면 업무 외에 이 사람은 어떻고, 저 사람은 어떻게 생각하느냐는 질문을 받게 될 수밖에 없었다. 또한 나와 직접적으로 관련 없는 사업에 대해서도 견해를 밝혀야 하는 상황을 만날 수밖에 없었다. 따라서 타 부문이나 다른 계열사에 괜한 인사 분란이 일어날까 내심 걱정되었기 때문에 일부러 회장님과 거리를 두었던 것이다.

또 한 번의 변신, 멀티미디어 사업본부장

1997년 봄, 가전본부장이었던 나는 조직 개편에 따라 멀티미디어(Multi Media) 사업본부장으로 전직했다. 본부 산하에는 TV, VTR, 오디오, 컴퓨터, 모니터, HD 사업부가 있었다. 그런데 당시 이 제품들의 시장이 모두 어려워 손익 개선을 위해 구조조정이 불가피한 상황이었다. 나는 먼저 스피드 경영을 위해 사업부를 공장이 있는 곳들로 옮겼다. 이에 따라 VTR 사업부는 인도네시아 자카르타, 오디오 사업부는 중국 후이저우(惠州), 하드디스크 사업부는 미국 산호세(San Jose)로 이전시켰다. 항상 한 발 늦어지는 개발 때문에 가격 경쟁력이 뒤쳐지는 것을 극복하기 위해서였다. 그렇게 약 1년 정도 구조조정을 위해 힘쓰며 업무 파악과 조직 재배치를 끝내고 본격적으로 일을 하려고 하는 순간, 불청객이 찾아왔다. 건강에 큰 문제가 생긴 것이다.

목 디스크로 인해 팔이 완전히 마비되고, 어디든 살짝이라도 피부가 닿으면 칼로 베는 고통이 엄습했다. 그나마 다리는 좀 나아 구부정한 자세로 조금씩 걸을 수 있는 게 다행이었다. 그런데 호사다마(好事多魔)라고 바로 그 즈음이었던 1998년 8월 27일, 큰아들 결혼식이 예정되어 있었다. 잔치 하루 전날 집안 식구들과 이야기를 나누던 나는 갑자기 주저앉고 말았다. 몇 주 전부터 팔다리가 저리긴 했지만 움직이는 데는 큰 문제가 없었는데 느닷없이 몸이 말을 듣지 않았다. 목 디스크가 심해지면서 중추신경을 꽉 누르게 되자 다리까지 마비가 된 것 같았다.

사돈들은 결혼식을 위해 이미 미국에서 한국에 와 계셨다. 그래도 내가 입원하면 큰아들 성격에 결혼식을 연기하자고 할 것 같았다. 하는 수 없이 집사람에게만 사실을 알린 후 아무도 모르게 집을 빠져나와 밤새도록 마사지를 받았다. 그리고 이튿날 공항터미널 예식장에서 열린 결혼식에서는 총무부장에게 뒤에서 나를 받쳐

달라고 해서 하객들을 모두 맞을 때까지 고통을 참아냈다. 식이 진행되는 중에도 온몸이 아파왔지만 있는 힘을 다해 겨우 예식을 마칠 수 있었다. 그리고 식이 끝난 후 아이들이 신혼여행을 떠나는 것까지 본 다음 곧바로 삼성서울병원에 입원을 했다.

다행히 미리 연락을 해두었기 때문에 수술은 일사천리로 진행되었다. 목 경추 3번 디스크를 뽑아낸 후 내 방광뼈 일부를 취해 거기에 끼워 넣는 수술이었다. 이 병원에서 처음으로 이뤄진 수술이었던 것으로 기억하는데, 당시 40대 중반이었던 신경외과 허완 전문의가 집도를 해 무려 여섯 시간에 걸쳐 수술을 진행했다. 그런데 수술 도중 중추신경 일부를 건드렸는지 수술이 끝난 뒤에 팔과 다리를 조금도 움직일 수 없었다. 일주일이 지나도록 팔도 못 쓰고 다리로 걸을 수도 없었다.

신혼여행에서 돌아온 아이들은 곧장 병원으로 달려왔다. 그러나 나의 병원 신세가 길어질 것 같자 어쩔 수 없이 아들은 미국으로 먼저 돌아갔고 며느리인 상은이는 한국에 남아 며칠 동안 간호를 한 다음 미국의 신혼집으로 향했다. 이후 한 달 동안 입원해 신경치료를 받고 이후부터는 재활치료에 들어가 조금씩 걷는 연습을 했다.

퇴원 후에는 집에서 매일 오전 두 번, 오후 두 번 하루에 총 네 번씩 집사람과 걷는 연습을 했다. 당시 집사람과 집 근처 보라매공원에 가서 걷기 연습을 했는데, 100미터를 걷는 데 한 시간 이상이 걸릴 정도로 다리에 힘이 하나도 없었다. 그래도 삼성병원에서 재활치료와 신경치료를 병행하자 조금씩 차도가 생겼다. 그러나 정상으로 돌아오려면 꽤 긴 시간이 필요할 것 같았다. 이렇게 목 디스크가 팔다리까지 모두 마비시킬 거란 생각을 전혀 하지 못했다.

그래도 이때 의학이란 것이 대단하다고 생각하게 되었는데 끝에서부터 자극을 주어 신경을 조금씩 살아나게 하는 의술은 참 신기했다. 그러나 무엇보다 본인의 의지와 끈기가 중요하다는 점을 또 한 번 경험하게 되었다. 나는 매일 팔다리 운동을 통해서 반복적으로 풀리는 근육을 강화했다. 그렇게 1년 정도 걸려 어느 정도 정상적으로 움직일 수 있게 되었지만 가끔씩은 멀쩡하게 걷다가 갑자기 무릎 힘이 빠지면서 주저앉는 경우도 생겼다. 그래서 가까운 곳이라도 마음대로 가기가 힘들었다. 나는 그때부터 지금까지 치료 겸 운동을 위해 재활운동을 거르지 않고 있다.

이때도 내가 참 운이 좋은 사람이라고 감사를 하게 된 일이 있었다. 당시 삼성 레포츠에 부산 동아대 체육학과 출신의 헬스클럽 매니저가 차장으로 있었다. 이 친구가 무려 1년 동안 꾸준히 나를 마사지하며 재활운동을 도와준 덕분에 정상으로 돌아올 수 있었던 것이다. 눈물이 날 정도로 고마웠다. 그런데 사정을 들어보니 이 고마운 매니저는 미국 이민을 원하고 있었다. 그래서 나는 LA에 있는 코오롱 헬스클럽에 이 친구의 취업을 알선했다. 그렇게라도 보답을 하고 싶었기 때문이다. 지금은 가족들과 함께 LA에서 행복하게 살고 있는 것으로 알고 있다.

거의 1년이나 아픈 몸을 이끌며 삼성전자 대표이사로서 막중한 일을 하려니 너무 힘이 들었다. 일반적으로 아프기 전 상태와 비교해 70퍼센트 정도가 회복되면 정상인처럼 보인다고 한다. 나 역시 건강 상태를 70퍼센트 정도로 회복한 후부터 재활훈련을 받으며 새로 맡은 사업을 위해 노력했다. 이때가 나의 회사 생활 중에서 가장 힘든 시기였다. 특히 내가 맡은 오디오, VTR, 하드디스크 사업들이 모두 어려워 이들을 정리하느라 신경을 많이 써야 했기 때문에 마비 상태의 팔다리가 원래대로 돌아오기까지 어려움이 더욱 컸다. 스트레스가 풀릴 여유도 없이 업무는 과중했고, 외국으로 출장을 나가 해외 사업을 팔로우 업(Follow Up)해야 하는데 몸이 말을 듣질 않으니 스트레스는 오히려 증폭만 되었다. 더군다나 새로 맡은 멀티미디어 사업은 이제 막 앞으로 나아갈 준비를 마치고 힘차게 발전을 해야 할 단계였기 때문에 할 일이 태산 같았다. 그래서 집사람이 나를 안쓰러운 눈길로 쳐다보며 자신이 먹여 살릴 테니까 사표를 내라고 할 정도였다. 내 머리에서 삼성이 떠나지 않으면 몸을 회복하기는 힘들다며 성화를 내기도 했다.

그러나 지금까지 어떻게 해서 여기까지 왔는데…… 여기서 주저앉을 수는 없었다. 그렇게 다시 힘을 내어 열정을 발휘하고 있을 즈음 비서실에서 연락이 왔다. 윤 사장, 기획실장과 함께 비서실에 들어서자 운영팀장과 비서실장, 그리고 회장님이 앉아 있었다. 보통 회장님께서 부르시는 경우에는 사전에 비서실에서 회의 주제를 알려주며 준비하도록 해줬는데 이번은 별다른 이야기 없이 호출을 한 거였다. 아마 윤 사장은 알고 있는 눈치였지만 나에겐 아무런 귀띔도 없었다.

회장님은 헝가리 공장의 상태에 대해서 질문했다. 그러나 당시 나는 건강문제로 헝가리에 한 번도 못 가본 상태였다. 앞으로 가서 현황 보고를 들어야겠다는 계획만 갖고 있을 뿐이었다. 따라서 회장님과 함께 나누고 있는 이야기들을 도무지 알 수 없었다. 그러니 회장님 입장에서는 나를 한심하다고 생각했을 것이다. 책임자가 현 상태에 대해 모르고 있으니 솔직히 내가 나를 생각해도 한심했다.

나는 "미처 파악하지 못해 죄송하다, 신속 정확하게 알아본 후 대책을 세워 보고하겠다"는 말씀만 드리고 회의실을 빠져나올 수밖에 없었다. 돌아오는 길에 '건강은 다른 어떤 것보다 중요하구나, 내 건강 때문에 회사와 업무에 피해가 가서는 안 되겠다' 는 생각을 더욱 깊이 하게 되었다.

시간이 조금 지난 그해 10월 말쯤 다시 회장님을 만나게 되었는데, 나는 건강 문제 때문에 아무래도 그만두어야겠다고 말씀을 드렸다. 그러자 회장님께서 아직 멀쩡한데 무슨 소리냐고 하시면서 지금 자리에 문제가 있으면 다른 방도도 있으니 사표를 낼 필요는 없다는 것이었다. 나는 삼성전자의 사장 자리가 얼마나 막중한데 그럴 수는 없다며 간곡히 말씀드린 후 밖으로 나왔다. 그리고 두 달이 지나 연말이 되자 회사에서 나를 고문으로 발령을 내겠다는 연락이 왔다. 회장님께서 내 앞에서는 거절을 하셨지만 아무래도 그 이후에 이야기가 되었던 모양이었다. 몇 달 전부터 그만두기로 마음먹었지만 막상 통보를 받으니 마음속엔 시원함보다 섭섭함이 밀려왔다. 나 역시 인간이기 때문에 그랬던 것 같다.

나는 고문도 사양하며 사표를 제출했다. 그랬더니 회장님에게 직접 허락을 받아오라고 해 회장님을 다시 만나 회사와 내 건강을 위해서 고문 임명도 거둬달라고 했지만 허락을 받지 못했다. 그래서 2000년 1월부터 상근고문으로 물러앉아 있다가 2년 후에야 진짜 사표를 내고 회사에서 나올 수 있었다. 그리고 다시 2개월이 지난 후 인사담당 부사장이 찾아와 고문 계약서에 서명을 해달라고 했다. 처음에는 거절했지만 어디까지나 예우 차원이니 업무에는 전혀 신경 쓰시지 않아도 된다고 해 이를 수락했다. 그래서 상당 기간 삼성전자 비상근 경영고문으로 재직하면서 이후의 삶을 조금씩 준비할 수 있었다.

어느 조직이나 마찬가지겠지만 절대로 건강을 잃으면 안 된다. 자신의 건강에 문제가 생겨 회사에서 그만두라고 하는 것은 솔직히 억울한 일이 아니다. 평소 스스로 건강 관리를 잘해 이런 일이 없도록 사전에 철저히 준비해야 한다. 왜냐하면 건강은 남이 아니라 나만 관리할 수 있는 일이며, 건강 문제는 모두 자신이 게으름을 피워 생기기 때문이다.

아직 끝나지 않은
나의 이야기

삼성전자 대표이사로 있다가 2000년 초부터 2년 동안 상근고문으로 물러나 있으면서, 나는 그동안의 시간들을 되돌아볼 수 있는 기회들을 갖게 되었다. 또한 이후 나의 인생을 재설계할 시간도 가질 수 있었다.

Physical Exercise와 Mental Exercise의 밸런스

먼저 그동안 회사 일로 건강을 지키지 못해 병치레를 했기 때문에 나는 건강 관리부터 설계했다. 그런데 평균수명이 계속 늘어나고 있지만 오래 사는 게 반드시 좋은 것인가 하는 의문이 생겼다. 나는 오래 사는 것에는 장점과 단점이 있다고 본다. 사회에 도움을 주면서 건강하게 오래 살면 좋지만, 건강이 좋지 못해 주위에 걱정을 끼치면서 오래 사는 것은 본인만이 아니라 주위에도 어려움을 줄 뿐이므로 바람직하지 못하다고 생각하는 것이다. 그러나 사람의 수명은 자기 맘대로 되는 것이 아니기 때문에 결국 건강을 위해 노력하는 수밖에 없다.

건강을 위해 노력하는 방법에는 신체훈련(Physical Exercise)과 정신훈련(Mental Exercise) 두 가지가 있다. 평소부터 나는 이 두 가지의 균형(Balance)을 잘 맞추며 살아가야 건강을 유지할 수 있다고 생각해왔다. 나는 1년간의 목 디스크 재활치료 중 습득한 운동 방법을 이어가기로 했다. 집사람과 함께 매일 서초동 삼성 레포츠에 가서 유산소 운동 1시간, 근육운동 30분, 좌욕을 겸한 목욕 40분 등 총 3시간 운동 일정을 짜서 실행에 옮겼다. 정신훈련(Mental Exercise)은 일을 하는 게 가장 바람직하다고 평소 생각했지만, 이순(耳順)이 지나서는 삼성에서 하듯 일하면 안 되고 내가 통제할 수 있으며 자유업보다는 약간 더 신경 써야 하는 조직에서 일하는 것이 좋으리라 생각했다.

이에 따라 기업체에 인재를 찾아주는 서치(Search) 회사를 설립했다. 이는 전부터 은퇴 이후 하고 싶었던 일이었고 이건희 회장님과도 공감했던 일이었다. 회사의 이름은 큰아들의 조언에 따라 'H&M Associates' 로 지었다. 이 회사에 일하며 중단 없이 정신훈련(Mental Exercise)을 이어갔다.

한편 무릎에 문제가 생길 것을 대비한 취미활동을 위해 6개월 동안 강남역 근처에 있는 클래식 기타 학원에 다녔다. 분당으로 이사를 온 후에는 선생을 집으로 초대해 계속 기타 강습을 받았다. 그러자 혼자서 악보를 보면서 간단한 곡을 연주할 수 있게 되었다. 이후에도 1년 정도 강남구청에서 운영하는 통기타반에 나가 강습을 받으며 새로운 노인 친구들과 시간을 보내기도 했다.

그림에도 입문했다. 김근태 화백의 지도를 받아 젊은 화백들과 함께 유화를 배웠다. 젊은 화백들은 나보다 오랫동안 그림을 그려왔고 이미 등단까지 한 사람들도 있었는데 이들과 함께 좋은 시간을 보내며 즐겁게 그림을 그렸다. 나중에는 그동안 그린 15점의 그림을 전시회에 출품하여 동료들과 함께 인사동에서 전시회를 갖기도 했다. 전시회가 개최될 때는 둘째 아들 철주가 전시회 오프닝(Opening)으로 칵테일파티를 마련해줘 동료들과 내빈 모두 즐겁게 칵테일을 마시면서 전시회를 진행하기도 했다. 전시회 당시 나는 지인들에게 다음과 같은 문구를 넣은 초청장을 보냈다.

Gallery LA MER에서

어언 70년의 세월이 지나가고 있네요.

우리의 지난 세월은 해방, 6.25 등 격동의 파란만장하면서도

한편으로는 경제를 부흥시켰던 역동의 세월이 아니었나 생각됩니다.

뒤돌아볼 새 없이 앞만 보고 숨 가쁘게 달려오다 보니

나도 모르게 여기까지 오게 되었습니다.

우연히 젊은 화백들 틈에 끼어 붓을 들어

그 깊은 예술의 세계로 빨려들어 가는 자신의 삶을 발견해 봅니다.

보물 같은 손주 아이들의 초상화를 통해서

자신의 지난 유년 시절의 일부를 되찾아보고

미래의 새로운 시간과 공간을 다시 찾아보고자 합니다.

그동안 준비한 몇몇의 작품과 함께한 동료들의 작품을 함께
감상할 수 있는 조촐한 자리를 마련하였으니
시간 되시는 분은 오셔서 함께 좋은 시간 되셨으면 합니다.

—이해민 드림

나는 막상 붓을 들면 시간 가는 것을 못 느낀다. 어떨 때는 오른쪽 어깨가 떨어져나가는 아픔을 느낀 뒤에야 붓을 놓기도 한다. 그러고 나서 시계를 보면 벌써 몇 시간이 훌쩍 지난 것을 알게 된다. 지금도 선생님이나 동료들과 여러 가지 그림 재료에 대해 대화하

화실에서의 한때

며 하나하나 지식을 넓히고 있으며, 여러 색을 통해 독특한 색상을 찾아내는 시도를 지속해 나만의 색을 찾아 깊이 있게 들어가다가 처음 경험하는 나만의 세계로 접어들기도 한다. 이러다 보면 시간은 무의미해진다. 무한의 시간과 공간에서 끝도 없이 헤매는 것이 인간이구나 하는 생각이 들기 때문이다.

가끔씩 전시장을 방문해 다른 작가들의 그림을 보면서도 많은 상상을 하게 된다. 동시에 예술의 세계가 인간 감성에 주는 영향이 정말 오묘하다는 사실도 다시 느낀다. 또한 그림을 함께 그리는 젊은 동료들이 화백으로 발전하기 위해 열심히 노력하는 모습을 통해 새로운 세계를 발견하고 나의 나머지 인생을 즐겁게 살기 위해 열정을 더욱 불태운다.

최근에는 전사모 서예반에서 매주 수요일마다 3시간씩 서예를 즐기고 있다. 또한 주말에는 가능한 한 친구들과 함께 등산을 하고 있다. 고등학교 동창들이 모인 등산회 회장으로 활동도 하고 있고, 친구들과 함께 삼성 레포츠 안에 산악회를 만들어 백두대간을 이루는 주요 산들을 모두 주파하기도 했다. 주중에도 삼성 레포츠에 가서 일정 시간 운동을 하고 있으며 한 달에 두세 번씩 골프를 치고 있다.

그러면서도 정신 건강을 위해 큰 문제가 없는 한 회사에 출근해 틈틈이 일하고 있다. 그러나 스트레스를 덜 받기 위해 75세를 넘긴 후에는 모든 권한을 위임해 결재는 직접 안 하고 있다. 이처럼 타이틀은 회장이지만 고문 형태로 업무를 하고 있기 때문에 현직에 있을 때와는 달리 큰 스트레스 없이 하루하루를 지내고 있다.

'기업은 사람'을 설파한 10년간의 Recruiting 사업

나는 퇴직 후 국내에서 막 시작되고 있던 헤드헌팅(Head Hunting) 사업에 많은 관심을 가졌다. 미국에서 사업을 할 때 헤드헌터들을 활용했던 경험도 있었고 평소에도 인재의 중요성을 강조해왔기 때문이다. 또한 많은 인재들을 다루는 과정을 통해 나 스스로 인재를 보는 안목을 더욱 넓히고 싶었다. 특히 우리나라에 갓 진출한 외국 기업들을 위해서 헤드헌팅이 꼭 필요하다고 생각했다. 나는 미국에 있던 큰아들 한주에게 회사 설립에 필요한 여러 자료와 미국 유수 대학을 졸업한 한국계 학생들의 리스트를 요청했다. 또한 국내 실정을 자세히 조사했는데, 이제 시작 단계인 헤드헌팅 업체들은 보통 부장급 이하까지만 소개하고 있었다.

헤드헌팅 회사를 운영하는 경영자들 역시 외국기업에서 과차장급 경력을 쌓은 후 퇴직한 사람들이 많았다. 그나마 영어가 좀 된다는 사람들이 회사를 만들어 헤드헌팅을 하고 있었는데 아직까지는 사업이라고 할 수 없을 정도였다. 특히 무엇보다 임원(Executive) 레벨을 취급할 수 있는 회사는 한 곳도 발견할 수 없었다. 왜냐하면 헤드헌터들이 직접 인터뷰를 해서 평가서를 작성한 후 사장이나 중역 후보를 고객에게 추천해야 하는데, 그 정도의 일을 할 만한 회사와 경영자가 그때까지는 없었던 것이다. 또한 당시 국내의 헤드헌터들은 경영이나 인력을 관리해본 경험이 적었다. 따라서 사람을 보는 안목이 높지 않아 우리나라에 진출한 외국기업 임원들과 허심탄회한 소통을 하기에는 여러모로 부족했다. 그러다보니 실무자 중심으로 인력을 소개하는 데 급급했고 정작 외국기업에서 절실히 요구하는 임원급들을 적절하게 찾아주지 못하고 있었던 것이다.

나는 이 점에 착안해 CEO 및 임원 전문 헤드헌팅으로 방향을 잡아 이전부터 마련해두었던 강남대로 뱅뱅 사거리 유니온센터 빌딩에 사무실을 마련하고 외국기업을 고객으로 사업을 시작했다. 우선 직접 마이크로소프트(Microsoft), 휴렛팩커드(HP), 인텔(Intel), GE와 외국계 컨설팅 회사인 베인앤컴퍼니(Bain & Company), 모니터(Monitor), 액센츄어(Accenture) 등의 본사 사장과 우리나라 컨트리 매니저(Country Manager)들에게 편지를 보냈다. 인재를 구하는 데 도움을 주겠다고 했더니 전부 환영의 답장을 보내주었다.

우선 다섯 명 정도의 직원을 뽑아 부장 이하의 잡 서칭(Job Searching)을 하도록 했고, 부회장이나 사장 등 임원급 이상은 내가 직접 인터뷰를 한 후 내 명의로 추천서를 보내면서 일을 추진해갔다. 인력 추천을 시작하자 임원급 이상의 많은 인재들이 찾아와 인터뷰를 하며 가고자 하는 회사의 알선을 요청해왔다. 그동안의 경험과 노하우에 따라 이들을 정확히 평가하고 분석한 후 적합한 포지션에 추천하자 외국기업들은 매우 흡족해하며 계속해서 인력 추천을 요청해왔다.

나는 국내에 진출한 외국기업만이 아니라 한국에서 미국으로 진출을 원하는 사람들을 위해서도 움직이기 시작했다. 삼성전자에 합류해 일하다가 미국으로 돌아간 GE의 냉장고 컴프레서 설계실장 출신인 슬레이턴(Mr. Slayton)은 미국 애틀랜타에서, GE의 TV 생산부장을 역임한 클레이(Mr. Clay)는 워싱턴에서, 켈비네이터(Kevinator) 사장이었던 토버(Mr. Tober)는 피츠버그에서 나를 돕도록 해 미국 내 업체에 인재들을 소개하도록 했다. 일본 지역은 도미가와 상에게 맡겼다. 도시바에서 영입해 삼성에서 나를 돕던 도미가와 상이 회사를 그만두자 도쿄에서 나를 돕도록 한 것이다. 이들과 함께 국내외를 모두 소개하는 우리나라 최초의 헤드헌팅 사업을 전개했다.

그렇게 시작한 헤드헌팅을 10년 가까이 하다 보니 후배들에게는 직장을 알선하게 되어 기쁘고, 고객사에는 좋은 인력을 소개하게 되어 좋았다. 큰돈이 되지는 않았지만 운영 경비는 충분히 조달될 정도였고, 무엇보다 사람을 보는 안목이 넓어지고 각 기업들의 오너(Owner)들과 친분을 쌓게 되었다. 무엇보다 새로운 사업을 통해 노년의 인생을 보람 있게 지낼 수 있다는 점이 기쁘고 흐뭇했다.

처음에는 국내에 진출한 외국기업들과 일을 많이 했지만 5년 정도 시간이 지난 후에는 국내 회사들과의 일이 더 늘어났다. 그러다 경기가 나빠지고 고용 없는 성장이 시작되면서 더 일을 해야 할 젊은 후배들이 어쩔 수 없이 직장을 떠나야 할 상황이 늘어나면서 일의 방향을 바꾸었다. 처음부터 이 사업은 돈을 위해 시작한 것이 아니고 좋은 일을 하며 세월을 낚고자 하는 목적이었기 때문에, 본격적으로 후배들을 위한 직장 알선을 위해 힘을 집중한 것이다. 사실 그동안은 삼성전자 출신이 사회에서 인정을 받아왔기 때문에 매년 퇴직하는 후배들을 궁합이 맞는 회사에 많이 알선하고 있었다. 그러다 보니 삼성전자 외에 LG전자나 현대자동차에서 명예 퇴직한 후배 임원들에게도 직장을 알선해주거나 이들을 재교육을 시켜야 할 일이 많아졌다.

이에 따라 나는 사업을 좀 더 확장해 대기업 퇴직자들을 체계적으로 재교육시켜 재취업을 돕는 아웃플레이스먼트 전문회사인 리헥트 해리슨 코리아(LHH DBM KOREA)와 협업을 시작했다. 우리 회사에서 나를 돕던 직원 몇 명을 DBM으로 전직시킨 뒤, 나는 대학의 석좌교수와 명예교수를 맡아 최고경영자과정 등에서 2년 정도 강의에 집중했다. 또한 이후 국내 대기업들과 계약을 맺어 매년 퇴직하는 임원들을 재교육하는 과정을 진행했는데 처음에는 LG와 계약을 맺고 여기에서 나온 임원들을 교육했다.

교육과정 중에는 지난 경험들을 중심으로 국내 대기업 및 중소기업의 실태와 각 기업에서 근무할 때의 자세 등에 관해 강의를 했다. 이렇게 시작된 강의가 좋은 반응을 얻어 점점 인기가 올라갔다. 생생한 현장 경험을 중심으로 했기 때문에 교육생들로부터 산 교육이라는 평가를 받았던 것 같다. 강의 요청이 계속 쇄도해 한주가 국내로 들어와 사업을 본격적으로 시작할 무렵인 3년 전까지는 줄곧 강의를 해왔다. 지금도 종종 강의 요청이 오지만 이제는 건강과 본업 때문에 완곡히 거절하고 있다.

나는 그동안 50~60명이 넘는 후배들에게 재취업의 기쁨을 주었고 외국기업에 근무하던 사람들 역시 많이 도와주었다. 아마 모두 합치면 나를 통해 재취업에 성공한 사람이 200명은 족히 넘을 것 같다. 이런 성과는 재취업한 사람들은 물론 나에게도 큰 자산이 되었다. 이들은 지금도 나에게 큰 고마움을 갖고 있는 것 같고, 일을 그만둔 지금까지도 종종 다른 사람들을 데려와 재취업을 부탁하곤 한다.

나는 삼성전자 대표이사를 퇴임하고 나서도 조금도 쉴 틈이 없었다. 평소부터 조직에서 일하는 것만큼 정신 건강을 위해 바람직한 일은 없다고 생각해왔기 때문에 의도적으로 조직 안에서 일을 하는 방향으로 생활을 유도하고 있기 때문이다. 어떨 때는 작은 틈도 없이 시간을 쓰고 있는 내 모습을 보며 '이제는 일을 좀 줄여야지' 하고 생각하지만 뜻대로 잘 되지 않는다.

이제는 다 정리했지만 부산대학교 경영대학 최고위 과정과 서울대학교 국제대학 GLP 과정에서도 강의했고, 인하대학교에서는 명예교수로 강의하기도 했다. 또한 사이버 교육회사인 유넥스트

(UNEXT)를 설립해 회장으로 일하기도 했다. 이때는 종종 국내 대기업 임직원을 대상으로 사이버교육 중간에 학습자들의 친교를 위해 오프라인 강의를 2시간씩 했다. 그러다 나이가 일흔이 되자 강의를 하다 메모가 없어지면 가끔씩 이야기하던 것을 잊어버리는 일이 생겼다. '이러다 큰일 나겠다' 싶은 마음에 모든 강의 활동을 그만두었다.

강의를 그만둔 또 한 가지 이유는 장거리 여행을 할 수 없기 때문이었다. 집사람과 해외여행이라도 가려면 강의를 건너뛰어야 하는데 이는 해서는 안 될 미안한 일이었기 때문에 아쉽지만 모든 강의를 하지 않기로 했다. 사실 삼성전자에 근무하며 5대양 6대주를 모조리 돌아다녔지만 일을 위해서만 다녔지 관광을 제대로 해본 적은 없었기 때문에 늦었지만 요새는 짬날 때마다 집사람과 지구촌 곳곳을 둘러보고 있다.

기업과 인재의 가교 역할에서 보람을 찾다

인재 발굴과 교육에 집중하고 있던 2004년 가을, 삼성그룹 퇴직임원 동우회인 성호회에서 '보람에 산다'는 코너의 인터뷰를 요청해왔다. 당시 제일기획 서인숙 작가가 인터뷰를 진행했는데 성우회 회보의 인터뷰 내용을 소개한다.

"기업과 인재의 가교 역할에서 보람을 찾지요."

헤드헌팅업체 H.M.&Associates, Ltd.는 국내의 기업들에게 적제적소의 인재를 찾아주는 서치펌으로 정평이 나 있다. 강남의 벤처밸리 한가운데 자리 잡은 사무실 문을 열고 들어서면 서가가 가득하고 빼곡히 꽂혀 있는 명함첩부터 눈에 띈다. 이 명함 한 장 한 장을 무엇보다 소중히 여기며 전문 인력에게는 일터를, 기업에게는 최상의 인재를 찾아주는 일에 무한 보람을 느낀다는 이해민 대표. 기업은 사람이라는 삼성의 경영 철학을 바탕으로 인재와 기업의 가교 역할을 하고 있는 이 대표를 만나보았다.

〈오늘: 기업과 인재의 가교 역할〉

"HR(Human Research) 사업을 해보니 종합적인 경영 마인드가 무엇보다 필요한 분야라는 걸 느낍니다. 최상의 인재를 발굴하려면 고객사별로 해당 산업을 꿰뚫어보는 식견과 기업경영에 대한 폭넓은 이해도 갖춰야 하지만 많은 사람을 다뤄보고 채용해 본 경험이 가장 필수적이지요"라고 말하는 이해민 대표는 고객사에 꼭 맞는 인재를 찾아 연결시킴으로써 양자 모두가 만족하는 결과를 거둘 때의 보람에 맛 들려 이 일에 푹 빠져 지낸다고 한다.

이해민 대표가 이 회사를 창업한 때는 IMF 체제 하에서 구조조정이 한창일 무렵이었다. 전체 경제구조의 틀이 다시 짜이다 보니 뛰어난 능력을 갖춘 이들도 조직 축소 등으로 밀려나는 일이 많았다. 당시 상근고문으로 경영 일선에서 물러나 있던 이 대표는 이들의 경험과 능력이 사장되는 것을 안타깝게 여겨 후배들이 다시 일할 수 있는 여건을 만드는 데 기여하겠다고 마음먹었다. 이런 생각이 가능했던 것은 그동안 축적해 온 광범위한 인맥 Network가 뒷받침되었기에 추진력을 얻을 수 있었다. 어찌 보면 이 일을 하며 제2막 인생을 시작한 셈인데…….

"그 기초는 물론 그간의 경험에 있지요. 30여 년간 수많은 사람을 면접하고 채용하면서 나름대로 사람을 보는 안목이 생겨 고객사가 필요로 하는 인재를 식별하고 선택할 수 있다고 자부합니다. 여기에 사업상 세계 도처의 수많은 경영인들과 교분을 쌓은 것이 가장 큰 밑천이 되었다고 할 수 있습니다."

그는 특히 훌륭한 기업부터 찾는 다른 헤드헌팅 업체와 달리 훌륭한 후보자를 먼저 찾아 Job Search를 하는 것을 원칙으로 삼고 있다. 기업에서 요구하는 수요에 비해 좋은 인재를 공급하기가 쉽지 않기 때문이기도 하지만 성공한 Great Company가 보여주는 First-Who, Then-What의 철학에 기인해서이기도 하다. 특히 삼성인들에 대해서는 국내외를 막론하고 호의도가 높아 좋은 성과를 거두고 있다고 한다. 그만큼 뛰어난 인재를 가려 뽑는데다 채용 후에도 체계적인 교육을 통해 성장시키기 때문이라는 그는 이 일을 하며 사람을 키우는 삼성의 기업정신을 다시 한 번 확인했다고 한다.

"삼성 재임 시절에 이건희 회장께서 만나기만 하면 첫 질문이 후계자를 키웠느냐, 좋은 사람을 위해 삼고초려의 자세가 필요하다는 이야기를 하셨는데 요즘 그 말이 새삼스럽게 다가옵니다. 삼성 하면 모두들 인재 제일과 기업은 사람이라는 경영철학을 꼽잖아요? 경영에서 사람의 중요성을 간파한 그 같은 혜안이 오늘의 삼성을 이루게 한 원동력이 되었다고 봅니다."

특히 이해민 대표는 이건희 회장의 "知行用訓評", 즉 지식을 갖추고(知), 이를 행동에 옮기며(行), 잘 쓰고(用), 가르치고(訓), 평가(評)하라는 이야기야말로 리더의 자질을 단적으로 정리한 것이라며, 삼성인들의 우수한 자질은 이러한 기업문화 속에서 갈고 닦여진 결과라고 말했다. 이 같은 기준에 따라 21세기형 리더를 발굴하고 그 인재들이 신바람 나게 일할 수 있는 일터를 찾아주는 것이 소임이라는 얘기였다. 그는 이처럼 보람을 만끽하며 즐겁게 일하는 이면에, 도전하고 치열하게 일했던 지난날의 땀과 열정을 품고 있었다.

〈어제: 삼성에 무궁한 긍지를 느끼며〉

이해민 대표는 1974년 1월 삼성전자 기획실의 신규 사업 담당으로 경력 입사해 냉장고 핵심 부품인 컴프레서를 국산화하는 주역으로 일했다. 사원에서 시작한 그의 이력은 이후 정보가전 부문 대표이사 등에 이르기까지 가전맨으로 일관했다.

그는 처음 입사했을 때 초보 삼성인으로 삼성문화에 적응하느라 무던히 애썼다고 한다. 동료들과 찻집에 갔을 때 삼성이 아닌 다른 회사 설탕을 쓴다고 일어서 나올 때의 황당함이라든가, 누가 시키지도 않았는데 밤늦게까지 일하는 동료들 눈치 보느라 좀이 쑤셨던 일도 시간이 흐르면서 차츰 삼성인으로 동화되어 가는 자신을 느끼게 되었다고 한다. 그런 애사심과 열정을 품고 일해 온 노력들이 쌓이고 쌓여 기업문화가 되고 전통이 되면서 오늘날 일류기업의 토대를 이루었다는 분석이다.

"얼마 전에 광주 삼성전자 가전공장에 갔는데, 직원들이 8시 반 출근인데도 7시부터 나와서 청소를 하더라구요. 직원들에게 자발적으로 일하는 것이냐고 물었더니 선배들이 그렇게 해 와서 후배들도 자연히 그렇게 하고 있다고 대답합디다. 삼성 사람들은 스스로 일하려는 마음자세가 강해요. 헤드헌팅 일을 하면 기왕이면 삼성인으로 구해달라는 기업들의 요구를 왕왕 듣게 되는데 다 이런 교육의 영향이 큰 것 같습니다."

이렇게 말하는 이 대표 역시 수원 전자단지에 냉장고 컴프레서 가공라인이 완공되어 가동에 들어갔을 때 생산 책임자로서 조기 출근에 익숙했다고 한다. 경제개발에 대한 의지로 공장들마다 밤낮없이 불 밝히며 돌아가던 시절 그는 군대식 업무 스타일로 사업장의 군기를 잡았다고 한다. 삼성그룹의 첫 번째 기계제품 설비공장인지라 엄격한 규율을 세워야 했기에 심지어 새벽 6시부터 공장 정문 앞에 버티고 서서 출근하는 직원들의 두발 상태를 점검하기도 했고 제품 개발 시에는 전시장 카펫을 걷고 임시 숙소를 만들어 연구원들과 함께 밤샘 근무하는 강행군도 마다하지 않았다. 이런 돌격대 스타일은 1984년 미주 법인장(S.I.I.)으로 발령이나 그곳에서 근무하면서부터 많이 누그러졌다.

그러나 국내 생산 기지에서 제품개발에 골몰했던 열정은 수출 최일선에서도 그대로 불타올라 가전으로 세계를 집권하겠다는 꿈을 실현하기 위해 종횡무진 뛰는 나날이 이어졌다. 그 결과 그가 총괄하는 미주 생산법인은 미국 하버드 비즈니스 스쿨에서 이종 문화 간 융화능력에 대한 케이스 스터디 자료로 활용되었으며 한국과 미국 언론으로부터도 노사관리 성공에 대한 찬사를 받았다. 또 1987년 멕시코의 TV, 전자레인지 제조법인인 SAMEX 사장에 취임한 그는 1989년 삼성그룹 회장상을 수상할 정도로 성공적인 운영을 이끄는 탁월한 리더십을 발휘했다.

이후 1990년 2월 본사에 복귀해서는 삼성전자 가전본부장에 이어 정보가전 부문 대표이사로 일하며 가전부문 발전에 기여했다. 특히 일명 '독립문 냉장고'로 불렸던 다목적 냉장고 개발은 삼성전자의 독창적인 기술 개발 수준을 세계에 과시한 쾌거였다. 고성능 다증발 순환장치로 불리는 이 기술은 이 대표의 이니셜을 따서 HM Cycle로도 불렸는데, 냉장실과 냉동실을 각각 독립적으로 제어해 전력소요를 절감하고 습도를 최적상태로 유지해주는 것은 물론 냉매로 CFC를 쓰지 않아 환경 보호에도 이바지하는 기술성과를 거두었다.

"그런 성과를 거두기 위해서는 실무자들의 노력도 필요하지만 경영진들의 큰 안목과 관심 또한 절대적인 조건입니다. 지금 생각하면 아찔한 이야기지만 선대 회장이신 이병철 회장께서 새벽에 불시에 현장을 방문하신 일이 있었는데, 당시 과장이던 저를 옆에 세우고 현장을 돌며 질문을 많이 하셨는데 그때 겁 없이 날름날름 대답하던 저를 뒤따르던 경영진들이 얼마나 노심초사하셨을지 임원이 되고 보니 알겠더라구요."

전체를 아우르며 판단해야 하는 윗사람의 고충은 냉기사업부장 시절에 돈키호테 식 발상으로 무결점 선언을 했을 때도 뼛속 깊이 느꼈다고 한다. 그 당시 보증기한 내에 냉장고의 결함이 발생하면 신제품으로 바꿔준다고 해 350억 원의 막대한 자금을 투입했다. 물론 이 같은 충격요법으로 불량 이미지를 극복하고 품질 마인드를 바꾸게 되었지만 섣부른 판단으로 경영상의 리스크를 자초하지는 않을까 속 탔던 심정은 지금도 생생하게 느껴질 정도라고 한다.

〈미래: 계속 정진하는 삶, 정년은 없다〉

그는 평소 공부하고 연구하기를 게을리하지 않는다. 미국에서 근무할 때 하버드 EMBA 과정을 수료했고, 삼성 SDI 부산 공장장 시절에도 부산대 경영대학원에서 운영한 최고경영자과정을 이수했고, HMA 시절에도 서울대학교 경영대학원에서 운영하는 Global Leaders Program을 이수할 정도로 자기개발에 철저하다. 또 신입사원부터 쓴 메모 노트가 몇 백 권에 이를 정도로 작은 것도 기록하고 확인하는 치밀한 일 처리를 하고 있다.
기록 습관은 삼성에서 만난 첫 상사였던 김연수 사장으로부터 배웠다고 한다. 항상 손에 노트를 들고 다니며 아랫사람의 의견을 꼼꼼히 기록하는 습관, 부하직원이 밤새며 일하는 옆에서 같이 토론하고 도와주며 힘을 북돋아주는 마음 씀씀이까지 김연수 사장에게 배운 것이 많다. 요즘에는 성대회(삼성그룹 퇴임 대표이사들의 모임)에서 매월 만나 골프도 치고 술도 마시며 선후배 간의 돈독한 정과 인생의 여유를 함께 나눈다고 한다.
요즘 들어 이 대표에게 옛 동료들과의 만남만큼 즐거운 것이 주말 등산과 가족 동반 여행이다. 그러나 그에게 일 없는 인생은 의미가 없다. 지금도 그의 직함은 H.M.&Associates 대표이사 회장, Educasia Korea 회장, 아모텍(Amoteck) 회장 등 몇 가지에 이른다. 남들은 하나도 하기에 벅찬데 몇 가지 일을 하면서도 여유를 잃지 않는 이유는 즐거운 마음으로 하기 때문이라는 설명이다. 이같이 왕성한 열정으로 정년 없는 인생을 영위하고 있는 이해민 대표는 성우회 회원과 성대회 회원들의 지식과 경험이 중견, 중소기업의 발전을 위해 활용될 수 있다면 국가 경제 발전에도 큰 이득이 될 것이라며 많은 활동을 해주길 기대했다.
'정신적, 육체적으로 정상적인 활동이 가능한 시기를 85세까지로 보면 앞으로 내겐 15년의 활동기가 남은 셈' 이라는 이 대표의 끊임

없는 삶의 의지를 대하며 그가 감명 깊게 읽었다는 스펜서 존스의 책《선물(The Present)》의 글귀가 떠올랐다.

"지금 일어나는 일에 대해 생각하고 일해라."

과거의 일은 성공이든 실패든 빨리 잊고 앞으로의 삶을 위해 필요한 것만 기억하고 미래의 계획을 세워 현재에 집중하라는 메시지다. 미국 출장길에 비행기 안에서 두 번을 독파했다는 이해민 대표가 찾는 삶의 방식도 그러한 것일 게다.

이 인터뷰 기사를 소개하다 보니 부연하고 싶은 내용이 하나 생각났다. 컴프레서 프로젝트를 수행하는 과정에서 부품사업부가 만들어졌는데 나는 초대 사업부장으로 김연수 부장을 직속상관으로 모셨다. 그런데 얼마 후 김 부장님이 임원으로 승진해 중공업으로 자리를 옮기셨기 때문에 내가 이 사업을 맡아 운영했다. 그런데 다시 내가 가전의 냉기사업부장이 되면서 부품사업부가 없어져 버렸다. 부품사업부에서 함께 일했던 동료들 대부분이 나와 함께 가전으로 옮겨 계속 근무를 하게 되었지만 일부는 다른 근무처로 이동해야 했다. 시일이 지나고 나니 회사를 그만둔 사람들도 생겼다. 나는 희로애락을 함께했던 사람들을 찾고 싶어졌다. 나를 도우며 함께 엄청난 고생들을 한 동료들이었기 때문이다.

나는 관리부장에게 지시해 부품사업부 옛 동료들의 소재를 파악했고 얼마 후 오랜만에 뭉칠 수 있었다. 지금은 신도시가 생긴 영통

야산에 큰 황골보신탕집이 있었는데, 우리는 분기에 한 번씩 여기서 모여 옛 이야기를 나누곤 했다. 내가 퇴임을 하면서부터는 이 모임을 기초로 삼백회(삼성 백색 가전회)를 만들었다. 삼성전자 생활가전 출신의 부장 이상 퇴직자들 모임이 탄생한 것이다. 나는 5년 동안 삼백회의 회장을 맡아 모임의 기초를 닦았다. 지금은 연령 순으로 후배들이 자동으로 2년씩 회장 역할을 하고 있다. 지금도 두 달에 한 번씩 옛 동료들이 다함께 모여 훈훈한 시간을 즐기고 있다.

중소기업 경쟁력 강화를 위한 지식봉사

나는 퇴직 후 필립스(Philips) 본사 CRT 사업체로부터 사장 제의를 받은 적이 있었다. 당시에는 현직 복귀를 긍정적으로 고민했는데 결국 두 아들의 강력한 반대로 그만두었다. 아들들은 '유럽 회사 사장은 삼성 이상으로 스트레스를 많이 받는데 건강이 좋지 못해 삼성을 나오신 분이 유럽 회사 CEO로 가신다는 게 무슨 말씀이냐?'며 내 필립스 행을 제지했다. 홍콩에 가서 인터뷰까지 마쳤지만 결국 아들들의 뜻에 따라 포기를 할 수밖에 없었다.

그러던 중 이전부터 교류가 있던 미국 반도체 장비회사의 한국 법인장인 김병길 사장이 아모텍 김병규 사장과 함께 나를 찾아왔다. 김병길 사장은 서울고 동창인 김병규 사장이 전자부품 사업을 시작했는데, 회사에 체계가 안 잡혀 있으니 나에게 경영을 좀 도와 주었으면 좋겠다고 했다. 전혀 생각해본 적도 없고 바로 답을 줄 수도 없어 이런저런 이야기만 잔뜩 들은 후 돌려보냈는데, 그 뒤에도 두 사람은 계속해서 나를 찾아와 경영 자문을 부탁했다. 그래서 나는 당신네 사업을 듣지도 보지도 못한 채 대답을 줄 수 없으니 회사부터 한번 보자고 했다. 얼마 후 김포 애기봉 근처에 있는 아모텍 공장에 방문했다. 공장에서는 주로 릴레이(Relay)를 제조하고 있었고, 알루미늄 호일(Foil)을 들여와 와인딩(Winding)해서 파워 서플라이어(Power Supplier)용 코어(Core)를 만들고 있었다.

공장은 여기서 무슨 품질이 나올까 싶을 정도로 지저분하고 원시적이었다. 그동안 봤던 제조공장 중에서 가장 낙후된 상태의 기본이 안 된 공장이었다. 더군다나 여기서 생산하는 릴레이는 내가 삼성전관 공장장일 때 생산해서 잘 알고 있는 제품이었다. 릴레이는 완전 자동으로 생산하지 않고는 생산성도 문제고, 무엇보다 앞으로 다른 제품으로 대치될 예정이기 때문에 다른 회사들은 해외로 공장을 내보낸 다음 차츰 사업을 접고 있는 중이었다. 그런데 상황이 안 좋으니 오히려 호기심이 생겼다. 무에서 유를 만들고 싶은 의욕이 생긴 것이다. 마음속으로 지금까지의 경험을 살려 이제 막 시작한 사업을 성공시키겠다고 다짐하면서 경영 자문 요청을 수락했다.

아마 이때 아모텍이 사업을 잘하고 있었다면 거절을 했을 것이다. 어차피 삼성전자를 나오면서부터는 돈 벌 욕심은 접었으니 말이다. 우리 부부가 평생 먹고살 돈은 있다는 생각, 지금까지 쌓아온 경험과 노하우들을 후배들에게 넘겨주어야 한다는 신념, 그리고 이제부터는 인생의 멋진 마무리를 위해 보람 있게 살겠다는 다짐뿐이었다. 그래서 대우를 어떻게 해드리면 되겠느냐고 묻는 김병규 사장에게 회사가 어려운 지경이니 돕는 마음으로 자문을 하겠다고 했다. 대신 서툰 운전을 해결할 수 있는 차량만 한 대 제공해 달라고 했다. 아모텍과의 인연이 시작된 것이다.

보통 중소기업에서 대기업 출신을 영입하는 이유는 거의 대기업으로부터 수주를 받기 위한 목적이 크다. 그러나 나는 그쪽으로는 전혀 신경을 안 썼다. 회사를 나올 때부터 삼성에 도움이 되지 않는 단순한 연결은 하지 않겠다고 생각해왔기 때문이다. 또한 아모텍의 수준은 아직 그럴만한 단계도 아니었다. 나는 김 사장에게 경영 지도를 하며 현장의 기술과 품질을 올리기 위해 힘을 기울였다. 먼저 릴레이를 단계적으로 걷어낸 후 다이오드(Diod)를 대체할 바리스터(Varister)를 생산하게 했다.

그렇게 바리스터를 만들어 대만으로 수출하기 시작했는데 품질에 문제가 생겨 중간에 포기하는 일도 일어났다. 나는 현장에 5S를 도입해 청결에 힘쓰며 현장관리를 지도했다. 일선 생산직원들에게 정리 정돈과 안전을 기본 철칙처럼 지키게 하자 1년쯤 지나서는 직원들의 몸가짐이 반듯해지고 현장이 깨끗해졌다. 나아가 문제가 발생해도 쉽게 찾을 수 있는 모습으로 현장이 변신했다. 그래도 아직은 공장에서 나오는 바리스터를 삼성통신 애니콜(Anycall) 단말기 부품으로 연결하기에는 이르다 생각했다. 그런데 때마침 이 부품을 일본 교세라에서 전량 수입하던 삼성통신이 품질과 가격 때문에 교세라와 문제가 생기자 제2의 공급처를 물색하기 시작했다. 그리고 삼성통신 이 사장과 구매담당 전무가 나를 찾아와 바리스터의 구매 현황과 교세라를 길들이기 위한 전략을 설명하면서 도움을 요청했다.

나는 아모텍이 아직 삼성과 거래할 형편이 아니므로 조금만 기다려 달라고 말했다. 그러면서도 내부적으로는 다른 회사에 대한 판매를 중단하고 재고를 쌓아 삼성전자가 3개월 동안 쓸 수 있는 물량을 준비하도록 했다. 왜냐하면 교세라는 결코 만만한 상대가 아니며 삼성통신이 먼저 아모텍을 충분히 인정할 수 있어야 했기 때문이다. 또한 나는 삼성통신과 교세라의 거래가 중단되길 원하지 않았다. 전자제품을 취급하는 회사에게 교세라는 언제든 도움이 될 수 있는 회사이기 때문이다.

삼성통신 이 사장은 내 대학 후배이자 내가 멀티미디어 본부장일 때 오디오 사업부에 있던 인물이었다. 그때부터 빠른 결단과 뚝심과 자부심이 강한 이 사장이 무슨 일이든 잘해내리라 기대하고 있었다. 예상대로 이 사장은 교세라에 납품 중단을 통고하며 품질 향상 대책과 가격 인하를 요구했다. 동시에 아모텍에는 납품을 요구했다. 그런데 교세라는 한국의 업계 현황을 파악하고 있긴 했지만 아모텍 정도를 경쟁상대로 생각하지 않았던 것 같았다. 그래서인지 삼성전자의 요구에 대해 일주일이나 답변을 주지 않았다. 그동안 아모텍은 미리 확보해두었던 바리스터를 삼성통신에 공급하기 시작했다.

아모텍을 무시하며 버티던 교세라는 애니콜의 생산 물량이 계속 늘어나는 추세에 결국 삼성의 요구 조건을 받아들이면서 납품을 재개했다. 사실 이때 교세라가 조금만 더 버텼다면 아모텍의 부품 공급은 바닥이 났을 것이다. 그런데 다행히 일이 잘 되느라고 생각보다 빨리 교세라가 항복을 한 것이다. 이로써 삼성은 교세라의 콧대를 꺾었고 아모텍은 품질과 생산성을 모두 높일 수 있었다. 이처럼 공장 개선활동과 작업인력에 대한 교육을 매일매일 실시하자 품질은 더욱 높이고 가격은 계속 낮출 수 있었다. 이런 상태로 시간이 좀 더 흐르자 교세라가 바리스터 부품을 포기할 것이란 소문까지 들리기 시작했다.

2~3년 지나자 아모텍은 완전히 다른 회사가 되어 있었다. 직원들의 외모와 표정부터 훤해졌고 작업장도 말끔해졌다. 직원들의 행동도 달라지기 시작했다. 공장에는 회전체가 많기 때문에 안전을 위해 작업복 단추를 꼭 잠그는 등 단정한 복장 착용이 필수적이었다. 그런데도 처음부터 안전 문화가 정착되지 않아 직원들은 이런 일들을 모두 하찮게 여기고 있었다. 사실 CEO부터 복장 단정에 관한 중요성을 정확히 인식하며 실천해야 마땅했지만 그러질 못하고

있었던 것이다. 그러나 오랜 노력 끝에 복장부터 단정히 하자는 문화가 정착되면서 작업장은 안전하고 청결한 공간으로 변했다.

중소업체 사장들은 개인과 작업장의 정리 정돈이 제조 현장의 기본이라는 점을 분명히 인식해야 한다. 작업복을 단정히 입는 일은 단지 옷 하나의 문제가 아니다. 옷을 똑바로 입는 일은 모든 일의 기본이다. 좋은 습관과 제도가 모여 회사가 모든 방면에서 마땅히 가야 할 길을 찾아갈 수 있게 만든다. 내가 삼성전자에서 실시했던 'My Machine, My Job, My Area' 운동 역시 여기서부터 시작된 것이다. 아모텍에서는 사장이 항상 뒤로 빠져 있었기 때문에 할 수 없이 제조기술 지도를 위하여 내가 일선에 나서 간부들의 교육과 현장 지도를 담당했다. 지금 가만히 생각해보면 김병규 사장은 일부러 뒤로 한 발 물러서서 나름대로 진행 현황을 관찰하면서 경영 노하우를 터득했던 것 같기도 하다.

이처럼 10년 정도 중소기업과 중견업체에서 고문이나 회장으로 경영 지도를 하면서 지식봉사를 했다. 지도할 때는 반드시 메모력이 있는 과장 이상의 직원을 할애 받아 나를 따라다니며 지도하는 내용들을 메모하도록 했다. 이를 정리한 후 나에게 확인을 받아 교육자료로 사용하도록 했다. 나는 지금까지 이 메모들의 복사본을 모두 보관하고 있다. 이런 방법을 쓰는 이유 중에는 똑똑하고 말귀를 제대로 알아듣는 직원을 훌륭한 인재로 키우려는 목적도 있다.

메모를 통해서도 CEO의 스타일에 따라 이행하는 방식의 차이를 볼 수 있었다. 훌륭한 CEO는 최소한 임원급을 내게 붙여 철저히 메모하고 내용을 자료화하도록 했다. 그 후 메모 내용을 본인이 직접 들여다보며 실행에 옮길 사항에 대해서는 철저히 팔로우 업(Follow Up)해서 좋은 결과를 만들어냈다. 반면 어떤 CEO는 마지못해 사원급을 붙여 메모를 하게 했다. 메모를 보더라도 관심 없이 형식적으로 사인만 하고 내용을 제대로 들여다보지도 않았다. 당연히 활용도 하지 않았다. 나는 이런 모습을 보면서 역시 '기업은 사람이다' 라는 것을 새삼 확인했다.

진정 훌륭한 리더는 사람을 볼 줄 알며 여러 멘토를 구해 많은 것을 듣고 배우려고 노력한다. 세계적으로 명성이 자자한 훌륭한 사람들도 멘토를 두고 있다는 사실을 명심해야 한다. 따라서 중소, 중견기업을 운영하는 경영자들은 고문 제도를 활용해 기업 경영에 적극 활용해야 한다. 이런 기업들은 아무래도 실제 권한을 갖고 있는 오너들이 올바른 판단과 과감한 결단을 내릴 수 있어야 한다.

중소기업과 중견업체 경영자를 위한 조언

대기업 협력업체로 운영되는 우리나라 중소기업과 중견업체의 오너나 경영자들에게 공통적으로 발견되는 특징 중 하나는 '우물 안

개구리' 같다는 점이다. 자신이 고생해서 성공했다고 생각하지만 실상은 대기업에 기생해서 주는 것만 받아먹고, 겨우 매출을 올리고 수익을 내지만 언제 사라질지 모르는 아슬아슬한 형태로 회사를 경영한다.

이에 따라 이들은 대부분 공부를 게을리하고 있다. 대기업 총수들이 촌각을 다투는 시간에도 훌륭한 경영자나 세계적인 석학을 만나 고견을 듣고 사업의 흐름을 공부하며 비행기 안에서조차 고객과 지식인들을 만나 공부하듯, 중소기업과 중견업체 사장들도 조언을 많이 들어야 한다. 또한 여러 공장들을 방문해 식견을 넓혀야 한다. 그런데 솔직히 현실에서는 이런 사람을 발견하기가 어렵다.

물론 사람마다 성공의 기준은 다를 수 있다. 회사를 일정 규모 이상으로 키워놓은 후에는 스스로 성공했고 경영도 잘하고 있다고 생각할 수도 있다. 그러나 지금부터 발전이 시작되는 건데 더 이상 공부할 생각을 하지 않고 자만하거나, 여러 면에서 부족한데도 겉핥기처럼 경영을 배우는 모습을 보면 정말 안타깝다. 아마 이런 안타까운 현상은 본인의 자존심이라는 문제가 가장 크게 작용했기 때문이 아닐까 생각한다. 아무리 학력이 높아도 젊어서부터 큰 조직에서 쌓은 실전 경험을 통해 강하게 단련된 사람이 아니고서는 나이 오십 줄을 넘으면 모두 쓸데없는 자존심만 남게 된다. 그러나 자존심은 문제만 더 야기한다는 사실을 명심해야 한다.

지금은 비록 원청업체에서 요구하는 부품만 납품하고 있더라도 중소기업과 중견업체 사장들이 미래를 향한 꿈을 품고 그 꿈을 실현하기 위해 노력하길 바란다. 미래에는 어떻게 독립할 것이고 이를 위해 공장 형태를 어떻게 할 것인가를 고민해야 한다. 꿈의 규모에 따라 사업을 글로벌하게 운영하고 제품의 품질 수준을 높여야 한다. 세계의 경쟁자들이 따라오기 힘들게 만들고 다음 단계를 대비하는 제품과 사업까지 연구해야 한다. 그리고 이런 고민의 밑바탕에는 항상 사람을 어떻게 끌어들일 것인가에 대한 비전이 필요하다. 만약 자신이 배냇병신이라 진전이 되지 않으면 과감하게 전문경영인을 영입하고 후선으로 물러나는 것도 방법이다.

내가 10여 년 이상 부단히 교육시킨 한 업체가 있다. 10년 이상 노력하자 경영을 위한 중요한 것들은 대부분 수용해 실시하고 있는 것처럼 보인다. 이 회사는 처음에는 남의 공장을 빌려서 사용하고 있었다. 기존에 있던 건물을 사용하다 보니 당연히 제품 생산을 위한 바람직한 레이아웃(Layout)을 만들어내지 못했다. 공장 실내에는 구축물이 빼곡하게 쌓여 있었다. 나는 이런 문제들을 단계적으로 차근차근 개선하기 위해 우선 교육을 실시했다.

사장에게는 미래를 위해 자금이 확보되는 대로 임차가 아닌 자가 공장을 확보할 것을 조언했다. 또한 공장의 위치는 무엇보다 납품처가 가까워야 하고, 가능하면 생산하고자 하는 제품의 자재 조달이 용이한 곳을 선택하라고 주문했다. 그러자 사장은 기존 남의 공장을 인수한 후 리노베이션(Renovation)을 해 처음으로 공장다운 건물을 갖게 되었다. 뿐만 아니라 차츰 사업이 확대되면서 여러 지역으로 공장을 확대하게 되었다.

어떤 품목이든 자재와 생산의 흐름을 쉽게 볼 수 있어야 문제점을 바로 확인할 수 있고 생산성을 쉽게 파악할 수 있다. 따라서 생산 공장은 우선 입구에 들어설 때부터 공장 전체를 파악할 수 있도록 해야 하고, 생산 물류의 흐름이 물 흐르듯 자연스럽게 해야 한다. 설비를 갖추고 몇 년 지나면 다시 생산현장이 어지러워지고 복잡해져 생산 현황 파악이 힘들어진다. 그래서 항상 제조기술에 관심을 갖고 발전시키면서 공장을 관리해야 한다. 이 업체들은 초기에 비하면 지금은 상당히 좋아졌지만 내 마음에는 아직 40퍼센트도 차지 않는다. 비록 매출이 2,000억 가까이 되었다고는 하지만, 이는 여러 사업 부문의 합계이기 때문에 품목 하나하나로 보면 여전히 중소업체 수준을 벗어나지 못하고 있다.

이 정도의 사업은 언제든지 뒤집어질 수 있는 상황이기 때문에 손을 완전히 뗀 지금까지도 나는 이 회사들을 우려하고 있다. 제조업체는 생산성 품질을 생명으로 해야 한다. 그러나 제조기술이 중요하다는 말만 하고 기술을 획기적으로 개선할 처방은 생각하지 않는다. 우선은 CEO부터 사업과 제품에 대한 철학을 분명히 갖고 조직을 강하게 이끌 것을 권고한다. 그렇지 않다면 강한 실천력과 혁신적인 마인드를 가진 인재를 영입해 조직의 변화를 이끌어가도록 하길 바란다.

반면에 발 빠른 변화와 열정적인 노력으로 대기업 못지않은 경쟁력을 갖춘 중소기업과 중견업체들도 있다. 그중에서 한국단자공업이라는 회사를 소개하고자 한다(책에 회사명을 표기하는 것이 망설여지기도 했으나, 이 회사는 CEO의 리더십과 회사 운영 전략이 다른 회사에 충분히 알려도 될 만큼 모범적이기 때문에 회사의 실명을 표기한다). 지금의 한국단자는 세계 제일의 삼성전자 사람들도 회사 공장을 벤치마킹할 정도로 공장 혁신에 성공했다. 이런 성공은 나의 강력한 지도를 이 회장께서 전폭적으로 믿으며 따라서 밀고 나가셨기에 가능했다. 한국단자는 모든 공장의 중간 구축물을 전부 헐고 '5S' 운동과 'My Machine, My Area, My Job' 운동을 활발히 전개했다. 또한 TPM(Total Productive Maintenance) 운동을 생활화하면서 각 공정의 모든 기계들을 언제나 닦고, 조이고, 기름 쳐서 깨끗이 보존하고 있으며 생산 물류 역시 잘 흐르도록 유도하고 있다. 이에 따라 공정마다 자동화가 쉽게 이행되고 공장의 청결도가 좋아져 직원들이 머물고 싶은 공장이 되었다.

한국단자를 자문하면서 더욱 기뻤던 점은 한 공장을 샘플로 지도해서 개선하면 다른 공장들도 단계적으로 똑같이 개선하며 나아가 공장끼리 서로 선의의 경쟁을 하는 모습을 볼 때였다. 이런 모습은 개선을 위한 강력한 의지를 가진 CEO가 자문받는 내용을 믿으며 실천한 덕분이라고 생각한다. 현재 현대자동차는 한국단자가 생산하는 부품의 품질을 전적으로 믿고 맡기고 있다. 보통 자동차 업체들은 신규 부품을 주문할 때마다 항상 여러 업체에 비딩(Bidding)을 붙인다. 이에 따라 단가를 고집하는 한국단자는 비딩에서 떨어질 때가 많다.

하지만 결국 주문이 다시 한국단자로 돌아오는 경우가 많다. 한국단자에서 생산하는 부품들의 품질이 그만큼 좋고 신용을 지켜가며 납품을 하고 있기 때문이다. 지금도 한국단자에 몰리는 주문은 나날이 늘어나고 있으며, 이에 따라 생산이 최대량으로 이루어지는 선순환 가동이 되고 있다. 또한 LED 제품의 리드 프레임(Lead Frame)을 만드는 파주공장에 새롭게 투자해 삼성 LED에 납품을 하고 있다. 후발주자임에도 불구하고 먼저 시작한 업체보다도 품질 등 여러 면에서 앞서고 있는 것이다. 이에 따라 삼성으로부터 물품을 더 공급할 수 있는 체제를 구축해 달라는 요청까지 받고 있다. 이와 같은 성과의 배경에는 운영의 기본을 갖춘 공장이 존재한다. 똑같은 형태로 여러 회사들을 자문했지만 각 기업체마다 성과에는 확연한 차이가 난다. 이는 무엇보다 자문받는 회사 CEO의 의지와 태도의 차이 때문이다. 따라서 CEO는 직원들이 지도받은 사항들을 이행할 수 있도록 강하게 주문해야 하고 실행 과정들을 직접 꼼꼼하게 챙겨야 한다.

내가 자문을 할 때마다 모든 회사에 강조하는 포인트 가운데 하나는 특정 대기업의 협력회사 역할을 하더라도 가능하다면 원청사와의 거래량을 회사 최대 생산량의 40퍼센트 이하로 가져가라는 점이다. 즉, 한 거래처에 매출이 40퍼센트 이상 몰리지 않도록 다변화해서 운영을 하도록 주문한다. 매출을 줄이라는 이야기가 아니라 거래처를 다변화해서 적극적으로 매출을 올리면서도 균형을 이뤄 회사가 위기에 처하지 않도록 미리 대비하라는 조언이다. 이에 따라 한국단자에는 전자사업부를 다시 편성해 가전용 단자 사업을 늘리도록 했고, 자동차부품 사업도 미국, 유럽, 중국 등으로 확대하도록 자문했다. 현재 이 회사는 확실히 내 자문 내용에 충실하게 사업과 고객의 다변화를 위해 힘쓰고 있다.

또한 이 회장께서는 공장 부지 선택에 탁월한 안목을 갖고 계시다. 현재 갖고 있는 남동공단 공장, 포승공장, 광주공장, 중국 웨하이 공장, 베트남 공장, 본사 건물, R&D 건물들은 아주 좋은 위치에 규모까지 적정하게 만들어져 있다. 이처럼 타이밍에 맞는 부지 선택을 통해 대규모 경비들을 크게 절감할 수 있었다. 그러면서도 미래를 위해 앞으로 진출해야 할 국가들을 계속 주시하면서 검토하고 있다. 나는 이런 모습을 통해 한국단자가 가까운 장래에 대기업으로 발전할 것이라 확신한다. 우리의 국가와 시장 규모를 생각할 때 모든 기업체의 경영진들은 반드시 사업의 꿈을 국경을 뛰어넘는 범위까지 품어야 한다.

한국단자 이 회장께서는 나를 잘 알고 계셨던 것 같은데, 처음 경영 지도를 부탁하셨을 때부터 나 역시 이 회장에 대해 미리 들은 바가 있어 성심껏 도움을 드리려고 노력했다. 그러나 무엇보다 이 회장께서는 항상 겸손하시며 당신이 선택한 이상 믿고 따라주는 경향이 있어 도와주는 사람이 스스로 성심성의껏 할 수 있도록 하시는 것 같다. 내가 처음 부임했을 때 이 회사의 매출은 1,300억 수준이었다. 그러나 지금 현재는 사업이 확장되어 7,000억을 육박하고 있다. 이제는 완전히 선순환이 가능한 구조가 된 것이다.

이에 따라 이 회장께 "내가 없어도 회사를 잘 경영하실 수 있는 상태가 되었고, 나 역시 내 사업이 있으니 이제 그만두겠다"고 말씀을 드리자, 이 회장은 "안 나오셔도 됩니다만 그만두겠다는 말은 하지 말라"고 말씀하고 계신다. 그러면서 "가끔 만나 술 한잔하면서 이야기나 나누자, 인생 이야기도 좋고 경영 이야기도 좋다, 저녁 한때만 함께 보내면 좋지 않겠느냐" 하시기에 지금도 그렇게 하고 있다. 만날 때마다 나는 이 회장님의 겸손함에 놀란다. 나보다 선배이시고 어쩌면 나보다 창업과 기업 경영에 대해 더 많은 경험을 하신 분인데도 늘 겸손한 자세로 많은 사람들로부터 경험담을 들으시며 잘 소화하고 계시기 때문이다. 사실 오히려 내가 이분으로부터 배우는 것이 더 많다고 생각한다. 이 회장님께서는 80이 넘으신 연세에도 아직 더 듣고 싶은 얘기가 많다며 늘 내 얘기에 귀를 기울이신다. 그러니 나 외에도 많은 사람들이 저절로 이 회장을 돕고 있는 것 같다.

다른 중소기업과 중견업체들에 도움이 될 만한 내용이 있어 아모텍이라는 통신 단말 부품업체를 소개하고자 한다. 아모텍은 박사 학위를 갖고 있는 김병규 회장이 창업한 회사다. 회사의 연혁과 현황을 자세히 확인하는 과정에서 김 회장이 매우 잘하고 있는 점을 발견했다. 바로 부단한 노력으로 능력 있는 개발자를 찾아내 영입하고 있다는 사실이다. 이는 기존 생산품을 영위하면서도 미래를 위한 새로운 부품 개발에 힘쓰고 있다는 증거다. 김 회장은 회장 직속으로 개발조직을 운영하면서 미래에 필요한 제품의 소재와 부품들을 끊임없이 개발해 제품화가 가능한 시점이 되면 수익사업으로 전환하고 있다. 나는 이런 노력을 아주 높이 평가하고 싶다. 물론 나 역시 내가 자문하는 회사의 CEO들에게 이 점을 항상 주지시켜왔지만 이 또한 이야기해준다고 바로 실천이 되는 것은 아니다.

그러나 아모텍 김 회장은 확실히 연구 개발에 대한 효과적인 투자로 계속 성공을 만들어내고 있다. 현재 생산하고 있는 통신단말기 부품인 바리스터는 초기에는 다이오드를 채용하여 쓰고 있던 것을 성능이 향상된 작은 크기로 만들어 대체시킨 것이다. 우리나라에서는 아모텍이 가장 먼저 국산화에 성공한 것으로 알고 있다. 또한 방수필름을 만들어 단말기를 방수제품으로 변신시키고, 얼마 전 신문에 대서특필된 것처럼 플렉서블(Flexible) 배터리를 만들고, 국내에서는 처음으로 안테나 소재를 개발하고 있다.

이처럼 아모텍 김 회장은 부단하게 새로운 창조품을 시장에 내놓고 있는데 이는 정말 멋지고 바람직한 일이다. 이와 같은 노력들을 통해 대기업과의 관계에서 개발에 성공한 신 부품을 큰소리치며 납품하고, 제품업체와 공동으로 신 부품을 개발한다면 중소, 중견기업들의 경쟁력은 눈에 띄게 올라갈 것이다. 이는 우리나라의 수많은 중소, 중견업체 경영자들이 반드시 눈여겨보아야 할 대목이다.

사람이 없다는 한탄 대신 방법을 찾아라

어떤 회사든 경영자와 간부 사이에는 강한 신뢰감이 상존해야 한다. 그렇지 못하면 이것이 곧 생산성과 품질의 저하로 나타난다. 신뢰를 만들기 위해서는 무엇보다 철저하고 공평하고 투명한 평가 제도를 확립해야 한다. 내가 경영자일 때 분기별 평가 제도를 도입한 적이 있다. 최소한 분기에 한 번은 팀장과 팀원이 부서와 개인의 분기별 목표치와 실적을 주제로 충분히 소통하며 평가하도록 한 것이다. 리더는 결단력을 소유하는 것도 중요하지만 동기 부여자로서의 역할이 더 중요함을 항상 명심해야 한다. 따라서 리더는 분기 평가를 위해 팀원들과 면담하기 전부터 팀원 개개인의 면모를 정확히 파악해야 하며, 이를 바탕으로 성과를 잘 낼 수 있는 방안을 강구하고 팀원들을 격려해야 한다.

또한 경영자는 모든 직원들이 공동의 가치에 공헌하고 모든 일을 더욱 훌륭하게 처리할 수 있도록 항상 독려해야 한다. 물론 각 개인들의 제안을 다 받아줄 필요는 없지만 부하직원의 제안을 일언지하에 거절해 버린다면 둘 사이는 분명히 불편해질 수밖에 없다. 동기 부여를 위해서는 무엇보다 상대방의 말을 잘 들어줄 수 있어야 한다. 우량업체와 보잘것없는 업체의 차이는 바로 이런 데서 나타난다는 사실을 유념해야 한다.

그런데 무엇보다 대부분 협력업체들의 납품처 의존도가 너무 높은 것이 큰 걱정이다. 한 품목의 생산량 중 70퍼센트가 한 회사에 몰려 있는 상황에서 납품처가 물량을 줄이거나 거래처를 옮기면 어떤 회사라도 하루아침에 무너질 수 있다. 물론 대기업들 대부분은 협력사가 자사의 경쟁업체에 부품을 공급하는 것을 꺼려하기는 하지만 그래도 방법을 찾아야 한다. 항상 대기업 군에 속하는 제품 고객은 이원화나 삼원화가 원칙이다. 더군다나 새로운 소재가 개발되어 부품을 확 바꾸면 속수무책이다.

물론 쉬운 일은 아니다. 대기업에 '좋은 부품을 낮은 단가로 개발했으니 한번 써보라' 고 권유할 정도로 기술력을 갖춘 협력업체가 얼마나 있겠으며, 막대한 인건비를 들여 새롭게 개발을 할 수 있는 회사 역시 극히 드물 테니 말이다. 그렇다고 하더라도 초기에는 고객사가 건네주는 것만 생산 납품하는 형태를 어쩔 수 없이 해야겠지만, 사업이 어느 정도 전개되면 이를 점차 지양하고 내 것을 쓰지 않으면 안 될 때까지 기술을 발전시켜야 한다. 이런 말을 하면 누가 몰라서 못하느냐고 생각할 것이다. 그러나 나는 실천을 위해 노력하지 않는 것은 모르는 것과 무엇이 다르냐고 되묻고 싶다.

또한 거의 모든 중소기업과 중견업체 경영자들이 우리 회사에는 사람이 없어서 일을 잘 추진할 수 없다고 말한다. 그러면 나는 얼마나 능력 되는 사람들이 곳곳에 널리 깔려 있는지, 각 부문의 전문가들을 찾아 조언을 듣고자 노력하고 있는지 묻고 싶다. 꼭 내가 데리고 있어야 일을 할 수 있는 것은 아니기 때문이다. 나는 지금도 새롭게 벤처(Venture) 창업하는 젊은이들을 교육할 때마다 이런 이야기를 들려주고 있다.

"여러분들이 잘 아는 사모펀드 회사 파트너들의 나이가 여러분과 얼마나 차이 나는지 알고 있습니까? 아마 큰 차이가 나지 않을 것입니다. 그런데 이들이 몇 명 되지 않는 사람들과 함께 일하면서도 어떻게 거대한 회사를 인수해 가치를 높여가고 딜(deal)을 성사시키고 있는지 살펴보길 바랍니다."

그러면서 '사모펀드 파트너들은 인수하는 기업에 대해 전문가 이상으로 알고서 하는 것이 아니다, 자기가 필요한 사람이 어디에 있고, 그 사람들을 어떻게 써야 하는지 알 뿐이다, 내가 모르고 있고 지식이 충분하지 않아도 사회에 널리 포진하고 있는 인재들을 잘 활용하면 된다, 이들에게 일을 맡기고 자문을 받으면 하고자 하는 일에 성공할 수 있다'고 힘주어 말한다. 이는 중소기업과 중견업체를 운영하는 경영자들에게도 당부하고 싶은 말이다. 사람이 없다고 한탄만 하지 말아야 한다. 우리 회사는 그럴 여건이 안 된다는 패배감에서 벗어나 직접 삼고초려의 자세로 인재를 찾아 유용하게 활용하길 진정으로 충고한다.

아모텍의 또 다른 사례에서도 사람이 없다는 한탄 대신 방법을 찾는 일이 가능하고 유용하다는 점을 발견할 수 있다. 김 회장은 여러 신소재와 부품 또는 제품 개발을 위해 회장 직할체제로 개발팀을 운영하고 있다. 이 조직을 통해 사업으로 내놓을 수 있는 아이템들을 개발하고 있다. 정말 좋은 생각이자 뛰어난 실천력의 산물이다.

나 역시 처음부터 김 회장에게 옆 주머니에 별도의 자금을 마련해서라도 신규 선행 개발자들을 직할체제로 운영하면서 미래를 대비하면 좋을 것이라고 멘토링해 왔다. 그러나 이런 일은 이야기를 해준다고 해서 쉽게 실천할 수 있는 일은 아니다. 짐 콜린스(Jin Collins)의 《성공하는 기업들의 8가지 습관(Built to Last)》에 나오듯 먼저 이런 인재들을 찾아 버스에 태워 환경을 만들어주어야 가능한 일이다. 물론 결코 쉬운 일이 아니다. 그런데도 김 회장은 벌써 오래전부터 개발을 위한 투자를 적극 추진하고 있고 몇 가지 아이템들은 이미 성공에 가까이 다가서고 있다.

타이틀보다 중요한 건 기술이다

제품 개발을 위해 삼성그룹이 하고 있는 일들 역시 많은 기업들이 눈여겨봐야 할 필요가 있다. 삼성전자 내 각 사업부 또는 삼성그룹의 각 계열사들은 같은 아이템을 갖고 경쟁적으로 개발하며 사업화를 위해서 불꽃 튀게 경쟁하며 노력한다. 그러다 경쟁 우위에 서는 부서 또는 회사가 나타나면 그곳이 사업을 통합해 실행한다. 과거나 지금이나 이런 일들은 어렵지 않게 볼 수 있다. 물론 자금도 인적 자원도 한계를 갖고 있는 중소기업들이 이렇게 할 수는 없다. 그러나 이를 축소한 형태의 방법을 찾을 수는 있다고 본다. 예를 들어 미래 먹거리로 새로운 소재나 부품을 개발하기 위해 여러 아이템들을 계속 끌고 나가기보다는 추진하던 것들이 일정 단계에 들어서면 사업성을 충분히 검토하여 취사선택한 다음 사업을 추진하는 방법이 있을 수 있다.

백화점처럼 아이템들을 나열해 도토리 키 재기 식으로 사업을 시작했다가 한쪽에서 버는 돈으로 다른 한쪽을 메우는 형태는 바람직하지 않다. 하나라도 제대로 키워서 자기 스스로 클 수 있을 때까지는 물을 계속 줘야 한다. 이것저것 다 키우려면 힘이 부칠 수밖에 없다. 우리는 이미 많은 기업들이 장래성 없는 사업을 끌어안고 가다가 위기를 자초하는 경우를 여러 번 보아왔다. 또한 본업에 맞지 않는 여러 기능들을 모두 가지려고 애쓰다가 역할도 없는 인력을 무리하게 채용해 회사와 직원 모두 곤경에 빠지는 모습도 목격했다.

모든 것을 떠안은 채 회사를 운영하기에는 지금 우리가 처한 환경은 빠르게 변화하고 있으며 우리의 경쟁자들 역시 너무 강하다. 따라서 자신의 실력과 성격에 맞는 사업과 기능만 가지고 경쟁하기에도 벅찬 현실을 절대로 망각하지 말아야 한다. 특히 인원이나 모든 자원이 제한적인 중소기업은 더욱 그렇다. 지금은 어느 한 제품을 세계적으로 아니 국내에서만이라도 1등으로 만들어야 한다. 이건희 회장이 자주 했던 원숭이 이야기가 생각난다. 인도에서는 사람들이 원숭이를 잡기 위해 코코넛 열매에 조그만 구멍을 뚫어 속을 비운 다음 쌀을 넣어둔다. 원숭이가 손을 넣어 쌀을 한 움큼 잡고 있을 때 미리 코코넛에 메어놓은 줄을 잡아당기면 원숭이를 쉽게 잡을 수 있다. 달아나려고 노력해도 손을 뺄 수 없어 금세 잡힌다는 얘기다. 움켜쥔 손을 풀어 쌀을 버리면 너무나도 쉽게 손을 뺄 수 있지만, 원숭이는 쌀 욕심 때문에 손을 빼지 못한다. 이처럼 버릴 것은 버려야 하며, 다 갖고 가려면 목숨까지도 잃어버릴 수 있다. 진정 'World First, World Best' 라는 슬로건을 걸고 노력하고 있는 회사라면 이런 점들을 더욱 유념해야 한다.

한편 남보다 먼저 개발에 성공해 시장에 처음 제품을 내놓았다가 1~2년 내에 다른 업체에 선두를 내줬던 경험이 있는 회사라면 충분히 반성하고 다시는 똑같은 실수를 반복하지 않아야 한다. 이런 일은 바로 경영자들이 갖고 있는 꿈의 크기에 차이가 있기 때문에 비롯된다. 대기업의 협력업체로 연간 2천 억 정도 매출에 몇 백 억 이익을 내는 기업이라면 지금부터가 지금까지보다 훨씬 더 중요한 시기라고 생각해야 한다. 이 단계 정도의 회사를 이끄는 경영자는 더 열심히 공부해야 한다. 또한 훌륭한 경영자들과 유능한 개발자들을 고문이나 멘토로 활용해 자신을 내려놓고 여러 조언들을 적극적으로 경청할 필요가 있음을 힘껏 조언하고 싶다.

그런데 여러 국내 중소, 중견업체 오너들에게서 발견되는 현상 중 하나는 명함에 너무 많은 타이틀을 새겨 갖고 다닌다는 점이다. 자기 사업과 관련 없는 이런저런 일로 시간을 소비하면서 공장은 실무진에게 맡겨놓고 자기는 무슨 회장, 어디 위원장이네 하면서 돌아다니는 것이다. 이런 것들로 자기 과시에 열을 올리는 사람들을 어렵지 않게 볼 수 있는데 참으로 안타까운 일이다. 우리나라에서 협회장 명함 돌리고 다니다가 자기 사업이 줄어들지 않은 사람이 몇 명이나 있는지 모르겠다. 골프장에 가면 한창 일하고 있어야 할 평일 대낮에도 젊은 중소업체 사장들로 붐비는 것을 볼 수 있다. 반면 대기업 임원들은 한 명도 보이지 않는다. 그럼 중소기업 사장들은 누구하고 골프를 치는 걸까? 사업을 위해 골프장에 온 건지 그냥 스포츠나 친목을 위해 온 건지 알 수 없다. 물론 골프를 치는 것이 잘못되었다는 뜻은 아니다. 필요한 때 필요한 사람과 함께 즐기면서 충전해야 한다는 뜻이다. 이제 우리나라도 이런 문화를 바꿀 때가 되었다.

그런데 안타깝게 지금까지도 종종 이런 사람들을 만나게 된다. 아마도 내가 삼성전자에서 대표이사까지 했기 때문이겠지만 가끔씩 나에게 경영 자문을 받으러 중소기업 사장들이 찾아올 때가 있다. 그런데 이들의 명함을 받아보면 그야말로 화려하다. 작은 종이 쪽지에 여분이 전혀 없을 정도로 여러 감투들이 적혀 있다. 솔직히 이런 명함을 받으면 별로 신뢰가 가지 않는다. 자기 과시를 하려고 하는 것 같기 때문이다. 이런 것은 일종의 열등감에서 기인한 행동이며, 열등감이 있는 사람을 신뢰할 수는 없다.

게으른 부지런함이 아닌 진정한 부지런함이 필요하다

그래도 희망을 가질 수 있는 이유는 최근 많은 젊은이들이 벤처 창업을 위해 열정을 발휘하고 있는 모습 때문이다. 나는 젊은이들의 벤처 창업이 단지 취업을 할 수 없어 마지막 희망을 걸고 베팅하는 것이 아니라, 큰 꿈을 위해 그야말로 젊음을 불사르고 일에 미쳐서 실천하는 창업이 되길 바란다. 몇 해 전 큰아들이 벤처 액셀러레이터(Venture Accelerator) 회사인 스파클(Spakle)을 설립해 여러 젊은 창업자들을 돕는 모습이 처음에는 이해가 되지 않았다. 많은 의구심이 들어 의견 충돌도 있었으나 최근에는 충분히 아들의 사업과 비전을 이해하게 되었다. 나아가 '내 아들이 이렇게 성장했구나!' 하는 뿌듯함을 느끼고 있다.

이 회사는 전 세계를 돌아다니며 유능한 멘토들과 투자자를 끌어들여 국내외에서 발굴한 벤처 창업자들과 연결시키고 있다. 또한 초기 투자를 통해 창업자들이 힘차게 첫걸음을 뗄 수 있도록 지원하고 있다. 나는 무엇보다 아들과 아들 주위에 있는 젊은이들의 생각이 건실하다는 점에 마음이 든든하다. 최근 아들이 벤처 창업 전도사로 알려지면서 방송국이나 대학 또는 기업체로부터 초청을 받아 강의를 많이 하고 있다. 아들의 강의를 들을 때마다 어쩌면 그렇게 내가 젊었을 때 목청껏 주장했던 내용들과 일치하는지 신기하면서 대견하다.

강의를 통해 이한주 사장이 부르짖는 내용들은 강의를 위한 것만이 아니라 실제로 자신이 하고 있는 사업의 철학임을 확신하게 되었다. 아들이 어떻게 사업을 하고 있는지 바로 옆에서 두 눈으로 보고 있는 나이기에 아들이 전하는 얘기들이 강의용이 아니라 실전에서 익힌 콘텐츠임을 분명히 알 수 있다. 또한 강의 후 받는 강사료 전액을 곧바로 어려운 사람들을 위해 기부하는 모습을 보면서 다시 한 번 뿌듯한 마음에 사로잡히고 있다.

이한주 사장이 벤처 창업하는 사람들에게 강조하는 키워드는 다섯 가지다. 팀워크(Team Work)를 강조하고, 타이밍(Timing)의 중요성을 언급하며, 사업을 글로벌(Global)하게 하라고 주문한다. 그러면서 일에 미칠(Crazy) 정도로 열정을 발휘할 때, 사업을 통한 즐거움(Enjoy)을 찾을 수 있다고 말한다. 실제로 아들 자신이 지원할 기업을 선택할 때도 이런 키워드들을 중요한 기준으로 삼으며, 창업을 해서 끌고 나가는 사업들에서도 이런 키워드들을 실천하며 전개해가고 있다.

아들의 표현과는 다르지만 나 역시 오래전부터 무슨 일을 하더라도 혼신을 다해서 몰입하고 노력하면 해결 방법을 스스로 터득할 수 있다고 믿고 있다. 실제 경험을 통해서도 이런 믿음을 많이 입증해왔다. 어떤 사람은 끈기와 열정을 가져야 한다고 말한다. 맞는 말이다. 그러나 더욱 중요한 것은 부지런함이다. 모름지기 사람이라면 누구나 부지런해야 한다. 그런데 게으른 부지런함이 아니고 진정한 부지런함이 필요하다. 어떤 사람은 늘 부지런하게 움직이고 있는 것처럼 보이지만 결과물이 나오지 않는다. 진정한 부지런함이 아니라 게으른 부지런함을 떨기 때문이다. 나는 오래전부터 이런 사람을 '게으른 부지런함을 떠는 사람'이라고 불러왔다.

남에게 보이고자 함이 아니라, 진정을 다해 생각하고 방법을 찾기 위해 부지런함을 발휘하면 나의 두뇌는 반드시 움직인다. 두뇌만이 아니라 가슴으로 내려와 감동을 주고 이것이 행동으로 이어져 좋은 결과물을 만든다. 따라서 조직은 이런 진정한 부지런함이 습관이 되도록 직원들을 교육시켜야 한다. 별도의 집합교육이 없더라도 선배의 지도나 OJT를 통해 부지런함이 조직에서 선순환될 수 있도록 만들어야 한다. 어느 조직이든 돈을 생각하지 않고 부지런히 일을 찾아 열심히 일하는 사람들이 다섯 명만 있다면, 그 조직은 반드시 성공할 것이라 확신한다. 돈을 찾지 말고 내가 부지런히 일해서 성과를 내고 그 대가로 돈이 되게 하는 것, 이렇게 일을 추진하면 상하 간에는 신뢰가 쌓이고 자기 스스로도 성과에 만족하게 된다. 또한 일의 즐거움이 솟아나고 선순환의 환경이 조성된다. 항상 천하에 부지런하면 어려운 일이 없다는 뜻의 '일근천하무난사(一勤天下無難事)' 라는 중국 속담을 되새길 필요가 있다.

내가 대학이나 기업에서 강의할 때마다 즐겨 들려주는 이야기가 하나 더 있다. '창조를 어렵게 생각하지 말라' 는 말이다. 창조는 모방에서 나오는데 우리 선조들은 이미 모든 분야에서 우리가 하고자 하는 것들을 다 만들어 놓았다. 따라서 이것을 찾아내 사용하는 것이 유신이고, 유신을 통해서 만들어낸 것이 창조다. 즉, 유신(維新)이란 이미 만들어진 것 중에서 현재 필요한 것을 찾아내 쓰거나 약간 변형하여 필요한 대로 쓰는 것이다. 요즘 대세인 빅데이터(Big Data) 역시 방법론적으로 인간의 두뇌 대신에 컴퓨터를 이용해 정보를 모으고 분석해서 하고자 하는 일의 방편으로 활용하도록 하는 것이다. 즉, 빅데이터는 많은 경험을 통해 선조들이 쌓아놓은 실적을 후세 사람들이 활용하는 일이 좀 더 진전된 형태일 뿐이다. 물론 현대는 모든 데이터들을 분석해 용도에 맞게 분류하고 실행할 수 있는 시대이지만, 원리에는 변함이 없다. 한의학계에서 지금도 많이 활용하고 있는《동의보감(東醫寶鑑)》도 허준 선생이 만들어낸 일종의 빅데이터라고 볼 수 있다. 여기에 현재를 사는 우리가 새로운 솔루션(Solution)을 개발해 이 데이터들을 더욱 쉽고 정밀한 처방으로 발전시키고 있는 것이라 믿어 의심치 않는다.

가정이란 버팀목, 가족이란 비타민

우리 부부는 무엇보다 '기본을 바로 세운다'는 훈육 방향을 중심으로 아이들을 길러왔다. 이를 위해 우리 부부 먼저 일상생활을 통해 기본을 세우는 모범을 보여줌으로써 아이들 스스로 이를 터득하고 습관으로 기를 수 있도록 노력했다. 우선 집안에서는 예의와 에티켓과 도덕을 가르쳤다. 고맙게도 두 아들은 아주 어렸을 때부터 우리 부부의 방향대로 잘 커주었다. 아이들이 자라 유치원과 학교에 다닐 때나 동네에서 친구들과 놀 때도 항상 기본을 잘 지키도록 지도했다. 성년이 된 후에는 자신이 진출한 사회에 스스로 적응할 수 있도록 가능하면 간섭을 최소화했다. 대신 아이들을 지켜보

가족사진, 손주들(두 명의 손녀와 네 명의 손자)

면서 바른길로 유도하는 것이 가장 바람직하다고 생각하며 힘쓰고 있다.

내가 다니고 있는 천주교회에서는 매주 미사 때마다 모든 참석자들이 다함께 가슴을 치며 "내 탓이요. 내 탓이요. 내 큰 탓이옵니다" 하고 기도한다. 사실 참 어려운 일이다. 그러나 모든 일을 내 탓으로 여기며 실천을 위해 노력한다면 모든 상황들이 좋은 방향으로 나아가지 않을까 생각한다. 내가 마땅한 내용이라고 생각하는 구절이 하나 있다. 웨스트민스터 대성당(Westminster Abbey)에 있는 영국 성공회 주교의 묘비에 새겨진 이 구절을 나는 항상 뇌리에 담아놓고 있다.

'내가 젊고 자유로워 상상력에 한계가 없을 때 나는 세상을 변화시키겠다는 꿈을 가졌다. 그러나 좀 더 나이가 들고 지혜를 얻었을 때 나는 세상이 변하지 않으리란 걸 알았다. 그래서 내 시야를 좁혀 내가 살고 있는 나라를 변화시키겠다고 결심했다. 그러나 역시 불가능한 일이었다. 황혼의 나이가 되었을 때 나는 마지막 시도로 나와 가장 가까운 내 가족을 변화시키겠다고 마음을 정했다. 그러나 아무도 달라지지 않았다. 이제 죽음을 맞이하기 위해 누운 자리에서 나는 문득 깨닫는다. 만일 내가 자신을 먼저 변화시켰다면 그것을 보고 내 가족이 변화되었으리란 것을. 또한 그것으로 용기를 얻어 내 나라를 더 좋은 곳으로 바꿀 수 있었을 것을…… 그리고 누가 아는가? 세상까지도 변화되었을지…….'

나는 이 구절의 내용과 같이 가정에서는 가장 아니 부부 모두가, 조직에서는 조직의 리더가 먼저 모범을 보여주면서 가족과 조직을 이끌어야 한다고 생각한다. 다행스럽게도 우리 두 아들은 잘 자라주었고, 아이들을 볼 때마다 우리 부부는 항상 만족하며 고맙게 생각하고 있다. 큰아들 한주는 시카고 대학을 졸업한 후 시카고에서 벤처 창업을 했는데 이 회사가 호스트웨이 아이디씨(Hostway IDC) 주식회사다. 다른 사람들보다 몇 발 앞서 클라우드 사업을 시작해 자리를 잡았다. 그러면서 큰딸 우진(Katie), 둘째 아들 우찬(Mat), 셋째 아들 우성(Ryan)이를 낳아 키우고 있었다.

둘째 철주는 미국에서 엘리트 코스인 초트 로즈머리 고등학교(Choate Rosemary High School)를 거쳐 브라운 대학(Brown University)을 졸업했다. 이후 뉴욕 맨해튼 월스트리트(Wall Street)에 있는 모건 스탠리(Morgan Stanley)에 들어갔다. 여기서 2년을 근무한 후 다시 하버드(Harvard)에서 MBA를 마친 다음에 유비에스(UBS)의 에쿼티(Equaty) 부문에서 근무하다 사모펀드 회사를 설립해 대표 파트너로 일하고 있다. 현재는 홍콩에 있는 본사 사무실에서 근무하고 있으며 결혼 후 아들 둘에 딸 하나를 두고 있다.

이렇게 두 아들 모두 사회에 진출해 성공하고 있고, 손주들을 여섯 명이나 낳아 잘 키우고 있다. 벌써 한주네 큰 손녀딸이 고등학교 2학년, 둘째 손자가 중학교 3학년인데 이 두 녀석은 현재 미국 동부에 있는 자신들의 작은아버지가 나온 초트(Choate)에서 공부하고 있고, 셋째 손자는 용산에 있는 국제중학교 YISS의 2학년에 재학 중이다. 그리고 철주네는 큰아들 우현(Justin)이와 둘째 아들 우철(Jamie)이가 홍콩 국제학교에서 공부도 잘하고 축구도 잘하고 있다. 첫 손주부터 다섯째 우철이까지 딱 2년씩 터울이 진다. 그런데 작년 말에 철주가 막내로 손녀딸 우경(Julia)이를 낳아서 나의 손주는 여섯 명이 되었다. 딸이 귀한 집에 첫째에 이어 막내까지 딸이 태어나 얼마나 큰 기쁨이자 집안의 경사인지 감사할 따름이다. 고맙게도 우리 집 두 며느리들은 모두 결혼하자마자 손주들을 낳아주었다. 우리 집의 복덩어리들이다. 아들들이 모두 가족과 함께 잘 생활하니 나와 집사람은 더할 나위 없이 기쁘며 우리들의 건강만 유념하면 된다.

두 아들은 모두 엘리트 코스를 거쳐 사회에 진출해 사업을 성공적으로 키우고 있다. 또한 주위의 많은 분들로부터 칭찬을 듣고 있다. 그럴 때마다 '우리 부부가 그래도 교육을 잘 시켰구나, 그리고 무엇보다 이렇게 되기까지 집사람의 헌신이 많았구나' 하는 생각을 하다보면 집사람이 고맙고 대견함은 물론 위대해 보이기까지 한다.

요새 두 아이들이 업무상 비행기 안에서 사는 것을 보면 정신없이 뛰어다녔던 나의 젊은 시절이 생각난다. 나는 변화 없는 삶은 결코 발전을 기대할 수 없다고 생각해왔다. 이는 나의 철학과도 같다. 그런데 도전하는 자만이 쟁취할 수 있다고 생각하면서 일을 해온 내가 지금은 나보다 더 도전적이고 용기 있게 일을 헤쳐 나가고 있는 두 아들을 보며 놀라고 있다. 또한 두 며느리들에게 고마운 것은 내가 열심히 일할 때 집사람이 불평 없이 아이들을 키웠듯 이제 며느리들이 그렇게 하고 있기 때문이다. 더욱이 이젠 시대가 변했는데도 불평 없이 가정을 유지하고 남편을 잘 돕고 아이들을 잘 돌보고 있음에 더할 나위 없이 며느리들에게 고맙게 생각한다. 지금 우리 두 부부의 바람은 이 두 가정이 건강하고 평화롭게 사는 것밖에 없다.

솔직히 나는 두 아들이 열 살이 넘을 때까지 아이들 뇌리에 아버지를 제대로 각인시켜줄 만한 일을 아무것도 해주지 못했던 것 같다. 성공을 이룬 여러 사람들로부터 '밥상머리 교육이 최상의 교육이다'는 말을 많이 들었지만 이를 실천하지 못했다. 특히 아이들이 사춘기처럼 정신적으로 성숙해가는 시기에는 밥상머리 교육의 중요성을 더욱 실감했지만 마찬가지로 제대로 실천을 못했다. 학교에서 아버지 얼굴을 그려보라고 하면 아이들이 아버지 얼굴이 생각이 나지 않아 그릴 수 없을 정도로 밥상머리 교육과는 거리가 멀었다. 하루에 한 끼씩 아이들과 함께 식사를 하면서 함께 기도도 하고 이야기도 나누며 진로에 대한 동기 부여를 시켜주는 일은 당시에는 전혀 생각조차 할 수 없을 정도였다. 그저 바쁜 회사 일에만 몰두했던 기억뿐이다.

그럼에도 불구하고 아이들이 잘 자라주었기 때문에 지금도 미안한 생각도 지난 일에 대한 후회도 못 느낀다. 모두 집사람과 어머니께서 아이들을 잘 돌보아주신 덕분이라고 생각한다. 나는 못했지만 두 분이 밥상머리 교육을 잘 시킨 것이다. 그러나 가능하면 아이들과 자주 함께 식사를 하면서 대화를 나눈다면 얼마나 좋을까? 아이들 정서에 이보다 더 좋은 것은 없다고 생각한다.

그런데 솔직히 나는 밥상머리 지옥에 대한 기억이 더 강하다. 피난 시절 큰집에서 할아버지와 한 상에서 식사할 때는 소화가 안 될 정도로 할아버지 눈치를 봐야 했다. 할아버지께서는 늘 우리에게 밥 먹을 때는 조용히 한눈팔지 말고, 밥 먹는 일에만 열중하고, 절대 소리를 내서는 안 되고, 수저를 입에서 뺄 때도 입술을 다물면서 빼야 하고, 밥알을 흘려서도 안 되고, 어른이 수저를 놓기 전에 일어나서도 안 된다고 말씀하셨다. 이런 것 중 하나만 어겨도 불호령이 떨어졌다. 그러나 이제는 시대가 바뀌었으니 풍습도 변해야 한다. 지금은 가능하면 밥을 먹으면서 차분하고 부드러운 대화를 많이 하면 할수록 좋을 듯하다.

할아버지가 된 지금, 서로 다른 나라에 멀리 떨어져 살고 있기 때문에 손주들을 만날 수 있는 기회는 많이 없다. 그러나 페이스북이나 인스타그램, 또는 카카오톡을 이용해 매일 소식을 주고받을 수는 있다. 그런데 이런 문명의 이기를 통해 그리움은 어느 정도 해소할 수 있지만 교육을 하기엔 한계도 있고 바람직하지도 않다고 생각한다. 그래서 나는 가급적 손주들에게 편지를 쓰거나 전달하고 싶은 내용이 담긴 책들을 보내 읽히게 하면서 할아버지로서의 역할을 대신하고 있다.

몇 해 전 손주들을 생각하며 쓴 시를 소개한다. 여섯 명으로 늘어난 이 녀석들이 부디 가문을 빛내고 사회를 이롭게 하며 지구촌 전역을 무대로 멋진 꿈을 펼쳐나가길 소망한다.

나의 사랑하는 손주들

사랑하는 손주들

사랑하는 나의 아이들

헤어지고 나면

금방 다시 보고 싶은 그리움으로

너희들의 천진난만한 얼굴을 그려본다

마음이 답답할 때면

티 없이 맑아서 좋은

너희들의 모습을 그려가며

가슴을 활짝 연다

진정 너희들이 있어

나의 삶은 아직도

욕망을 불태우며

미래를 연다

혼돈과 불안의 시대를 살면서

자주 마음이 흔들리다가도

너희들을 생각하면 마음이

든든하고 부드러워 진단다

여유가 없는 시대를 살면서

마음이 외로움을 느끼다가도

너희들을 생각하면 작은 일에도

감동하고 눈물을 품는 따듯함을 배운단다

아직은 사회의 어둠을 모르며

항상 꿈을 잃지 않으며

해맑은 웃음과 순결한 눈빛으로

언제나 나에게 힘이 되어다오

사랑하는 아이들아

반짝이는 하늘의 별들처럼

먼 데서도 우리를 비추어주는

너희들이 있어

어제도 오늘도 내일도

흐뭇한 마음을 유지하면서

나는 힘찬 날을 연단다

오늘도 나는 기쁘단다

– 할아버지가

지금까지 살면서 가장 잘한 일

지금까지 살면서 가장 잘한 일을 물으면 나는 한 치의 망설임 없이 나의 아내를 만나 결혼한 일이라고 대답한다. 나는 결혼할 때부터 나의 아내 현복이를 나의 금고, 아니 은행이라고 생각하고 있다. 또한 아이들 교육을 위한 최고의 선생님이었다고 생각한다. 아이들이 국민학교 4학년, 2학년이 될 때까지 나는 회사에만 메여 있어 아이들의 태도가 영그는 예민한 시기에 두 아들과 가깝게 생활할 수 없었다. 그럼에도 불구하고 아버지의 공백을 메워줌은 물론 부모 모두의 역할을 완벽하게 수행한 현복이가 늘 고맙다.

장인께서는 평양에 있는 회사에서 일하실 때 장모님을 만나 결혼하신 후 해방 직전 서울로 내려오셨다. 원효로 적산가옥에서 살던 처가 식구들은 장인께서 보증을 잘못 서는 바람에 어려움을 겪으셨다. 이 무렵 집사람을 낳으셨다고 한다. 그 후 장모님이 남대문 시장에서 포목장사를 시작하시면서 약수동에 자리를 잡았는데, 집사람은 동란 때는 대전으로 피난을 가서 국민학교를 다니다 수복 후 서울로 올라와 천주교 제단인 계성여중과 계성여고를 졸업했다. 이후 건국대학교를 나와 현재 평택대학교 전신인 피어선학교에서 고등과정 수학교사로 재직할 때 나를 만났다.

집사람은 나와 결혼한 후 1977년까지 10여 년 교사 생활을 계속하다 학교를 그만뒀는데 우리 가족들이 미국 생활을 끝내고 1990년에 우리나라로 돌아온 뒤에는 다시 평택대학교에서 교편을 잡기도 했다. 집사람은 나와 달리 다복한 가정에서 자랐다고 볼 수 있다. 성장기에도 그랬고 대학을 졸업한 후 교사 생활을 할 때도 큰 어려움은 없었던 것 같다. 집사람은 나보다 형제들이 더 많다. 위로는 돌아가신 큰오빠와 큰언니, 또 언니가 두 분 더 계시고 밑으로는 남동생이 두 명 있다. 바로 밑 남동생은 미국에서 살고 있다.

집사람은 참 합리적인 사람이다. 결혼을 준비할 때도 나의 모든 여건을 들은 후 불평이나 낙담 대신 어떻게 해결할 것인가를 고민하고 노력했다. 결혼 후에도 서로 도우면서 여러 어려움들을 똑소리 나게 처리했다. 집사람은 언제 어디서나 주위 사람들과도 잘 어울린다. 항상 상대방의 좋은 점을 잘 찾아내고 키워주기 때문이다. 우리 부부는 역삼동 개나리 아파트에 맨 처음 함께 입주했던 이웃사촌들과 몇 십 년이 지난 지금도 우의를 나누고 있다. 이제는 여러 곳으로 뿔뿔이 흩어져 살고 있지만 지금도 정기적으로 모임을 갖는다. 이는 서로 도우며 어린 자녀들을 함께 키웠기 때문인데, 특히 다른 사람을 인정하고 칭찬하는 집사람의 역할이 큰 것 같다.

또한 아내는 신중한 관찰을 잘한다. 학교에서 학생들을 가르칠 때도 그랬다고 들었지만 집에서 두 아이를 키울 때도 지시하고 통제하기 전에 가능하면 유심히 지켜본 다음 아이들이 스스로 자신의 진로를 개척하도록 지도했다. 주위에서 돈을 융통해 달라고 부탁을 받는 경우에도 먼저 조심스럽게 상황을 파악한 후 받지 않을 요량으로 금액을 조정해서 돈을 빌려주곤 했다. 따라서 빌려준 돈 때문에 서로 사이가 나빠지는 경우를 미리 방지할 수 있었던 것 같았다.

무엇보다 아내는 돈을 규모 있게 다룰 줄 아는 경제 전문가다. 알뜰한 생활을 통해 내가 회사에서 임원이 되고 나이로는 50대 초반이 되기 전까지 허튼 소비를 엄격히 억제하며 저축을 위해 온 힘

우리 부부

을 기울였다. 물론 이후에도 근검절약과 유비무환을 계속 실천했다. 결혼 당시 월세 방 한 칸 얻을 돈으로 시작해 1년 후 전세, 2년 후 방 두 칸 전세, 3년 후 독채 전세에 이어 4년 후 빚 한 푼 없이 집을 살 수 있었다. 물론 집값이 매우 저렴한 구파발이었지만 지금 생각해도 눈부신 발전이 아닐 수 없다. 큰아들이 초등학교에 들어갈 무렵 강남 21평 아파트로 이사한 때부터도 24평, 48평 아파트 등으로 단계적으로 집을 늘렸다.

솔직히 이 모든 발전의 과정들은 100퍼센트 집사람 혼자서 계획하고 자금을 마련해 실행한 작품이다. 나는 그대로 따랐을 뿐이다. 딱 한 번 회사에서 마련해준 대방동 주상복합 아파트로 이사해서 2년 산 것 말고는 모두 그랬다. 그러니 이 사람이 경제적으로 얼마나 알뜰하게 생활했는지 알 수 있다. 집사람은 이렇게 살림을 늘려가는 과정에서도 빚을 조금이라도 얻어 본 적이 없다. 오직 부부 두 사람이 직장생활을 하면서 이루어낸 성과다. 그래서 나는 예나 지금이나 집사람을 나의 은행이라고 부르고 있다.

집사람을 처음 보면 누구나 지적인 외모 탓에 성격도 까탈하고 급할 거라고 생각한다. 사실 나 역시 집사람을 처음 만났을 때는 그렇게 생각했다. 그러나 집사람은 실제로는 느긋하다. 오히려 여유 있어 보인다는 얘기를 많이 듣는 나보다 더 느긋하다. 매사에 서두르는 일이 없다. 가능하면 모든 일들을 긍정적이고 편하게 생각하려고 노력하는 타입이라 그런 것 같다. 건강 역시 요새 퇴행성 관절염으로 무릎이 좋지 않는 것 말고는 내과적으로 아무 이상이 없다. 성격이 좋아서 마음의 여유를 지키고 살기 때문에 건강에도 좋은 영향을 주는 듯하다.

집사람은 자기가 옳다고 생각하면 신속하게 단안을 내려 곧바로 실천에 옮기는 사람이다. 신혼 시절 나는 신입사원이었고 집사람은 중고등학교 수학교사였다. 당시 학급 담임까지 맡았는데 집사람 수입이 나보다 훨씬 많았다. 이런 상황이었는데 아이들이 초등학교에 입학할 때가 되자 집사람은 아이들을 돌보기 위해 학교를 그만두겠다고 했다. 당시 어머니께서도 같은 생각이신 것 같았다. 아이들 잘못 키우면 돈을 많이 번다고 해도 무슨 소용이냐고 항상 말씀하셨던 기억이 난다.

집사람은 아이들에게 잔소리를 거의 하지 않았다. 대신 아이들을 잘 관찰하며 자기들이 하고 싶어 하는 것을 뒷받침해주었다. 상식적으로 잘못된 방향만 아니면 대부분 아이들의 의견대로 하게 했던 것 같다. 아이들에게 피아노 레슨을 시켰는데 하기 싫어 하자 얼마 지나지 않아 그만두게 하는 것을 보았다. 웅변이나 붓글씨 같은 것도 강요하지 않고 아이들이 하고 싶을 때까지 하도록 했다. 한편 아이들이 친구들과 어울려 잘 지내도록 진실한 자세로 친구 어머니들과도 친밀하고 유용하게 교류했다. 이런 방법들은 아이들을 지도하는 데 있어 참 효과적이었다고 생각한다. 그러나 잘못을 할 때는 매우 단호하고 엄격했기 때문에 실수를 한 뒤에 아이들은 엄마의 눈치를 보았다. 특히 아이들에게 집안의 기념일을 꼭 기억하게 해 미리미리 서로 축하하도록 가르쳤다. 덕분에 우리 가족들은 지금도 크고 작은 기념일을 반드시 기억해 잘 지키고 있다.

한주와 철주는 놀 때는 동네가 시끄러울 정도로 화끈하게 놀았다. 대신 공부 시간이 되면 슬그머니 제 방에 들어가 문을 잠그고 열심히 공부했다. 활기차게 놀던 아이들이 감쪽같이 사라져 어디에 갔나 하고 찾아보면 어느새 자기들 방에 들어가 공부하고 있는 모습을 종종 보았다. 어릴 때부터 아이들은 자율적으로 시간을 정해 공부하는 습관을 스스로 길렀다. 또한 아이들 손엔 항상 책이 들려 있었고, 곁엔 항상 친구들이 많이 있었다.

좀 더 성장해 중고등학교를 거쳐 대학을 나온 이후 지금까지 두 아들은 여러 친구, 선후배들과 좋은 인맥을 형성하고 있다. 어려서부터 익힌 예의범절과 에티켓이 평생토록 인간관계를 잘할 수 있도록 돕는 힘이 되어 학교와 사회 곳곳에 많은 동조자들과 협력자들을 만들었다고 생각한다. 뜨거운 열정으로 우리를 가르치셨던 어머니와 같은 방향으로 집사람도 우리 아이들을 지도해온 것 같다. 또한 이제는 우리 며느리들도 집사람과 같은 방향으로 나의 손주들을 가르치고 있다.

사실 나의 삶은 집사람을 만나기 전과 만난 후로 나눠진다. 연애하는 2년 동안 서로를 알아가면서 정서적으로나 재정적으로 집사람의 도움을 받아 결혼까지 하게 되었는데 이것이 내가 사회에서 피어나기 시작한 계기가 되었다. 이것보다 더 큰 고마움은 없을 것이다. 왜냐하면 언제나 재정적으로 쪼들려 무엇을 하려고 할 때마다 의욕이 꺾이곤 했는데, 집사람이 옆에서 희망을 불어넣어 주고 실제로도 뒷받침을 해준 이후에는 무엇이든 하고자 하는 일을 할 수 있게 되었기 때문이다. 집사람과의 수많은 추억 중에서도 가장 행복한 기억은 매일매일 가재도구를 하나씩 장만하던 신혼 때다. 직장에서 돌아올 때 함께 만나 시장에 들러 살림살이들을 사갖고 집으로 오던 길이 눈물겹도록 그립다. 또한 한주와 철주를 낳았던 추억, 네 식구가 어려웠지만 시간을 내어 1박 2일로 여행을 갔던 기억도 무척 그립다.

또한 집안 사정이 여의치 않아 내가 형제 중 막내인데도 집사람의 주도로 우리 부부가 어머니를 모셨던 점이나 훗날 부모님은 물론 형수님들의 제사까지 모두 우리가 모시기로 집사람이 먼저 결정해줬던 점은 참으로 고맙고 훌륭한 내조였다고 생각한다. 이처럼 집사람은 늘 밖에서 일하는 남편이 집안 걱정을 하지 않도록 먼저 배려하고 이해해줬다.

요즘 우리 부부는 명동성당에 가서 신부님에게 축성을 받으며 맞춘 묵주 커플링을 끼고 다닌다. 서로 묵주를 끼워주며 우리는 '서로 시비 걸지 않기' 를 맹세했다. 사람은 누구나 늙으면 쉽게 삐치고 조금만 섭섭해도 화를 내는 경향이 있다고 하는데 우리 부부는 늙어가고 있긴 하지만 불편한 점이 있어도 참으면서 서로 돕기 위해 노력하자고 약속했다.

또한 생전에 어머니와 장모님은 형님 아우처럼 지내셨다. 병환으로 병원에 입원해 계시면서도 매일 서로의 건강 상태를 물으시면서 주위 사람들 눈에 자매처럼 보일 정도셨다. 우리 부부는 이런 부모님들이 정말 고마웠다. 그래서 우리들 역시 자식들에게도 똑같은 모습을 보여주려고 노력하고 있다. 사돈들과 우의 있게 지냄으로써 자식 부부가 원만히 잘 살 수 있도록 돕고 있다. 격의 없이 잘 지내고 있는 사돈들께도 감사드린다.

우리 부부는 가톨릭 신자다. 특히 집사람은 교회를 통해 어려운 다른 교회나 봉사 단체에 재정적인 지원을 아끼지 않는다. 앞으로는 더욱 지원이 커질 것 같다. 두 아들도 자주 이제 아버지와 어머니는 두 분의 인생을 가지시라고, 자신들에게 줄 재물이 있다면 다른 사람들을 위해 베푸시라고 이야기한다. 실제로 두 아이 모두 기회가 닿는 대로 기부 활동을 많이 하고 있다. 이런 모습이야말로 내가 집사람을 잘 만났고 아이들을 잘 키웠다는 가장 확실한 증거가 아닐까 생각한다.

이제 자식에게 해줄 수 있는 것은 우리가 스스로 건강을 유지해 자식들이 걱정하는 일이 없도록 노력하는 일뿐이다. 또한 우리들의 남은 인생에 가장 중요한 것 역시 건강을 위해 서로 돌봐주는 것이라 생각한다. 나는 우리 부부 중 어느 한 사람이라도 건강을 잃으면 부부 중 한 사람이 불편함은 물론 주위, 특히 자식들에게 불편을 안겨주는 일이기 때문에 건강 관리는 반드시 엄수해야 할 의무라고 생각한다. 집사람의 건강을 관리해주는 일에 진력하여 이제까지 집사람에게 받은 사랑을 보답하려고 한다. 말로만이 아니라 진정한 행동으로 사랑을 표현하려고 노력하고 있으며 이런 일에 지치지 않도록 더욱 열심히 살아갈 것이다.

에필로그

부지런함을 위한 기도

"나무는 기둥, 뿌리, 가지로 형성 되어 있지요. 세월이 지나가며 기둥과 가지는 커가며, 잎새와 꽃은 태양의 햇빛을 받으며 화려하게 자라지요. 그러나 뿌리가 없으면 이도 다 허사지요. 그러면서 뿌리는 세월과 함께 점점 굳건히 뿌리를 내리지요. 건강한 나무는 뿌리가 음지를 향해 더 뻗어나가며, 뿌리가 굳건히 뻗어나갈수록 기둥과 가지는 더 화려하게 뻗어나갈 수 있지요. 우리 인생도 마찬가지입니다."

−최명희의 《혼불》 중에서

음지에서 묵묵히 일하는 사람 때문에 양지에서 두각을 나타내며 성과를 내는 자가 있기 마련이다. 리더는 양지에서 힘차게 뻗어나갈 사람들을 찾아내고 이끌어주어야 한다. 야구를 관람하면 언제나 투수에게 화려한 스포트라이트가 집중되는 것을 본다. 어찌 보면 이것은 당연한 현상이다. 그러나 항상 쭈그리고 앉아 공 하나하나를 리드하고 투수의 감정을 조절해가며 수비진 전체를 이끌어가는 포수가 없는 야구를 상상할 수 있을까? 기업이나 사회에서도 빛나는 성공 뒤에는 항상 주목받지 못하는 그늘에서 자신의 역할을 묵묵히 수행하는 사람이 있음을 놓치지 않고 볼 수 있어야 한다. 투수의 찬란한 영광을 만들어내는 포수를 바라볼 수 있는 힘이 필요하다.

포수의 위대함에는 부지런함이 담겨 있다. 야구에서 포수만큼 힘든 포지션도 없고, 포수만큼 정신없는 포지션도 없다. 포수는 갖춰야 할 장비도 많아 공수가 바뀔 때마다 진땀을 빼야 한다. 다른 야수도 그렇지만 특히 포수는 단 한순간도 시야에서 공을 놓쳐서는 안 된다. 공은 물론 야수들의 위치, 타자의 눈빛, 주루 코치의 동작, 심판의 헛기침까지 부지런하게 살펴야 한다. 이와 같은 포수의 부지런함이 모여 다른 선수들의 플레이를 빛나게 만들고 팀의 승리를 이끌어낸다.

"주님 제가 부지런하도록 인도하여 주시옵소서."

나는 교회에서나 어디에서나 기도할 때마다 이 한 가지 제목으로만 기도한다. 건강이나 재물을 위해 기도하지 않는다. 명예나 평안을 구하지도 않는다. 나는 오직 부지런함을 위해 기도하며 부지런함을 실천하기 위해 노력한다. 부지런하면 안 되는 일이 없다. 건강의 문제는 게으름에서 비롯되며 부지런함으로 해결할 수 있다. 일의 문제도 마찬가지고, 인생의 모든 문제도 결국 부지런함으로 극복할 수 있다고 믿는다. 자식들을 위한 기도를 드려도 두 아들이 부지런함으로써 건강하고 하는 일이 순조롭도록 인도해 달라고 빌고 있다. 손주들의 부지런함을 위해서도 기도한다.

나는 국민학교 3학년 때부터 부지런함을 몸에 배도록 실천하고 있다고 생각한다. 당시에는 모든 생활 여건이 나로 하여금 부지런을 떨 수밖에 없도록 만들었다. 당시에는 그런 것들이 괴롭기도 했다. 하지만 나중에 알고 보니 나를 부지런하게 만든 모든 어려움들이 나에겐 더할 수 없이 큰 도움이 되었다. 어려움을 이겨내야 살아갈 수 있으니 부지런할 수밖에 없었고, 그런 환경이 계속되니 나의 몸과 마음은 자꾸자꾸 부지런해져 갔다.

"신이 나타나 자신이 가진 모든 능력을 빼앗아가며 한 가지만 남겨주겠다고 하면 발표(Presentation) 능력을 남겨달라고 하겠다. 왜냐하면 발표 능력만 있으면 신이 빼앗아간 다른 능력들을 모두 되찾아올 수 있기 때문이다"라고 말했던 미국의 CEO가 있다. 나는 이 말에서 발표 능력이란 말을 지우고 그 자리에 대신 부지런함이란 말을 넣고 싶다.

부지런함만 있다면 모든 어려움을 이겨낼 수 있다. 부지런할 수만 있다면 다른 것들이 부족하더라도 반드시 이루고자 하는 바를 향해 뚜벅뚜벅 나아갈 수 있다. 또한 부지런함에 성공한다면 결과가 어떻든 자기 자신에게 떳떳할 수 있다. 지금까지 나의 삶을 돌아볼 때 어찌 후회가 없을까 마는 힘들고 어려웠지만 나름대로 최선을 다해 부지런함을 실천하기 위해 노력했고, 지금도 노력하고 있다고 자부하고 싶다. 인생은 결과가 아닌 과정이며, 이 과정을 거쳐가는 데 가장 중요한 부지런함을 죽는 날까지 이어갈 수 있기를 소망한다.

끝으로 재작년 가을 전라도 해남 땅끝마을에 다다랐을 때, 남쪽 바다에 연이어 펼쳐진 들판을 보면서 썼던 시 한 편을 소개하며 졸필을 매듭짓는다.

가을

따스한 가을 햇볕에
영그는 곡식들
황금빛 옷으로 갈아입고
바다 바람을 안고
한쪽으로 다소곳이 허리 굽혀
숙연히 고개 숙인 갈대풀

누런 털옷으로
갈아입은 둑 너머로
파란 드높은 하늘을
줄지어 날아가는 갈매기들

합창하듯 신호소리

갈매기표 편대가 지나가네

검푸른 파도 넘실대는

바다를 가로질러

남쪽 남쪽으로

날아가네

내년에도 다시 올까

그리움 남기고

– 남쪽 땅끝에서 이해민

호모 딜리전트

제1판 1쇄 발행 | 2017년 7월 20일
제1판 2쇄 발행 | 2017년 7월 31일

지은이 | 이해민
펴낸이 | 한경준
펴낸곳 | 한국경제신문 한경BP
편집주간 | 전준석
책임편집 | 신현대
기획 | 유능한
저작권 | 백상아
홍보 | 남영란 · 조아라
마케팅 | 배한일 · 김규형
디자인 | 김홍신
본문 디자인 | 정현옥

주소 | 서울특별시 중구 청파로 463
기획출판팀 | 02-3604-553~6
영업마케팅팀 | 02-3604-595, 583 FAX | 02-3604-599
H | http://bp.hankyung.com E | bp@hankyung.com
T | @hankbp F | www.facebook.com/hankyungbp
등록 | 제 2-315(1967. 5. 15)

ISBN 978-89-475-4234-0 03990

책값은 뒤표지에 있습니다.
잘못 만들어진 책은 구입처에서 바꿔드립니다.